国家社会科学基金一般项目"精准贫困识别和扶贫瞄准的统计测度研究"（16BTJ011）资助

精准贫困识别
和扶贫政策瞄准效果测度与评价

章贵军 ◎ 著

中国财经出版传媒集团
经济科学出版社
Economic Science Press

图书在版编目（CIP）数据

精准贫困识别和扶贫政策瞄准效果测度与评价／
章贵军著 . -- 北京：经济科学出版社，2022. 10
ISBN 978 - 7 - 5218 - 4165 - 7

Ⅰ.①精… Ⅱ.①章… Ⅲ.①贫困 - 研究 - 中国②扶
贫 - 经济政策 - 研究 - 中国 Ⅳ.①F126

中国版本图书馆 CIP 数据核字（2022）第 198337 号

责任编辑：张 燕
责任校对：靳玉环
责任印制：邱 天

精准贫困识别和扶贫政策瞄准效果测度与评价

章贵军 著

经济科学出版社出版、发行 新华书店经销

社址：北京市海淀区阜成路甲 28 号 邮编：100142

总编部电话：010 - 88191217 发行部电话：010 - 88191522

网址：www. esp. com. cn

电子邮箱：esp@ esp. com. cn

天猫网店：经济科学出版社旗舰店

网址：http：//jjkxcbs. tmall. com

北京时捷印刷有限公司印装

710 × 1000 16 开 19. 75 印张 300000 字

2022 年 12 月第 1 版 2022 年 12 月第 1 次印刷

ISBN 978 - 7 - 5218 - 4165 - 7 定价：99. 00 元

（图书出现印装问题，本社负责调换。电话：010 - 88191510）

（版权所有 侵权必究 打击盗版 举报热线：010 - 88191661

QQ：2242791300 营销中心电话：010 - 88191537

电子邮箱：dbts@ esp. com. cn）

前　言

消除贫困、改善民生、实现共同富裕，是社会主义的本质要求。为了消除贫困，改革开放以来，我国政府先后制定实施《国家八七扶贫攻坚计划》《中国农村扶贫开发纲要（2001～2010 年)》和《中国农村扶贫开发纲要（2011～2020 年)》等扶贫政策，结合经济持续增长的普惠效应，我国贫困人口大规模减少，为世界减贫事业做出了巨大贡献。国家统计局发布的改革开放 40 年经济社会发展成就报告显示，2017 年，我国国内生产总值按不变价计算比 1978 年增长 33.5 倍，年均增长 9.5%，远高于同期世界经济 2.9% 左右的年均增速。按照世界银行每人每天 1.9 美元的贫困标准，中国贫困发生率从 1981 年的 88.1% 下降到 2018 年的 0.3%，贫困人数减少近 8 亿人，占同期全球减贫人数的近 75%①。

我国减贫理念创新突出体现在党的十八大以后实施的精准扶贫战略中。随着贫困人口占比下降至 10% 左右，扶贫事业进入攻坚克难的时期，原先区域瞄准的扶贫战略无法解决贫困"最后一公里"的问题，啃下扶贫"硬骨头"需要"精准滴灌"。中国创造性地实施精准扶贫战略，制定了"六个精准""五个一批"等一系列扶贫措施指导脱贫攻坚工作，从资源使用方式、帮扶手段、组织管理、考评体系等多方面创新，在保证经济快速增长的同时促进了高质量脱贫。脱贫攻坚 8 年期间，中央、省、市、县财政专项扶贫资金累计投入近 1.6 万亿元，其中，中央财政累计投入 6601 亿元。经过 8 年脱贫攻坚，现行标准下 9899 万农村贫困

---

① 资料来源：财政部、国务院发展研究中心与世界银行. 中国减贫四十年：驱动力量、借鉴意义和未来政策方向［R］. 2022.

人口全部脱贫，832个贫困县全部摘帽，12.8万个贫困村全部出列。①

促进农村贫困人口全面脱贫，首先在于贫困对象识别精准，建立具有公信力的组织机构，按照标准的考评体系从个人申请到审核认定做到公开透明、公平公正，保证不漏评、不错评；其次在于扶贫措施精准，政府部门、金融机构和企业通力合作，在基础设施建设、住房改善、产业发展、技能水平和教育文化水平提升等方面对贫困户进行精准帮扶，促进农村居住环境、生态环境和人文环境全方位提升，增加农村居民的获得感。总结精准识别、精准扶贫的经验，主要在于做到了两个方面：一方面在于精准识别贫困对象，做到"不能落下一个贫困家庭，丢下一个贫困群众"；另一方面在于精准制定扶贫政策，保证"扶贫资金精准滴灌，把钱花在刀刃上"。

因此，本书的研究内容主要体现在两个方面：一方面是精准识别贫困特征，研究致贫的原因；另一方面是评价扶贫政策效果，研究政策瞄准的程度。在精准识别方面，从不同层面和不同角度测度贫困：在精准识别贫困的层面上，从农村居民生产生活层面、主观获得感以及贫困脆弱性层面识别贫困特征，从而有利于寻找致贫原因，巩固脱贫攻坚成果和减少返贫的措施；在精准识别贫困的角度上，采用多种统计方法从家庭层面和个人层面识别贫困，不仅在于发现贫困家庭特征，而且在于发现个人贫困特征，从而有利于分别从家庭和个人层面提出贫困治理的措施；在评价扶贫政策效果方面，测度和评价脱贫攻坚期间一系列扶贫政策的减贫增收效果和总结我国脱贫攻坚成功的经验，为后扶贫时期我国治理相对贫困、促进乡村振兴和共同富裕提供研究依据。

本书围绕精准贫困识别和扶贫政策瞄准效果进行统计测度研究，分为绪论、正文、结论等十二章内容，正文内容主要涉及以下十个方面。

（1）测度多维相对贫困、主观贫困以及二者的交叉贫困，多角度反映农村居民贫困特征。在多维相对贫困测度方面，根据我国农村居民生

_____

① 习近平. 在全国脱贫攻坚总结表彰大会上的讲话［N/OL］. 中国政府网，2021－02－25.

活实际从收入、就业、教育、健康和物质生活条件五个方面构建识别相对贫困特征的指标体系，结合多维贫困测度方法，从单指标和多指标两个角度测度相对贫困。在主观贫困测度方面，结合普拉班和瑞沃林（Pradban and Ravallion，1998）的建模思想构建主观贫困的测度模型并发现主观贫困的特点。然后根据测度的结果，从家庭收入、就业、交通出行、家庭人口学特征和主要劳动力的就业情况等多方面揭示造成农村居民多维相对贫困、主观贫困和交叉贫困的原因。

（2）测度个人贫困，从个人和家庭层面反映贫困特征。利用微观调查的数据，基于改进的 Rothbath 方法测度个人贫困，目的在于克服传统的方法以家庭为单位测度贫困的弊端，精准识别到个人；不仅发现"看得见"的贫困，还要发现"看不见"的贫困。此外，在个人贫困测度的过程中考虑了家庭消费的规模经济效应，避免高估人口规模较大家庭的贫困和低估人口规模较小家庭的贫困。测度的结果为消除贫困、真正落实"不能落下一个贫困家庭，丢下一个贫困群众"的政策提供实证研究资料。

（3）测度低期望效用脆弱性和期望的贫困脆弱性，从脆弱性测度的两个角度反映致贫风险、返贫风险和脱贫稳健性。根据计算出的确定性等价消费测度低期望效用脆弱性和判断脱贫稳健程度；将脆弱性进行分解，测算各种风险对脆弱性的贡献。测度期望的贫困脆弱性并对不同特征家庭的贫困动态变化分解，反映不同类型农村居民家庭致贫可能性和返贫可能性。此外，本书研究还比较了不同贫困线下不同平均年龄家庭脱贫可能性和返贫可能性，从而揭示不同平均年龄的家庭对贫困脆弱性的敏感性。测度结果对促进稳定脱贫、巩固脱贫攻坚成果政策实施具有一定的借鉴意义。

（4）测度城乡相对贫困线，分析城乡居民相对贫困的动态特征和变动原因。基于可扩展线性支出系统（ELES）模型，本书研究给出城乡分别制定相对贫困线的依据。结合微观数据计算城乡相对贫困标准，从贫困持久性、贫困深度、贫困广度和贫困强度分析城乡居民贫困特征；基于夏普里值分解方法对城乡相对贫困的动态特征及变动原因进行深入分析。根据测度结果，本书对精准识别城乡相对贫困人口和治理相对贫困提出了相应的政策建议。

（5）测度政策性金融的减贫增收效果，评价项目对贫困户的收入及收入结构的影响。根据专门调查获得的数据，结合处理效应模型和倾向得分匹配法测度政策性金融扶贫项目对不同类型贫困户收入和收入结构的改进效果，并且结合分位数回归方法测度政策性金融扶贫项目可能存在的瞄准偏误问题。针对政策性金融精准扶贫的短板，基于测度结论，本书研究给出了改进政策性金融精准扶贫的建议。

（6）测度扶贫小额信贷的减贫增收效果。与国外小额信贷不同，中国扶贫小额信贷不仅具有借贷利率低、一次性借贷时间长、借贷条件和还款要求宽松的优惠条件，而且具有用途要求明确的特点。为测度中国扶贫小额信贷是否有利于促进低收入的贫困户增收，根据专门调查获得的数据，采用倾向得分匹配法、处理效应模型和敏感性分析测度扶贫小额信贷的瞄准效果。此外，本书研究还测度了中国扶贫小额信贷对贫困户不同来源的收入改进效果以及政策的指向性效果。

（7）测度职业技能培训的多维减贫效果。政府和社会各界采取各种手段促进就业扶贫，职业技能培训是其中重要的一项内容。本书研究分别利用倾向得分匹配法、广义倾向得分匹配法分析职业技能培训的多维减贫效果，利用剂量反应函数测度可能存在的扶贫低效，然后利用中介效应模型分析职业技能培训对于缓解多维相对贫困的机制。结合测度结果，为促进扶贫效率提升，研究给出改进职业技能扶贫在扶贫对象和扶贫领域方面存在不足之处的建议。

（8）测度和比较经济增长和收入分配的减贫弹性、不同省份经济增长和调节不平等产生的减贫溢出效应。本书研究先是从经济增长和缓解收入不平等两个角度测度和比较不同地区脱贫攻坚期间的减贫弹性，然后利用空间杜宾模型测度我国东部、东北、中部和西部地区各省份经济增长对减贫的动态效应、溢出效应和调节收入不平等产生的空间溢出效应。基于测度的结果，本书研究从宏观经济政策的角度给出改进脱贫效率和巩固脱贫攻坚成果的政策建议。

（9）系统阐述并总结脱贫攻坚的成功经验。结合国家级贫困县实地调查资料，系统阐述贫困县脱贫攻坚过程中在精准识别和精准扶贫方面的组织和实施工作；比较和分析贫困县在收入、道路、饮水工程、电网、公共服务、教育、医疗、产业扶贫和金融扶贫等各方面的做法和成绩。最后以西部国家级贫困县脱贫攻坚为例，系统分析脱贫路径并总结脱贫攻坚成功的"中国模式"。

（10）测度和比较中国城乡之间、区域之间和行业之间收入结构不平等的现状，并分析收入结构不平等动态演变趋势和导致收入结构不平等的原因。在区域比较分析方面，本书研究深入分析了城乡之间与东部、中部和西部地区之间收入结构变化的特点，以及资本收入和劳动收入在不同收入阶层之间的流动情况；在行业比较方面，对信息传输、计算机服务和软件业、金融业以及租赁和商务服务业、农林牧渔业、住宿餐饮业和制造业等行业的收入结构不平等程度的特征和驱动因素进行了比较。基于测度的结果，本书研究提出了缓解收入不平等的措施，为后扶贫时期治理相对贫困和共同富裕提供可借鉴的研究资料。

为精准刻画中国农村贫困特征、客观反映脱贫攻坚成就和总结脱贫工作成功经验，研究团队的老师和同学们认真分析研究国内权威机构的调查数据，如中国家庭追踪调查（CFPS）数据和中国劳动力动态调查（CLDS）数据。此外，老师和同学们还走村串乡、进入农村居民家里了解实际精准识别和精准扶贫工作的开展情况，如了解"两不愁三保障"的落实情况，产业发展情况，干部帮扶情况，就业和务工情况等。因此，本书研究的数据资料主要来自两个部分：一部分来自国内权威研究机构的二手数据资料；另一部分来自研究团队深入中国中西部农村地区调查收集的一手数据资料。关于本书调查收集的数据资料，做以下四点说明。

（1）为获取翔实的农村居民生活信息，特别是了解贫困地区农村居民生活状态，课题组成员对江西省抚州市临川区、萍乡市湘东区、上栗县和莲花县等四个区县191个行政村的2832户农户进行入户调查。第2章对该数据资料进行了较为详细的介绍。

（2）为客观评价中国农业发展银行政策性金融扶贫项目减贫增收效

果，课题组收集了 2016 年第四季度对江西省四市、12 个县 295 个村 4525（有效样本 4486）户立档建卡家庭居民的抽样调查数据。第 6 章对该数据资料进行了较为详细的介绍。

（3）为客观评价扶贫小额信贷项目的减贫增收效果，课题组收集了 2018 年对中国 40 个贫困县 568 个贫困村 27261 户建档立卡贫困户的随机抽样调查数据，调查的贫困户建档立卡年涵盖的范围为 2013～2017 年。调查旨在了解贫困家庭生产生活的改善情况，重点关注小额信贷扶贫、产业扶贫的减贫增收效果，调查涉及的问题包括家庭的人口特征、收入、衣食住行情况、医疗保障和卫生情况、产业帮扶和就业帮扶、小额信贷借贷情况等。第 7 章对此进行了较为详细的介绍。

（4）为系统分析贫困县脱贫攻坚成果，总结脱贫攻坚经验，课题组对四川省某县建档立卡贫困户（样本量 886 户）和非建档立卡户（样本量 828 户）进行了入户调查。此外，调查组还对该县的教育、医疗保障、道路交通、水利水电、驻村帮扶、脱贫攻坚部署等工作内容进行实地走访和深入调查，全方位了解脱贫县精准识别、精准扶贫工作。第 10 章对此进行了较为详细的介绍。

本书利用专门的统计分析软件 R 或 Stata 对数据进行整理和分析。每章的研究针对一个专门的主题，各章自成体系，便于读者选择感兴趣的章节阅读。

本书是在国家社会科学基金项目"精准贫困识别和扶贫瞄准的统计测度研究"（16BTJ011）结题报告的基础上修改而成的，是课题组成员长期辛勤工作的成果。本书的大部分研究工作是本人在江西财经大学统计学院工作时完成的，衷心感谢参与课题研究的江西财经大学统计学院的老师和研究生们，他们对数据的搜集、整理和报告的撰写倾注了大量心血。由于水平有限，调查数据搜集和整理工作量较大，书中纰漏在所难免，敬请专家学者和读者不吝批评指正！

章贵军

2022 年 10 月

目　录

第1章 绪 论

1.1 研究背景与研究意义

1.1.1 研究背景

改革开放以来，针对我国农村的贫困问题，政府与时俱进，不断改进扶贫策略促进我国减贫事业发展。具体而言，针对不同时期我国农村居民的贫困特点，政府制定了不同的扶贫方案。第一阶段是体制改革推动扶贫的阶段（1978~1985年），通过家庭联产承包责任制的推行基本解决了农村居民的温饱问题，从普遍贫困转变为局部贫困。第二阶段是扶贫开发进入专项计划推动阶段（1986~2007年），《国家八七扶贫攻坚计划（1994~2000年)》和《中国农村扶贫开发纲要（2001~2010年)》相继出台。第三阶段是扶贫事业进入开发扶贫和救助扶贫两轮驱动的阶段，从2007年到2012年，农村最低生活保障制度建立，国家逐渐把扶贫工作由全国范围转向中西部经济欠发达地区，实施项目扶贫到县和整村推进、局部瞄准的措施。第四阶段是脱贫攻坚阶段，2012年到2020年，中共中央、国务院颁布了第二个扶贫十年计划，并且采取精准识别、精准帮扶、精准管理和精准考核的措施促进全面消除绝对贫困。

贫困、经济增长、收入不平等是经济学家们长期以来关注的主题。按照库兹涅茨假说，经济增长与收入不平等存在倒"U"型关系，发展中国家的经济发展水平通常处于倒"U"型曲线左侧，发展中国家的经济增长会拉大收入差距，相对贫困的家庭难以从经济增长过程中受益。布吉尼翁（Bourguignon，2003，2004）的研究进一步完善了库兹涅茨假说，并指出贫困、经济增长、收入不平等之间存在着三角关系，经济增长和缓解不平等性均有利于减少贫困而与经济体是否处于发展阶段无关。一些国家的减贫成就确实得益于经济增长，然而，也有一些不享有显著经济增长的国家也成功地减少了贫困（Cline，2004）。大量的研究表明，经济增长是减贫的必要而非充分条件，经济增长的减贫成效不仅依赖于经济增长速度，还依赖于通过收入分配缓解不平等程度（Ravallion and Huppi，1991；Gaurav and Ravallion，1992；Balisacan and Fuwa，2003）。从贫困治理的策略看，我国政府采取经济增长和促进减贫两手抓的策略：一方面，利用经济增长促进减贫增收，为减贫事业提供动力支持；另一方面，采取东西部合作、脱贫攻坚和精准扶贫措施消除收入不平等，全面消除绝对贫困和减少相对贫困。事实表明，我国政府采取的减贫策略取得了举世瞩目的减贫成就，绝对贫困人口从 2012 年的 9899 万人到 2020 年全面消除绝对贫困，平均每年 1000 多万人脱贫，为促进世界减贫贡献了中国力量[①]。

　　然而，国家统计局公布的数据显示，2002～2010 年，国家扶贫资金总额年均增长速度为 11.7%，而同期贫困户和一般农户人均纯收入增速分别为 11.9% 和 11.51%，并且农村低保覆盖率超过了贫困发生率，说明农村贫困户收入增长速度大致等于扶贫资金增长速度，扶贫资金利用效率有待进一步提高。总体而言，过去的扶贫制度设计存在缺陷，不少扶贫项目粗放"漫灌"，无论是区域性瞄准措施还是建档立卡的农户瞄准措施，都存在瞄准失真、"扶农"不"扶贫"的问题，并且，由于贫困居民数据来自抽样调查后的逐级往下分解，扶贫中的低质、低效问题普遍存在。扶贫失真往往导致大量的人力和财力的浪费，针对上述问题，大量学者对贫困识别和扶贫策略进行了研究。然而，以往研究对相对贫

---

　　① 资料来源：《中国统计年鉴（2021）》。

困测度、个人贫困测度尚处于探索阶段；对扶贫政策减贫效果的评价尚有不足。

因此，本书研究的目的一方面在于精准识别贫困对象，做到"不能落下一个贫困家庭，丢下一个贫困群众"。研究采用多种统计方法分别从家庭层面和家庭成员角度识别贫困，不仅在于发现贫困家庭特征，而且在于发现个人贫困特征，从而有利于分别从家庭和个人层面提出贫困治理措施。另一方面在于测度和评价脱贫攻坚期间一系列扶贫政策的减贫增收效果以及总结我国脱贫攻坚成功的经验，从而为其他发展中国家或后扶贫时期我国治理相对贫困、振兴乡村经济和促进共同富裕提供研究依据。

1.1.2　研究意义

1.1.2.1　学术意义

（1）考虑家庭消费资源分配不均等情况测度个人贫困。在实际生活中，由于家庭成员不能平等地享有家庭资源支配权，家庭成员分配到的家庭资源往往不等于家庭人均资源。利用基于改进的 Rothbath 方法测度家庭中每个成员的消费份额，然后据此识别个人贫困特征，克服传统的家庭资源均等分配为前提条件导致误测个人贫困的缺陷，有利于发现非贫困家庭中隐性的贫困和贫困家庭隐性的非贫困，从而更加精准地识别贫困并提高扶贫效率。

（2）基于可扩展线性支出系统（ELES）模型探讨我国城乡相对贫困标准的构建思路并分析致贫原因。绝对贫困线标准是以人们的基本需求为依据制定的，而我国城乡收入存在差异，消费支出水平也不同，采用过高的相对贫困线标准会增加扶贫成本；而采用过低的标准一方面会掩盖真实贫困，另一方面会使本应该得到补贴的居民得不到补贴，从而影响社会公平。本书研究基于可扩展线性支出系统（ELES）模型探讨城乡相对贫困标准和致贫原因有利于为治理城乡相对贫困提供理论依据。

（3）传统的收入不平等性研究仅考虑收入分配数值方面的差异，未考虑收入分配结构方面的差异，这可能掩盖真实的财富差异，不利于制定减小相对贫困和促进共同富裕的政策。本书研究借助新的统计方法测度我国城乡之间、地区之间和行业之间收入结构不平等性，分析造成结构不平等性的原因，以期为后扶贫时期研究相对贫困提供可借鉴的学术资料。

（4）结合相关计量经济模型和实地调查数据系统测度和评价中国脱贫攻坚成功经验。研究成果利用空间计量经济模型测度经济增长和收入不平等的减贫弹性和二者减贫的空间溢出效应，并结合贫困县实地调查数据系统阐述脱贫攻坚期间该县在改进收入、发展产业和改进住房、基础设施、公共服务、政策保障等方面的贡献；然后，分析中国的脱贫路径并总结脱贫攻坚成功的"中国模式"，希望研究成果为其他发展中国家摆脱贫困提供可借鉴的模式并促进人类减贫事业发展。

1.1.2.2　应用意义

（1）根据我国农村居民生活实际，基于可获得的微观调查数据构建反映我国农村居民实际生活的多维贫困指标和主观贫困测度模型，本书研究将两种方法结合测度基于家庭层面的农村居民多维贫困特征和主观贫困特征。本书研究一方面在于精准识别贫困，另一方面在于为从家庭层面治理贫困提供可借鉴的方法。

（2）家庭消费中由于存在可以共享的公共物品，从而存在家庭消费规模经济。贫困测度中忽略家庭消费规模经济可能高估人口较多家庭的贫困，同时低估人口较少家庭的贫困。本书研究将家庭消费规模经济思想体现在测度我国城乡居民多维贫困、相对贫困和主观贫困以及贫困脆弱性过程中，有利于精准识别贫困、了解致贫原因和分析返贫可能性。

（3）测度扶贫政策性的瞄准效果并研究减贫机制。中国脱贫攻坚成功是政府组织的一系列扶贫项目顺利实施的结果。脱贫攻坚期间，政府通过各种扶贫措施促进贫困户减贫增收。然而，享受扶贫政策的贫困户由于教育文化水平和资源禀赋差异，因而扶贫政策针对不同类型的贫困户，可能产生不同的扶贫效果。本书研究根据专门调查获得的数据或者借助于调查机构的微观数据测度脱贫攻坚期间政策性金融政策、小额信贷扶贫政策、职业技能培训措施的减贫增收效果，同时分析各项政策可能存在的瞄准偏误以及减贫增收机制，为后扶贫时期治理相对贫困、振兴乡村经济和促进共同富裕提供可借鉴的研究资料。

1.2 国内外研究动态综述

1.2.1 精准贫困识别研究

贫困的基本定义起初是与人的生存需求标准相关的，"生存""必需品"和"足够的营养"常常是早期贫困定义的关键词，"贫困线"往往也是以与人生存相关的物品的需求量为依据制定。于是，以贫困线为标准，贫困是指个人或家庭生活水准达不到贫困线要求的状态。关于贫困概念的描述始于我国的典籍《荀子·大略》，其认为"多有之者富，少有之者贫，至无有者穷"；此外，《说文》的描述为"财分少也"；《广韵·真韵》的概括为"贫，乏也，少也"。王小林（2017）根据《说文解字》和《新华字典》中"贫"与"困"的释义，定义"贫困"主要指收入或财物分得过少，从而使人陷入艰难痛苦的境地。国外关于贫困最初的定义始于亚当·斯密（Adam Smith）的著作《国富论》，其对贫困的定义是相对富裕而言的，斯密的描述为："生活必需品，是贫者费用的大部分……富者则不然。他们主要的收入，大多为生活上的奢侈品及虚饰品而花费掉……"。1901 年，英国经济学家朗特里（Rowntree）首次系统明确地阐述了贫困的含义，认为"总收入不足以获得维持简单的生理能力"的家庭则处于贫困之中，其对一个涵盖食物、衣服、燃料、住房和其他杂物等生活"基本需求"的"购物篮子"进行估价后，定义每周预算支出 26 先令为一个六口之家的贫困线，低于该贫困线的家庭则处于"贫困"状态。欧桑基（1965）提出，贫困线设定除了考虑必需品的支出外，还需加上一些非必需品的支出，这部分支出约占总支出的 1/3。此后，世界银行沿袭朗特里和欧桑基最低营养支出比例思想分别制定了 1 美元/天、1.25 美元/天和 2 美元/天的贫困线，结合我国居民消费生活水平，国家统计局制定以绝对贫困线（2300 元，以 2010 年不变价）公布我国贫困人口总数。

绝对贫困测度方法的优势在于帮助识别那些不能获得最低生活标准的人群。绝对贫困线的制定以社会伦理和价值观为基础（Sen，1982），然而，不同时期社会可接受的物质财富或货币的衡量标准在变化，说明贫困的定义和测度方法随着人类生存条件的改善和经济社会发展与时俱进。贫困是动态的，贫困反映的主体是社会活动的产物（Townsend，2010），必需品的选择必须考虑人类活动地点和时间。总体而言，绝对贫困存在三个方面的问题：（1）以收入和支出为依据测度的绝对贫困由于没有考虑非收入因素而产生偏差，譬如忽略了教育、医疗和贫困帮扶补贴和自家种植农产品的非收入因素（Seekings，2007）；（2）没有纯粹的生理需求，最低需求必定是相对的，而不是绝对的，基本品的定义有很大的任意性（Townsend，1965；Sen，1979；Atkionson，1969）；（3）最低营养需求定义和食品—支出比例法没有考虑个人消费习惯和食品差异，例如新土豆的营养成分和老土豆就不同，富人也有可能将其收入的很大一部分花在称为"奢侈"的食物支出上（Townsent，2010）。鉴于此，经济学家探讨多种测度贫困的方法，包括多维贫困测度方法、相对贫困测度方法和主观贫困测度方法等。

1.2.1.1 多维贫困测度研究

贫困识别是指根据一定标准判断对象是否贫困、贫困程度如何、什么原因导致贫困，通常被用于考核政府的扶贫效果。当前贫困识别的一种普遍做法是以政府或相关权威机构公布的贫困线为标准，譬如，美国政府 2020 年的贫困线为单身成年人年现金收入为 1.27 万美元或 4 口之家为2.62万美元[①]；2015年世界银行公布收入日均1.9美元/人的贫困线标准；我国政府2011年确定农村贫困线标准为2300元/人（以2010年为不变价）[②]。大量研究在分析贫困识别效果或评价政府减贫增收效果时往往以收入贫困线为基准，如万广华和张茵（2006）以收入为基准的贫困指数研究我国不同阶段（以1990年为分隔线）农村减贫成效；罗楚亮（2010）以收入贫困为依据，根据2007~2008年住户调查数据分析两个年份的农村贫困状况及变动特征。然而，随着社会经济的发展，多样化需求日益增加，单纯以收入或消费支出为标准识别贫困或判断政府扶贫效果已越来越不能反映贫困人口生存现状，并且不利于制定针对性的扶贫政策（高艳云，2012；邹薇和方迎风，2012；高艳云等，2013；高帅，2015）。越来越多的学者提出构建多维的贫困指标标准识别贫困，从而有助于发现深层次的致贫原因。参考哈根纳斯（Hagenaars，1987）的多维贫困测度思想和诺贝尔经济学奖阿马蒂亚·森（Sen，1999）的能力贫困理论，联合国开发计划署（UNDP，1996，1997）针对传统的贫困指数不能全面反映贫困者生活福利问题，先后提出了能力贫困测度（capability poverty measure）和人类贫困指数（human poverty index，HPI）；阿尔基尔和福斯特（Alkire and Foster，2011a，2011b）根据森的测度思想，提出了计算多维贫困指数（MPI）的"Alkire-Foster方法"，简称AF方法，并为克服传统方法测度覆盖面较窄的缺陷提出了139个关系到人类发展和福利水平的指标；2010年联合国开发计划署的《人类发展报告》公布了基于阿尔基尔和福斯特（Alkire and Foster，2011a，2011b）等测量的多维贫困指数（MPI），表明多维度指标测度的贫困指数已被广泛认可。王小林和阿尔基尔（2009）研究表明，采取收入单一维度的方法识别贫困不利于提高减贫政策的效果，除了收入外，多维贫困测度指标体系还应包括饮用水、道路、卫生设施等反映社会公平性的内容和个人对福利的主观感受。随着精准扶贫工作的稳步推进，汪三贵和郭子豪

---

① 11.4%！美国2020年贫困率创历史最高纪录［N/OL］．央视财经，2021-09-15.
② 国家扶贫线上调 年收入2300元成贫困线新标准［EB/OL］．中国经营网，2011-11-30.

（2015）认为，由于技术和成本的问题，基层政府不可能获得农户可靠的收入数据，放弃单一的收入标准而采用多维贫困的标准来识别建档立卡贫困户有利于避免国家制定的标准与基层采用的标准完全脱节的现象发生。显然，以收入为唯一标准不足以刻画我国政府主导的扶贫效果，发展多维评价指标体系不仅符合研究趋势也符合政策评价需要。目前，多维贫困测度方法已被我国学者广泛应用于测度贫困人口生存状态和减贫效果，如王小林和阿尔基尔（2009）、李佳路（2010）、郭建宇（2012）、张全红和周强（2015a）构建多维测度指标，利用 AF 多维贫困测度方法测度了全国整体和各地区多维贫困特征；邹薇（2011）利用1989～2009 年的 8 轮中国家庭健康调查（CHNS）数据，从收入、教育和生活质量 3 个维度考察中国的贫困状况和扶贫政策的减贫效果；张全红和周强（2014b）则以 MPI 为基准，使用 CHNS 面板数据，考察 1989年以来中国多维贫困的动态变化，并进一步从教育、健康和生活水平 3个维度分析中国 1991～2011 年的减贫效果（张全红，2015）。然而，目前利用多维度指标体系识别贫困存在三个方面的问题：一是指标体系的选择问题，由于贫困人口的民族特性、居住地理条件和生活习性等方面的不同，不同学者具有不同的研究倾向性，往往构建的指标体系不同；二是即使选择相同的指标体系，如常用的 MPI 指标体系，但对相同的指标维度权重的选择往往因人而异，带有很大主观性，从而导致评价结果的不同（邹薇，2012）；三是识别贫困的指标往往过度关注客观内容，而对农村居民的主观感受涉及较少，不能反映农村居民的获得感。

1.2.1.2　相对贫困测度研究

传统的绝对贫困测度和相对贫困测度均以收入为依据。德尔汉斯等（Delhansse et al. , 1993）研究表明，收入不是识别剥夺的充分条件，而遭受剥夺则使人陷入越来越脆弱的境地。收入高并不意味着不贫困，20世纪 90 年代的俄罗斯人收入并不低，由于生活商品的缺乏，他们大多生活很困难（Filk and Van Praag，1991）。阿马蒂亚·森（1982）指出，绝对贫困线与相对贫困线往往通过"人数比例法"作为测度依据，即通过测度贫困人口占比反映社会贫困水平或减贫成就，该方法的最大缺陷在于可能优先救济"穷人中的富人"以达到减贫目标。鉴于绝对贫困定义和测度方法的局限性，大量学者提出相对贫困的概念。贫困者是指那些低于一般个人或家庭拥有的资源，并且其生活方式、习惯和活动遭受社会排斥的群体（Townsend，1979），这部分人群的收入往往相对较低，因此，以社会收入分布的 25% 作为相对贫困线比较合适（Townsend，1989）。描述个体在社会财富分配中位置水平的相对贫困线也称为判断性贫困线（Sen，1982），但是，该贫困线识别的贫困并不关注个体是否真正生活困难。福克斯（Fuchs，1967）认为，该方法的缺陷是"贫困户可能成为钉子户"，克服该缺陷的方法是以平均收入的一定比例作为贫困线。大部分欧盟国家以平均等价收入或中位数等价收入的 40% ~ 60% 作为相对贫困线（Fouarge and Layte，2005；OECD，2009）。然而，这一做法的缺陷会使得贫困线较低时没有贫困户，并且如果所有群体以相同比例增加或减少收入时，贫困人数却保持不变。

　　长期以来，中国政府和学者一般利用绝对贫困线标准测度我国城乡居民贫困特征，但经济水平的提高和生活质量的提升使得食物支出在总支出中所占比重逐渐减小，教育娱乐、交通通信和医疗等的支出比重则逐渐增加，表明反映人们生存需求为主的绝对贫困线的局限性逐渐显现，其不能较好地反映人们对美好生活需求的现实。德塞尔富（Decerf，2017）也指出，根据生存需求确定的绝对贫困线不适合作为相对贫困线。但是按照平均收入比例法制定的贫困线容易受极端测量误差的影响；中位数收入比例法虽然不受极端测量误差的影响，但也不能较好地反映居民的客观需求和度量政策的减贫效果。汪三贵等（2018）认为，相对贫困标准可以考虑以人的基本需求或者最低生活需要来确定，并根据经济社会的发展采用更高的基本需求或者最低生活需要的贫困标准。相比之下，依据消费支出数据度量贫困更为客观和可靠：第一，消费支出数据可以弥补收入随季节波动的不足，从而确保衡量物质福利变化的准确性；第二，福利主义方法论认为效用直接依赖于消费而不是收入，因此消费实际上更能反映居民真实的生活状况和福祉水平；第三，居民消费支出的统计资料相对比较丰富，信息全面，依据消费支出数据划定贫困线更具有科学性、直观性和说服力。

此外，贫困特征识别往往将当期收入和持久性收入与贫困线进行比较界定：当个人当期收入低于贫困线时认为其处于暂时性贫困状态，当其持久性收入低于贫困线时则认为处于持久性贫困状态。根据持久性收入假说理论，当期消费反映家庭对持久收入的预期，也反映了居民真正的生活质量和福利水平，由于持久性收入很难通过调查得到，因此当期消费可作为持久性收入的替代变量。然而，不少学者发现，基于收入角度的贫困特征识别和基于消费支出角度的识别结果存在较大差异。鉴于此，李实等（2002）根据消费现实出发，不同于绝对贫困特征识别的定义，结合相对贫困特征重新定义了持久性贫困和暂时性贫困，并提出了"选择性贫困"这一概念，丰富了相对贫困特征的内容。

了解相对贫困变动原因有利于从源头上治理贫困，提出针对性的降低相对贫困的措施。其中，对贫困变动进行分解的方法比较常见，代表性的研究如卡克瓦尼和苏巴拉奥（Kakwani and Subbarao，1990）与杰恩和特杜卡（Jain and Tendulka，1990）研究贫困变动时将其分解为增长效应和再分配效应，两者之间的唯一区别在于前者所采用的是基期贫困线，而后者在分解时采用的是报告期贫困线。然而，经济现实表明，贫困标准随着经济增长和物价水平的变动而变动，无论是将贫困线固定在基期还是固定在报告期都是不合理的，只有将贫困线变动考虑在内才能更加全面地对贫困变动进行分解。因此，高瑞夫和瑞沃林（Gaurav and Ravallion，1992）引入残差项，并重新给出贫困变动的增长效应、分配效应以及残差项的分解形式，但对于该分解形式中出现的残差项至今没有令人信服的解释。而后，卡克瓦尼（Kakwani，2000）、林伯强（2003）以及洪德（Dhongde，2007）继续完善对带有残差项的贫困变动分解方法，基于 Shapely 值分解规则将贫困变动分解为收入增长效应、收入分配效应以及贫困线变动效应，该方法既解决了贫困变动分解不完全的问题，同时又将贫困线变动效应纳入模型使得贫困分解理论得到完善。

党的十八大以来，习近平总书记提出了诸多重要的新思想和新举措，包括将促进社会公平正义作为核心价值追求、让发展成果公平地惠及全体人民、不断提高人民群众的安全感和幸福感。根据马斯洛需求层次理论，对于我国广大农村地区而言，解决我国社会发展过程中的主要矛盾，首要任务是解决农村居民低层次的生活必需品的需求，而后是解决反映美好生活的娱乐文化活动等需求。这就表明，消除绝对贫困是我国脱贫攻坚时期的首要任务，缓解相对贫困、不断增加人民群众的获得感是我国扶贫事业的长期内容。

1.2.1.3 主观贫困测度研究

主观贫困是客观贫困的补充和发展，指一个群体是否贫困由他们所能接受的最低生活水平的主观判断。目前有大量相关文献试图阐释定量贫困测度和定性贫困测度方法之间的差异与联系，并且在量化贫困和福利测度方面提出了很多方法。其中，坎特里尔（Cantril，1965）首创"阶梯"评价方法，该方法让被调查者按照满意程度给自己的生活状态打分。现在，这一方法被应用于对福利的测度中（Ravallion，2002）。然而，持有主观贫困定性测度观念的研究者认为，对贫困的研究不应严格量化，而应结合社会环境和个人可以支配的商品判断福利水平，为政府实施精准扶贫提供理论依据。

基于居民收入调查或生活满意度调查的主观贫困测度考虑了人的社会属性和收入不平等性，因此，主观贫困测度可以弥补绝对贫困和相对贫困的测度结果，可能会掩盖收入不公平产生的公民对生活状态不满意的事实，故而主观贫困测度常常用于评价官方的绝对贫困线是否恰当地反映社会对贫困的感知。主观贫困测度方法目前主要有两类：一类以调查对象的自我感觉为依据，是否贫困完全依赖于调查对象的自我判断（Niemietz，2011）；另一类依赖于人们对收入和消费状态的判断，对收入的判断以最低收入问卷（minimum income question，MIQ）调查、收入评估问卷（income evaluation question，IEQ）调查或经济阶梯问卷（economic ladder question，ELQ）调查数据分析为依据，对消费或生活态度判断则以消费充足性调查（consumption adequacy question，CAQ）、一般社会调查（the general social survey，GSS）或世界价值观调查（the world value survey，WVS）数据为依据。

自从主观贫困测度方法被格德哈特等（Goedhart et al.，1977）提出以来，其被欧美等发达国家广泛应用于测度和识别贫困。近年来，该方法也被部分学者用来测度和比较发展中国家的贫困问题（Dartanto and Otsubo，2013；Posel and Rogan，2014；刘波等，2017）。目前，常见的测度方法有 Leyden 贫困线（Leyden poverty line，LPL）方法、主观贫困线（subjective poverty line，SPL）方法和社会政策核心贫困线（the center for social policy poverty line，CSP）方法。其中，Leyden 贫困线和主观贫困线测度方法均由格德哈特等（Goedhart et al.，1977）提出，Leyden 贫困线测度方法根据收入评估问卷调查收集的数据，结合收入福利函数测度和评估贫困问题，测度结果根据家庭设定的一定效用水平的收入进行评估：假定 α 表示贫困效用水平的门槛值，低于门槛值对数收入水平的家庭认为自己处于贫困状态，而高于门槛值对数收入水平的家庭则认为其处于非贫困状态。主观贫困线测度方法根据最低收入问卷调查或最低消费调查数据测度和评估贫困问题，主观贫困线测度方法根据家庭设定的福利水平对应的收入评估：该方法假定特定福利水平下家庭最低收入与其税后净收入及家庭特征存在对数线性关系，然后据此预测对数收入贫困线。社会政策核心贫困线测度方法由德莱克等（Deleeck et al.，1977，1984）提出，其根据收入评估调查或收入调查问卷数据测度和评估贫困问题：该方法根据家庭当前收入水平下的生活状态数据，结合回归模型预测生活困难家庭的平均收入，然后据此推测出贫困线。此外，基于满意度问题调查的一般社会调查和世界价值观数据结合双层模型也被用于测度主观贫困线（Van Praag，2008）。

使用多种方法测度贫困问题，可以更加全面地审视贫困，并有利于制定改进社会整体福利的扶贫政策。并且，主观贫困测度方法可以帮助量化其他方法的相关性和重要性（Kingdon and Knight，2006）。由于贫困的标准及贫困的观念不仅受收入的影响，而且受社会经济环境和风俗习惯的影响。利用多种方法测度贫困还有利于发现对贫困认知水平的异质性问题（Ravallion，2013），并且有利于提高贫困识别的精准度。

1.2.1.4 贫困脆弱性测度研究

贫困脆弱性最初被界定为家庭或个人遭受各种冲击后导致贫困的可能性（世界银行，2000）。致贫的各种冲击，如自然灾害以及环境因素、个人的健康与教育以及家庭因素、制度和政策等权益性因素、社会福利因素以及经济因素等都会影响贫困脆弱性（Dercon，2001；Tesliuc et al.，2002）。世界银行报告（2000）指出，脆弱性分析有利于制定满足贫困家庭特殊需要的人类发展政策，并预测已经出现的和可能出现的贫困危险群体。贾哈等（Jha et al.，2009）认为，脆弱性的测量依赖于时间，非贫困家庭遭遇外在冲击在下个月变成贫困家庭，说明其风险是脆弱的。霍地诺特和基松宾（Hoddinott and Quisumbing，2003）因此将贫困脆弱性的量化定义为三种类型，即期望的贫困脆弱性（vulnerability as expected poverty，VEP），低期望效用脆弱性（vulnerability as low expected utility，VEU）和风险暴露脆弱性（vulnerability as uninsured exposure to risk，VER）。章元和万广华（Zhang and Wan；2006）以及黄承伟等（2010）概括了上述三种定义，其认为 VEP 和 VEU 是一种事前预测，主要用于估计总的脆弱性，反映家庭未来遭受风险打击的福利损失，VER 是一种事后判断，主要判断脆弱性高低，用于分析风险冲击后产生的事后福利损失。黑崎隆志（Kurosaki，2006）认为，贫困脆弱性反映受到外界冲击影响，第 t 期不贫困而第 $t+1$ 期陷入贫困的家庭为贫困脆弱性家庭。黄承伟等（2010）认为，贫困测量和减贫政策是一种事后干预，而贫困脆弱性更多的是关注事前状况。叶初升等（2013）认为，脆弱性不仅反映贫困现实，更重要的是预测家庭或个人未来陷入贫困的概率。卡特和巴瑞特（Carter and Barrett，2006）将贫困家庭消费水平低于预设的消费贫困线，并且资产水平也低于预设的资产贫困线的情况定义为结构性贫困；而将消费水平低于预设的消费贫困线，资产水平高于预设的资产贫困线的情况定义为随机性贫困。

改革开放以来，随着经济社会迅速发展和政府不遗余力的扶贫措施，我国减贫事业成就斐然。然而，由于贫困人口大幅减少，贫困人口分布更为分散，返贫人口数量也越来越多，扶贫措施受益面日益减少，减贫工作也越来越困难。此外，由于我国农村医疗保障事业还不完善，脱贫人口返贫现象日益突出（童晓丽，2006；朱铭来等，2013；王婉，2014）。因此，为保障我国减贫事业持续推进，我国政府和学者不仅关注贫困人口是否减少的问题，也开始关注返贫问题和贫困脆弱性问题。相关研究报告指出，2008 年的贫困人口中有 66.2% 在 2009 年脱贫，而 2009 年 3597 万贫困人口中，则有 62.3% 是返贫人口。西部地区返贫可能性更是居高不下，平均返贫率高达 15% ~ 25%，个别地区甚至达到 30% ~ 50%（西北大学，2012）。张立冬等（2009）实证研究发现，中国农村存在着较为广泛的脱离贫困与进入贫困并存的现象。家户的福利状态可能在贫困与非贫困之间跨期转换或延续，贫困研究不能仅仅关注某一时期贫困人口规模，而应当动态地研究贫困家庭不同时段的动态转换过程（叶初升和赵锐，2013b）。

由于测度贫困脆弱性有利于掌握家庭动态贫困状态、实施更加精准的扶贫对策，于是贫困脆弱性的测度及其影响因素的分析受到广泛关注。徐伟等（2011）研究表明，家庭层面的社会网络有助于降低家庭的贫困脆弱性。樊丽明和解垩（2014）分析了公共转移支付对我国贫困脆弱性的影响，并认为教育程度、家庭规模、就业状态、工作性质及地区等因素会影响贫困脆弱性。万广华等（2014）研究认为，从长期动态角度看，结构性因素对我国农户贫困脆弱性起主要作用，从短期静态角度看，则是随机性因素影响农户贫困脆弱性。进一步的研究表明，我国慢性贫困在总贫困中的比重远高于暂时性贫困的比重（Wan and Zhang，2013）。李丽和白雪梅（2010）认为，农村人口年龄与贫困脆弱性正相关，随着农村家庭平均年龄越高，家庭的贫困脆弱性越高。这就表明，人口老龄化将逐渐提高农村贫困人口的脆弱性。林文和邓明（2014）研究表明，家庭成员平均年龄与贫困脆弱性之间存在"U"型关系。杨龙（2015）

研究分析表明，具有人力资本不足、病人数量多、抚养比高和资产价值少等特征的农户家庭一般脆弱性较高。这就说明，我国农村目前可能存在大量的结构性贫困以及少量随机性贫困家庭，因此，了解扶贫对象动态特征、测度贫困脆弱性，有利于提高扶贫工作瞄准精度，从而实现全面脱贫、杜绝返贫。

然而，传统的以家庭人均可支配收入为基准的贫困测度过程中，由于没有考虑家庭消费规模经济效应，可能高估贫困脆弱性，在脆弱性的分解和返贫概率的测度方面也可能失真。

1.2.1.5 个人贫困测度研究

按照家庭资源在家庭成员之间均等分配为前提条件测度的相对贫困，未考虑家庭资源非均等分配和家庭消费规模经济效应，往往可能错误估计个人相对贫困。在对贫困发生率的估计中，按照人均可支配收入测度的贫困发生率会高估规模较大家庭的贫困发生率（解垩和莫旋，2006）。个人贫困往往不等同于家庭贫困，家庭贫困也并不意味着个人贫困。家庭消费资源在家庭成员之间的非均等分配使得同一家庭中各家庭成员的生活状态并不相同，获得较少家庭资源的个人会相对贫穷，而获得较多家庭资源的个人则相对富裕（De Vreyer and Lambert，2018）。按照家庭人均可支配收入测度的贫困，由于调查数据资料限制，往往不能精准反映家庭中的个人消费情况进而不能精准识别贫困（Ravallion，1994；Cherchye，2012）。按照人均可支配收入识别贫困可能遗漏非贫困家庭中生活窘迫的穷人，低估贫困发生率；或者，错误判断贫困家庭所有成员都为穷人，高估贫困发生率。除此之外，也可能会引起其他测度问题，如贫困深度和贫困缺口指数测度偏误（Kumar and Mahadevan，2011）。

国外学者很早就注意到家庭内部资源非均等分配对个人贫困测度的影响。一些研究将人体健康指标如体重指数或卡路里摄入量等作为个人生活水平的代理变量研究个人资源差异，如对印度南部农村家庭营养调查数据分析表明，女性营养摄入量低于男性，食品价格上涨造成的营养负担更多地落在了女性家庭成员身上，使女性为更脆弱（Behrman and Deolalikar，1990）。哈达德等（Haddad et al.，1990）将个人卡路里摄入量作为判断生活水平的标准，从菲律宾农村家庭成员营养状况出发研究家庭资源非均等分配对贫困测度的影响，认为如果忽略家庭资源非均等分配会使贫困估计产生较大误差。芬德利（Findlay，1996）使用意大利和美国数据分析非均等分配方式对贫困的影响，结果显示，当家庭资源分配方式从均等分配变为非均等分配时，两个国家的女性贫困发生率发生了较大幅度的上升，而男性的贫困发生率则发生了小幅度的下降。家庭成员常常由于资产所有权、工资收入获取能力、社会风俗习惯造成家庭资源分配不平等，家庭中的老人、妇女和儿童常常在资源的分配中处于劣势（Duflo，2003；Duflo and Udry，2004）。马林达（Marinda，2006）研究了肯尼亚西北某地区农村家庭资源分配对家庭成员健康状况的影响，发现家庭中男性比女性拥有更多的土地和收入，而在家庭资源分配中处于劣势地位的个人更可能陷入相对贫困。巴斯基耶里和法尔金汉姆（Baschieri and Falkingham，2009）研究表明，若家庭总收入是由父母收入的一定比例构成时，且家庭资源均等分配，父母的贫困发生率是64%，子女的贫困发生率为78%；如果家庭中父母对收入的贡献均为50%，那么父亲的贫困发生率会下降到58%，母亲则上升至65%，子女下降到72%。德·弗雷尔和兰伯特（De Vreyer and Lambert，2020）对塞内加尔家庭资源非均等分配的研究发现，以家庭为单位构建的贫困标准很可能会低估贫困程度，家庭内部消费不平等产生了一群"看不见的穷人"，非贫困家庭中有12.6%的是"看不见的穷人"，他们的生活状况可能比贫困家庭中的穷人更差。

现有的研究大多利用洛斯巴斯（Rothbarth，1941）方法测算儿童生活成本、家庭内部资源分配和估计 Rothbarth 等价尺度，并进行贫困分析和福利比较。然而，由于存在规模经济，如果两个不同规模的家庭拥有相同的人均收入，则规模大的家庭生活状况一般会比规模小的家庭生活状况要好，一些学者认为家庭消费规模经济对家庭福利水平和贫困程度存在着较大影响（韩秀兰和张楠，2019；郭之天和陆汉文，2020）。综合比较而言，在几种识别家庭成员资源份额的方法中，Rothbarth方法相对比较完善，但传统的Rothbarth方法忽视了家庭消费的规模经济性，所以有必要对其进行改进，在模型中加入多人家庭中反映个人规模经济程度的函数（Lewbel and Pendakur，2008；Bargain，2012）。

如果家庭资源非均等分配测度的个人相对贫困与以人均可支配收入为依据测度的贫困结果不一致，那么影响个人贫困的特征可能会发生变化，特别是关于家庭规模对贫困的影响可能有所不同。大量研究表明，家庭规模越大的家庭可能总收入越多、更不容易陷入贫困（Glauben et al.，2012；周振和兰春玉，2014；仲超和林闽钢，2020）。但是，家庭规模越大，则平均意义上每个成员能够享受到的收入就越低，也有可能更容易陷入贫困。宋扬和赵君（2015）研究指出，以上两种相反的作用到底谁占优并不明确。

总体而言，关于个人相对贫困测度的研究还在起步阶段，一方面，测度相对贫困时仍将个人相对贫困等同于家庭贫困，未考虑家庭内部资源不平等分配；另一方面，尽管有学者在测度绝对贫困时使用了等价尺度这一工具，但在相对贫困的研究中还未考虑到家庭共同消费的规模经济效应。相对贫困的测度与绝对贫困的测度比较，最明显的差别在于：绝对贫困相对比较稳定，而相对贫困则容易受社会经济环境的影响（汪三贵和刘明月，2020）。考虑家庭规模消费的经济效应，有利于全面评价家庭成员的生活水平和分析个人相对贫困。本书研究将区分个人贫困与家庭贫困，研究由家庭资源非均等分配造成的个人贫困差异。同时，也考虑到家庭消费的规模经济效应，使用无差异尺度对家庭中成人实际生活情况进行比较分析。

1.2.2　精准扶贫政策研究现状

由于早期贫困群体的广泛性以及贫困识别的困难性，我国政府采取了扶贫项目或资金到县以及整村推进的措施，这种"大水漫灌"的方式虽然造成了一定的浪费，但也取得了一定的效果。中国发展基金研究会

（2007）报告数据表明，2001～2004 年，贫困县内整村推进村农户的收入增长率比非整村推进村高 2%。总体而言，补贴性扶贫政策直接影响扶贫对象收入，开放式扶贫政策旨在提高贫困者的发展机会和能力（张伟宾和汪三贵，2013）。在早期贫困个体分布广泛的条件下，采取瞄准到县或整村推进的扶贫措施有一定的可取之处，但随着贫困人口的大幅减少，继续采用这种措施，势必会造成资金和资源的巨大浪费。李小云等（2005）研究表明，尽管我国的扶贫开发重点村的选择对贫困村有着较高的瞄准率，但不同类型扶贫资金的使用在村级瞄准上仍有较大的差异性。阿尔伯特·帕克等（Albert Park et al.，2001）及汪三贵等（2007）研究表明，瞄准到村的扶贫措施存在 48% 的误判率，低收入组中近 50% 没有被确定为贫困村，然而在次高和高收入组中却有 5%～8% 被确定为贫困村，显然，区域瞄准的扶贫措施的最大受益者是收入较高的群体。汪三贵和阿尔伯特·帕克（2010）研究表明，国家统计局和民政局估计的贫困人口并不是同一类人群，数据的偏差和瞄准的失误造成农村低保人群覆盖比率高于贫困发生率。张伟宾等（2013）和汪三贵等（2015）研究认为，区域瞄准的扶贫方法经常会造成"扶县不扶民""扶富不扶穷"。考虑到区域瞄准措施的一系列弊端问题，各级政府越来越提倡缩小瞄准范围的措施。然而，效果并不明显。汪三贵等（2007）研究指出，总体上看，虽然村级瞄准缩小了识别范围，但由于东部和中部地区以及非贫困县更大的瞄准错误，村级瞄准并没有比县级瞄准覆盖更多的贫困人口。为了提高扶贫瞄准精度、改善扶贫效果，我国政府从 2005 年开始对贫困农户进行"建档立卡"，实行农户瞄准机制。总体而言，相对于瞄准到县和整村推进措施，瞄准到户提高了瞄准的精度，但也出现了一些问题。唐丽霞等（2015）研究表明，虽然贫困户识别标准和原则十分明晰，并且有可操作的识别方法和程序，但是"临界户"问题仍然难以避免，此外，建档立卡工作的周期性常常导致扶贫瞄准失真。

关于精准扶贫政策减贫增收效果测度与评价，根据扶贫过程中采用政策的广泛性和调查获得的数据，研究将系统测度并评价政策性金融扶贫、小额信贷扶贫和职业技能培训项目的减贫增收效果。

1.2.2.1　政策性金融扶贫效果研究

改革开放 40 余年来,我国金融事业取得了前所未有的蓬勃发展。统计数据表明,1978 年我国全年存贷总额分别为 1134.5 亿元和 1850 亿元,而 2019 年末本外币各项存款余额为 192.8 万亿元、贷款余额为 153.1 万亿元,二者分别增长了 1699 倍和 827 倍[①]。大量学者研究表明,金融发展对经济增长具有显著的促进作用,如肯和列夫恩(King and Levine,1993)研究认为,金融发展水平是人均 GDP 增长率、人力资本积累和生产效率改进的前提条件;列夫恩和泽尔沃斯(Levine and Zervos,1998)利用 47 个国家 1976～1993 年的数据实证分析表明,金融发展(包括股票流动性和银行业发展)与经济增长率、资本积累和生产率有稳健的正向关系;卡尔德隆和刘留(Calderón and Liu,2003)利用 109 个国家 1960～1994 年数据进行因果分析分析表明,金融发展拉动经济增长,并且金融深化通过人力资本积累和劳动生产率的提高促进经济增长。其他相关研究从不同角度和不同数据方法进一步支持了金融发展对经济增长的正向作用的研究结论。

虽然金融发展与经济增长可能存在互相促进、相伴而生的关系,但是其在减少农村贫困人口、促进农村居民收入增长方面却饱受争议。格林伍德和约万诺维奇(Greenwood and Jovanovic,1990)以及汤森德和乌伊达(Townsend and Ueda,2006)研究表明,经济发展与收入增长不平等呈现倒"U"型曲线关系,即随着收入水平的提高,金融结构包括的范围越广,贫富差异也会越来越大。利用中国数据,结合中国实际经济发展情况,我国学者对金融发展对我国城乡居民收入影响情况做了大量深入细致的研究。大部分研究支持我国金融发展处在库兹涅茨曲线效应初级阶段(胡宗义和刘亦文,2010),即金融发展有利于促进城镇居民或者经济相对发达地区的农民收入增长,而对经济相对落后地区

---

① 资料来源于各年份的《中国统计年鉴》。

农民收入效果不明显甚至抑制其收入增长。其他学者则从不同角度、利用不同方法和数据得到类似的结论，如温涛等（2005）研究表明，金融机构贷款比率以及经济证券化比率的提高对农民收入增长都具有显著的负面效应，中国金融发展并没有促进农民收入增长；乔海曙和陈力（2009）以及王征和鲁钊阳（2011）研究认为，我国金融发展的整体水平还比较低，金融发展目前还会导致城乡收入差距加大；丁志国等（2011）研究认为，金融机构扩大涉农贷款比例和贷款覆盖面等措施对于改善农村居民收入效果不佳；叶志强等（2011）指出，金融资源在农村地区的稀缺性和低效率不仅显著扩大城乡收入差距，而且阻碍了农村居民收入增长；孙玉奎等（2014）研究表明，我国金融发展有利于东部地区收入提高，但对经济相对比较落后的中西部地区农民收入没有实质性影响。

国内外学者研究指出了当前金融发展的不足之处，说明仅仅依靠"大水漫灌式"的金融发展并不能一劳永逸地解决所有发展中的问题。为了促进收入公平，让全体人民共享经济发展胜利果实，我国政府千方百计实施了一系列扶贫措施。这些扶贫政策方针的推行使得贫困人口大幅减少，贫困地区基础设施建设、社会事业发展、生态环境得到显著改善。扶贫措施促进贫困县在粮食、农业生产和农民人均纯收入方面的增长速度明显快于全国平均水平（汪三贵，2008）。对于改进金融政策、促进农村居民增产增收方面，许多学者提出了建设性意见，如乔海曙和陈力（2009）研究表明，政府有必要在金融集聚程度较低的落后地区参与配置金融资源和实施倾斜性金融政策，从而促进农村金融资源利用效率提升；余新平等（2010）研究认为，并非所有金融服务工具都会促进农民收入增长，农村金融制度要以农民增收为目标，改进现行的农村金融制度、结构与服务方式；王征、鲁钊阳（2011）研究表明，加大农村固定资产投资力度和强化农业产业链的扶持等金融政策有利于缩小城乡收入差距；丁志国等（2011）认为，降低农业贷款搜寻成本的措施和增加农业基础设施投入的措施对于增加农民收入有显著效果。

我国政府实施的以经济建设为中心的发展道路已成功让7亿多人脱贫。然而，随着贫困人口大量减少，脱贫攻坚的任务也越来越艰巨，仅仅依靠政府投入远远不够，必须依靠金融手段撬动更多资金弥补扶贫资金缺口。因此，党和国家领导人特别强调"加大对脱贫攻坚的金融支持力度，特别是重视发挥好政策性金融和开发性金融在脱贫攻坚中的作用"。

国际上金融扶贫发展历程，无论是美国、德国等发达国家还是巴西、印度、孟加拉国等发展中国家，对于贫困落后地区、贫穷弱势群体，都建立了行之有效的政策性金融扶贫体系，普遍采取政府增信、贷款期限长、利率低、资金来源成本低、监管差别化、税费减免优惠等措施，实行特惠金融支持。世界银行等许多国际金融组织也把类似模式作为支持发展中国家减贫与脱贫的重要手段。从当前国内金融市场来看，贫困地区金融市场仍具有市场失灵和市场发育不充分的特点，特别是在基础设施建设方面，存在回报率低、短期内需要投入资金量大的特点，而商业性金融或合作金融受其逐利性等特性的限制难以满足贫困地区资金量的需求。政策性金融是政府实施特定战略或弥补市场失灵做出的制度设计和策略选择，具有定向特惠、放大政府信用的优势，作为政府的银行，贯彻政府意志、根据国家指令执行金融政策是其固有的政治使命。因此，为脱贫攻坚提供定向、长期、低息的信贷资金是政策性金融自带的任务。

1.2.2.2 小额信贷扶贫效果研究

小额信贷本质上是一种信贷方式，小额信贷的主要目的是帮助贫困的农村居民家庭获得进入信贷市场的平等机会，获贷者可以进一步得到技术培训的机会，积累生产性固定资产、牲畜和耐用消费品获得家庭财产增值的机会，增加就业以及减少自然和市场风险的机会（吴国宝和李兴平，2003；胡宗义和罗柳丹，2016）。小额信贷日益成为拉丁美洲和非洲等发展中国家帮助贫困居民减贫增收的重要方式，几乎所有主要的国际机构，如欧洲联盟、联合国、世界银行、亚洲银行和美洲开发银行，都致力于小额信贷项目的减贫增收效果评价研究。从研究结论来看，针对国内外传统的小额信贷项目减贫增收效果主要认为小额信贷是"贫困瞄准"的和小额信贷是"错位瞄准"的两类。

（1）小额信贷是"贫困瞄准"的代表性研究评述。小额信贷是"贫困瞄准"的研究认为，贫困家庭能获得小额信贷并且小额信贷有利于缓解家庭在教育、医疗和生活方面的困难，有利于改善借贷者的生活和收入水平。目前，国外学者支持小额信贷是"贫困瞄准"的代表性研究主要有：皮特和汉德克（Pitt and Khandker，1998）的分析表明，孟加拉小额信贷有利于减少参与者贫困，并且对女性参与者更加有效；汉德克等（Khandker et al.，2005）的后续研究进一步分析了孟加拉小额信贷减贫效果，结果支持前期小额信贷减贫增收的作用，并同时表明其对极端贫困者更有效；格特勒等（Gertler et al.，2009）针对印度尼西亚的小额信贷项目的研究表明，小额信贷有利于提高家庭成员在面临不利的健康冲击时平滑消费；阿格博拉等（Agbola et al.，2017）针对菲律宾的研究表明，小额信贷借贷户收入水平显著高于非借贷户；马扎木德和鲁文淙（Mazumder and Lu，2015）利用孟加拉500户调查者（300户为信贷获得者，200户为控制户），基于倾向得分匹配和处理效应的模型分析表明，小额信贷有利于改善借贷者的基本生活水平。

国内学者支持小额信贷是"贫困瞄准"的研究主要有：张立军和湛泳（2006）利用中国1994～2004年的时间序列数据和2004年的截面数据研究表明小额信贷有利于增加农户的家庭经营收入和减贫；夏丽等（Xia et al.，2011）和胡金焱，袁力（2016）分别利用中国农村家庭调查数据和山东省试点的小额信贷数据研究表明，传统的小额信贷能促进农村居民收入增长。

（2）小额信贷是"错位瞄准"的代表性研究评述。支持小额信贷的"错位瞄准"的研究认为，小额信贷仅有利于提高"穷人中的富人"的收入水平或生活水平，而对"穷人中的穷人"没有帮助。一些研究显示，小额信贷尚未惠及穷人中最贫穷的人（Mosley，2001；Weiss and

Montgomery，2005）；对秘鲁的调查数据分析表明，穷人中的富人从小额信贷项目中受益，而核心贫困者受益不多（Copestake et al.，2005），而针对墨西哥的小额信贷康帕图银行（Compartamos Banco）的研究表明，小额信贷对收入较低的群体存在负向干预效应（Angelucci et al.，2013）；科勒曼（Coleman，2006）利用准实验的方法对泰国小额信贷RFA和FI-AM的研究表明，较富裕的村民参与度高并从中获得福利，而一般贫困户或"穷人中的穷人"增收效果并不明显。

针对中国传统的小额信贷减贫增收效果分析表明，在"大水漫灌"式的开发式扶贫过程中存在资金使用低效、项目资金浪费的问题，许多穷人没有从项目中受益，资金和项目的最大受益者往往是收入相对较高的群体（汪三贵等，2004；李小云，2005；汪三贵，2007）。吴国宝（2001）、汪三贵（2001）、刘西川等（2007）以及林万龙和杨丛丛（2012）等研究表明，小额信贷更多地为非贫困户所获得，贫困户对其利用率相对偏低。

（3）差异性研究结论述评。传统的小额信贷减贫增收的效果，为何会出现上述不一致的研究结论？主要有三个方面的原因：一是小额信贷一次性借贷期限和还款要求不一样；二是小额信贷的用途要求不一样；三是对两种选择性偏差的处理方法不一样。

①小额信贷借贷期限和还款要求不一样。借贷机构为了降低借贷成本和信贷风险，有缩短借贷期限和迅速回款的内在激励。国外小额信贷的借贷期一般是6个月（Coleman，1999），并且要求即借即还（分期还本付息）的还款方式（Field et al.，2013）。对于贫困家庭而言，短期借贷主要用于平滑消费、规避经济风险冲击和价格波动，长期借贷才会用于生产并增加收入（Samer et al.，2015；Berhane and Gardebroek，2011）。借贷期太短的小额信贷可能增加农户的借贷成本，譬如增加多次申请、多次等待的时间成本；也可能增加农户生产经营的风险，如借贷到期不能追加生产投资和生产经营活动不得不停止的风险。菲尔德等（Field et al.，2013）研究指出，相对宽松的还款要求的家庭在借贷3年后投资利润和收入均高于即借即还的家庭。班纳吉等（Banerjee et al.，

2015）研究表明，大约 1.5 年后，接受小额信贷干预的居民的耐用品消费虽然相对于初期有少量增加，但干预效应并不显著。萨默尔等（Samer et al.，2015）针对马来西亚的小额信贷 AIM（Amanah Ikhtiar Malysia）研究表明，AIM 有助于提高借贷期达到 3 年的借款人的收入，而对新的借款人并没有显著影响。

当前的研究表明，小额信贷借贷期限和还款要求可能会影响农户生产投资规划，即短期借贷迫于还款压力而不利于农户发展种养殖业和积累生产资料，超过一定期限的长期借贷才有利于农户投资种养殖业并促进减贫增收。

②小额信贷用途不一样。由于不同国家或不同地区人们遭遇的贫困程度、所处的经济环境不一样，从而造成小额信贷用途不一样，处于极端贫困的家庭可能优先将获得的借款用于改善生活或用于教育支出，而相对较富裕的家庭可能将借款用于投资和生产。大量研究表明，用于农业生产的小额信贷可能对贫困家庭的收入产生影响，如福尔茨（Foltz，2004）研究突尼斯小额信贷后指出，信贷约束会影响农业产出和利润；依迈等（Imai et al.，2010）对印度小额信贷 SIDBI 的研究表明，尽管存在不可观测的重要决定因素对模型的影响，对于农村地区而言，用于生产目的的小额贷款比一般意义上的小额信贷减贫效果更好；瓦杜德（Wadud，2013）对孟加拉国北部地区针对农业种植的小额信贷研究后指出，小额信贷能帮助小型农户更有效地使用投入；李作稳（2012）研究表明，小额信贷提高了农户的养殖积极性并对扩大养殖规模有显著影响；拉结班希等（Rajbanshi et al.，2015）研究表明，小额信贷支持的农业和小型企业活动有利于创收；汉德克和库瓦尔（Khandker and Koolwal，2016）分析孟加拉国专门针对农业的小额信贷产品显著增加了无地或少地农户的养殖收入，并发现供给侧信贷约束显著降低了种养殖收入。

然而，克勒彭等（Crépon et al.，2015）对摩洛哥农村小额信贷评价表明，项目虽然有利于增加借贷者的农业和畜牧业的收入，但是由于其增加的农业收入由减少的劳动工资收入抵消，因此，项目总体而言，对借款人收入改进效果并不显著。这意味结合不同地方的经济特点，用途不一样的小额信贷可能增收效果不一样。

③对两种选择性偏差的处理方法不一样。小额信贷项目效果的评估常常会受到两种选择性偏差的影响：一种为项目投放偏差（program placement bias）；另一种为自我选择偏差（self-selection bias）。项目投放偏差主要来自金融机构（贷款方）对农户（借款方）的选择行为：金融机构可能选择那些能带来利润或者容易产生减贫影响的农户放贷（Hermes and Lensink，2009；Desai et al.，2011）；也有可能选择专门针对穷人或偏僻的地方放贷（Khander and Koolwal，2016）。自我选择偏差则产生于农户对贷款的选择行为，在小额信贷项目实施过程中，农户会对自己的能力进行评估，并结合借贷的成本和预期的收益选择是否借贷，那些有脱贫增收项目的农户选择借贷，而没有项目的农户则放弃借贷的行为；也可能来自获得贷款的农户改变自己的行为，如在获得贷款后参加职业技能培训或变得更加勤劳（Jack，2013；Beaman et al.，2015）。

两种偏差的处理一般有两种思路：对于项目投放偏差，一些研究者主张采用准实验设计的调查抽样数据对其进行修正（Pitt and Khandker，1998；Coleman，2006；Crépon et al.，2015；Agbola et al.，2017）；对于自我选择偏差，一些学者主张采用倾向得分匹配法（Imai，2010；Mazumder and Lu，2015）和样本选择模型或者双重差分法（Copestake et al.，2001）克服。

由于造成小额信贷对借款人经济收入或生活的影响可能主要归因于未观察到的借款人特征的影响（隐性偏差），而不是信贷本身的因果效应（Rajbanshi et al.，2015），这往往使得小额信贷的评价效果不一致。例如，皮特和汉德克（Pitt and Khandker，1998）以及鲁德曼和默多克（Roodman and Morduch，2014）基于相同的数据，得到不一致的研究结论，可能的原因是隐性偏差不可控，或是不同的方法对隐性偏差修正的程度不一样。

1.2.2.3 职业技能扶贫效果研究

关于职业技能培训扶贫效果的研究主要体现在四个方面。一是为了实现稳定可持续就业和增收。尤其是对贫困劳动力来说，职业技能培训能够提升他们的综合素质，在一定程度上能够弥补其自身知识水平不足的缺憾，帮助其适应经济发展的各种需求，促进和稳定就业，进而实现增收。二是为了尽快融入城镇生活，实现农民工市民化。职业技能培训不仅可以通过转移就业帮助农村居民实现从农村到城市的生活生产区域迁移与职业生涯变革，也有助于其在思想意识与生活方式等方面更好地融入城镇，助推劳动力全方位市民化。三是为了适应供给侧改革的各种需求。就业岗位类型随着产业结构逐渐由农业向非农的转变而有所调整，劳动力必须通过职业技能培训提升劳动附加值，以更好地适应供给侧改革的各种需求。四是为了提升生活满意度和幸福感。通过职业技能培训提升自身技能，既能从事理想的工作，获取可观的报酬，实现自我价值，又能够获得交流的机会，扩充人际关系，丰富情感，还能够通过快速市民化获得更多的社会认可和尊重，从而提高对生活的期待与向往。

大量研究表明，技能培训能显著增加劳动者的收入。如阿尔兹拉等（Alzúa et al.，2016）测算出阿根廷科尔多瓦的一个青年培训项目在实施18个月后就业率提升了8个百分点，同时收入提高了40%。诺瓦奇克等（Nwokike et al.，2019）发现，技术和职业教育与培训（TVET）充分提升了受训者在工作领域所需的职业技能，以确保他们作为雇员或自营职业者能力的提高，进而实现减贫目标。展进涛等（2016）对比研究了正规教育和技能培训对劳动力外出务工工资水平的影响，发现技能培训既能提高劳动力外出务工的概率，又在一定程度上决定了工资水平，且技能培训对正规教育存在替代作用，当正规教育缺乏时，技能培训有助于替代正规教育提高参与者的收益。进一步地，部分学者还对不同培训时间和培训类型的增收效果进行了更为细致的研究。张世伟和武娜（2015）分析了培训时间对农民工收入的影响，发现以一般培训30天或专门培训120天为限，超过该期限农民工继续接受培训将会出现边际报酬递减现象。宋月萍（2015）和江金启（2016）发现，相比于普及性培训和通用性培训，专用性技能培训对劳动力工资的促进作用最明显。王雯（2018）研究表明，培训不但能够让家庭非农年收入增加29.1%～32.2%，且培训次数越多增收效果会越明显。

然而，并非所有研究都支持技能培训促进减贫增收。可汗等（Khan et al.，2014）发现，作为孟加拉国创收方案一部分的非政府组织培训项目在增加收入方面带来的成果微不足道。巴蒂（Bharti，2014）认为，有必要对穷人进行培训提升技能创造收入减少贫困，但仅仅提供培训是不够的，培训本身必须满足受训人员的需要，特别是获得资金的机会。麦肯齐（McKenzie，2017）对来自8个国家的12项技能培训计划效果评估的证据显示，无论是对于发达国家还是发展中国家，一系列的劳动力就业培训政策通常远不如决策者、项目参与者和经济学家事先预期的那么有效。周世军等（2016）采用皖籍农民工的访谈数据分析发现，作为农民工人力资本投资重要途径的职业培训对于提高收入的作用并不显著。

1.2.3 研究述评

中国政府从全面建设小康大局出发，提出2020年消除绝对贫困。近年来，大量学者特别关注中国贫困问题，其中，贫困识别和扶贫政策是重要的内容。已有研究为本书研究提供了宝贵的研究资料、积累了素材，然而，仍存在值得进一步完善的地方。

（1）在贫困识别方法上，利用未考虑家庭消费规模经济效应的可支配收入识别贫困可能导致规模较大家庭的贫困发生率高估而规模较小家庭贫困发生率低估，对于贫困脆弱性的测度也可能存在类似的情况。

（2）在贫困识别对象上，现有研究大多以家庭消费资源在家庭成员之间均等分配为假定识别贫困人口。然而，家庭成员常常由于资产所有权、工资收入获取能力、社会风俗习惯等原因造成家庭资源分配不平等。

家庭中的老人、妇女和儿童常常在资源的分配过程中处于劣势地位。因此，以家庭为单位识别贫困往往不能精准到个人，并导致减贫政策可能出现瞄准偏误。

（3）在贫困识别视角上，单一维度的贫困识别可能掩盖真实贫困。由于从事社会活动的人是一切关系的总和，贫困的标准及贫困的观念不仅受收入的影响，而且受社会经济环境和风俗习惯的影响。不考虑中国居民消费实际和主观态度制定的相对贫困标准可能导致识别偏误，并且，单一视角识别贫困可能会放大某方面的问题而掩盖其他方面的问题。利用多种方法从不同视角测度贫困不仅有利于发现贫困认知水平的异质性问题（Ravallion，2013），而且有利于提高贫困识别的精准度。

（4）在精准扶贫政策上，忽视扶贫项目瞄准局限性可能降低资金或项目的减贫效率。脱贫攻坚期间采取的一系列扶贫措施在促进减贫增收的同时，也有可能针对不同的扶贫对象出现不同的扶贫效果。因此，了解各种扶贫政策的扶贫效果和瞄准优势有利于有的放矢地制定扶贫措施并提高扶贫效率，而忽视扶贫措施瞄准的局限性可能增加扶贫成本并降低减贫效率。

1.3　研究内容与框架

本书的研究对象为贫困识别和扶贫瞄准的统计测度，即利用统计方法识别贫困特征和测度扶贫政策对贫困居民的减贫增收效果。如图1-1所示，为达到研究目的，结合微观经济理论、统计测度方法和微观数据从精准贫困识别和扶贫政策瞄准效果测度与评价两个方面进行系统研究。精准贫困识别从家庭和个人两个层面识别贫困：家庭层面包括多维贫困测度、相对贫困测度、主观贫困测度、贫困脆弱性测度；个人层面根据家庭消费资源分配情况测度个人贫困。扶贫政策瞄准效果测度和评价包括利用统计方法和计量经济模型测度和分析政策性金融、小额信贷扶贫、职业技能培训等扶贫政策是否促进了减贫增收，是否更有利于生活相对较困难的居民减贫增长。此外，研究还系统测度了中国的经济增长和收入不平等的减贫弹性，同时评价区域之间协同合作的减贫效果；根据实地调查数据系统阐述脱贫攻坚的成果并总结脱贫攻坚成功的"中国模式"。

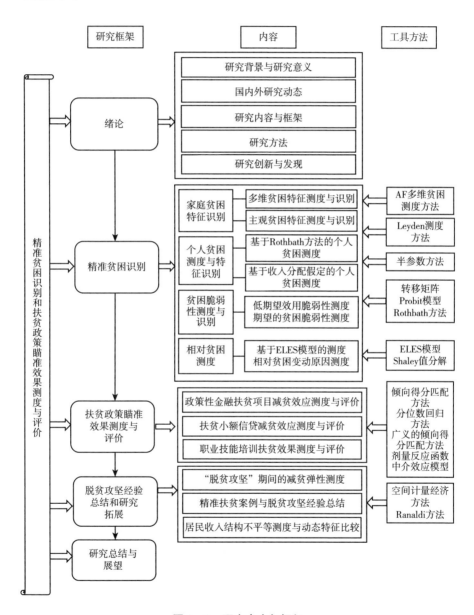

图1-1　研究内容与框架

1.4　研　究　方　法

（1）贫困测度方法。本书用于测度多维贫困的方法包括设置权重并构建多维贫困指数和测度方法。在借鉴 Leyden 贫困线测度方法的基础上，结合普拉班和瑞沃林（Pradban and Ravallion，1998）的计量经济方法测度主观贫困，然后采用根据 Logit 模型测度影响主观贫困的社会学和人口学特征。采用勒贝尔和彭德科（Lewbel and Pendakur，2008）和巴盖因（Bargain，2012）提出的改进的 Rothbath 方法测度个人消费份额，然后测度个人贫困及影响个人贫困的因素；采用半参数的方法估计等价尺度，然后基于收入在家庭成员之间分配不均等的假定测度个人贫困特征。相对贫困的识别则根据可扩展线性支出系统（ELES）模型测算城乡相对贫困线，根据 Shapley 值分解分析城乡相对贫困变动的原因。

（2）扶贫政策效果测度方法。本书用于测度扶贫政策减贫增收效果的方法包括倾向得分匹配法、广义倾向得分匹配法、处理效应模型、敏感性分析等；用于测度扶贫政策瞄准效果的方法主要有分位数回归方法；用于分析扶贫政策减贫机制的方法主要为中介效应模型。

1.5　研 究 创 新 与 发 现

1.5.1　研究内容上的创新

（1）在家庭贫困特征识别方面，不仅包括客观内容，而且考虑了主观内容。为充分体现获得感在贫困测度中的重要性，本书将多维贫困测度与主观贫困测度结合，既反映客观实际生活，又反映主观获得感。同时，从多角度测度贫困，尽量避免单一角度测度贫困的弊端，从而系统、精准地识别贫困。

（2）本书中的贫困测度不仅在于识别"看得见"的贫困，而且在于识别"看不见"的贫困以及特殊群体的贫困。研究基于家庭资源均等分配假定识别"看得见"的贫困；根据改进的 Rothbath 方法测度个人消费份额并识别利用传统方法测度的非贫困家庭中的贫困人口，即"看不见"的贫困；同时也识别贫困家庭中的非贫困人口，即"看不见"的非贫困。

（3）利用深入贫困县专门调查获得的数据或科研机构的微观调查数据系统测度我国脱贫攻坚期间扶贫政策的减贫增收效果。脱贫攻坚期间我国政府采取一系列政策促进减贫增收，如政策性金融扶贫政策、扶贫小额信贷和职业技能培训等，研究成果通过构建计量经济模型测度并评价各项政策的减贫增收效果。

（4）利用深入贫困县专门调查获得的数据系统阐述调查县整体风貌改进情况，包括国民经济、道路、饮水工程、电网改造和公共服务等。同时，分析和比较贫困县在教育、医疗、产业扶贫和金融扶贫等各方面的成绩，系统分析调查县脱贫路径，归纳并总结中国脱贫攻坚的成功经验。

1.5.2　研究视角上的创新

（1）采用多种方法测度贫困脆弱性，并在脆弱性的测度过程中考虑家庭消费结构的差异性和消费的规模经济效应。本书研究基于非参数方法测度不同年龄和不同规模家庭代表性个人的等价尺度，然后根据计算出的确定性等价消费测度低期望脆弱性和期望贫困脆弱性，从而精准识别家庭致贫风险和返贫风险。

（2）从城乡居民消费结构存在差异的角度构建相对贫困线，并分析城乡相对贫困特征。我国城乡居民生活差异较大，并不适宜采用欧美等国家一条线的相对贫困识别标准。城乡根据消费结构差异制定贫困线，有利于精准识别贫困，避免贫困线过高或者过低，也避免造成扶贫低效。

（3）依据测度的个人消费份额识别贫困，并分析贫困特征。家庭资源存在分配非均等的情况，按照家庭资源在所有成员之间均等分配的假定测度的贫困可能错误估计贫困，故而，本书研究采用改进的 Rothbath 方法根据专属支出份额估计回归模型的参数，估计每个家庭成员的消费支出份额并测度个人贫困和分析影响个人贫困的因素。

（4）传统的收入不平等研究仅考虑收入分配数值方面的差异，未考虑收入分配结构方面的差异，这可能掩盖真实的财富差异，不利于制定减小相对贫困和促进共同富裕的政策。本书研究借助新的统计方法测度我国城乡之间、地区之间和行业之间收入结构不平等性以及造成结构不平等性的原因，以期为后扶贫时期治理相对贫困、振兴乡村经济和促进共同富裕施政提供可借鉴的学术资料。

第2章　农村居民家庭贫困特征识别

广义上的贫困是指人在经济或精神上的贫乏窘困，是一种社会物质生活和精神生活贫乏的综合现象。狭义上的贫困通常称为绝对贫困，是指在一定的社会生产生活方式下依靠个人和家庭的劳动所得和其他合法收入不能维持其基本生存需要的状态。从生产方面看，劳动力缺乏再生产的物资条件，难以维持自身的简单再生产，生产者只能缩减再生产；从消费方面看，人们无法得到满足衣、食、住等生活基本需要的最低条件，也即人们常说的"食不果腹，衣不遮体，住不避风寒"的状况。按国际标准，每天收入低于1美元的人为绝对贫困；不同的国家因国情不同其标准略有差异，如我国曾将绝对贫困的标准规定为每人每天收入低于0.7美元。

随着我国经济发展水平的提高，绝对贫困已消除，但是相对贫困仍然长期存在。1981年中共十一届六中全会指出，"我国社会的主要矛盾是人民日益增长的物质文化需要同落后的社会生产之间的矛盾"；2017年，习近平总书记在党的十九大报告中强调，"中国特色社会主义进入新时代，我国社会主要矛盾已经转化为人民日益增长的美好生活需要和不平衡不充分的发展之间的矛盾"。① 这意味着2020年我国完成消除绝对贫困的任务后，相对贫困的治理依然艰巨。在短时期内，为巩固脱贫攻坚成果、防止返贫的任务依然艰巨，我国还存在近200万已脱贫人

---

① 林兆木. 正确认识我国社会主要矛盾的转化［N/OL］. 中国共产党新闻网，2018 - 03 - 30.

口和近 300 万低收入人群存在返贫风险（李飞和汪三贵，2020）。因此，从不同角度精准识别农村人口多维贫困特征和贫困程度有利于精准制定防治返贫的措施，减小返贫风险和巩固脱贫攻坚成果。对于多维贫困的识别方法和指标，前文已有大量描述，此处不再赘述。除此之外，林根（Ringen，1988）提倡利用收入和资源相对剥夺指数相结合的方法识别真正的贫困者；卡兰等（Callan et al.，1993）认为，采取收入和相对剥夺指数相结合的方法既能识别贫困程度，也有助于识别致贫原因。相对剥夺指数的构造一般以社会认可的基本生活品和耐用品为基础构建。然而，哈根纳和德沃斯（Hagenaars and De Vos，1988）认为，剥夺指数方法识别贫困比较随意，其并不能反映居民真实生活状况，单身青年或刚结婚的年轻夫妻可能因为没有购置耐用品而被认为处于贫困状态。瑞沃林（Ravallion，2011，2012b）指出，各国在使用 MPI（multidimensional poverty index）和 HDI（human development index）为代表的贫困指数设置的指标权重时太过武断。从个人消费习惯而言，低收入者可能会缺乏某些耐用品，而缺乏某些耐用品的不一定是低收入者。于是，有必要将收入为基础的方法与资源剥夺为基础的方法进行结合测度相对贫困。

相对多维贫困是指在特定的社会生产方式和生活方式下，依靠家庭的劳动所得或其他合法收入虽能维持食物保障，但无法满足在当地条件下被认为是最基本的生活需求的状态。因此，测度多维贫困的指标必须结合区域消费实际生活状况进行设定。再者，考虑到贫困的标准不仅受收入的影响，而且受社会经济环境和风俗习惯的影响。因此，本章利用考虑区域生活习惯的指标测度多维贫困和主观贫困，目的在于更加竞争地识别贫困特征。

本章的主要内容包括三个方面：首先，介绍多维贫困测度方法和主观贫困测度方法；其次，对调查数据进行简单统计描述，分别采用多维贫困测度方法和主观贫困测度方法测度贫困并比较多维贫困和主观贫困的特征；最后，对全章内容进行概括总结。

2.1　多维贫困特征测度与识别

2.1.1　多维贫困测度方法

借鉴阿尔基尔和福斯特（Alkire and Foster，2011a，2011b）关于多维贫困测度的方法，测度方法如下所述。

（1）多维贫困的识别。对于 N 个家庭样本，假定第 $i(i=1,2,\cdots,N)$ 个家庭样本在第 $j(j=1,2,\cdots,D)$ 个指标上的取值为 y_{ij}，并规定第 j 个指标上被剥夺的临界值为 z_j，若 $y_{ij}<z_j$，表示第 i 个家庭在第 j 个指标上处于被剥夺状态；反之，则处于非剥夺状态。研究采用的双临界值法包括单指标和多指标识别方法。单指标识别用于测算单个指标的剥夺得分，当 $y_{ij}<z_j$ 时，$g_{ij}=1$；当 $y_{ij}\geq z_j$ 时，$g_{ij}=0$。多指标方法用于测算所有 D 个指标上的得分，设 w_{ij} 为第 j 个福利指标上的权重，即 $c_i=\sum_{j=1}^{D}w_j g_{ij}$。

（2）多维贫困的测度与分解。根据设定的临界值 $k(0<k\leq1)$ 识别家庭贫困状态：若第 i 个家庭在所有指标维度上的加权得分超过临界值 k，即当 $c_i<k$ 时，$c_i(k)=0$；当 $c_i\geq k$ 时，$c_i(k)=1$。由此，可得到多维相对贫困指数：$MPI=\sum_{i=1}^{N}(1/N)c_i(k)$。此时，第 j 维度的多维相对贫困对总体多维相对贫困贡献率为：$C^j=(w_j MPI_j)/MPI$，第 l 个子群的多维相对贫困对总体多维相对贫困贡献率为：$C^l=(n/N\times MPI^l)/MPI$。

2.1.2　数据来源和统计描述

2017 年下半年，课题组成员对江西省抚州市临川区、萍乡市湘东区、上栗县和莲花县等四区、县 191 个行政村 2832 户农户入户调查，调查目的旨在了解农户的生活状况。样本包括建档立卡的贫困户和非建档立卡的农户，其中，非建档立卡户样本主要是调查员到村后根据农户家庭居住情况或家庭成员身体健康状况抽取。对调查所得数据删除了部分缺失数据，整理后的数据样本为2523户，其中建档立卡贫困户463户，非建档立卡户2060户。建档立卡户有残疾人的家庭占比为27.0%；有重病病人的占比为3.67%；有慢性病的家庭占比为25.27%；五保户占比为9.29%；低保户占比为57.7%。非建档立卡户有残疾人的家庭占比为5.82%；有重病病人的占比为1.5%；有慢性病的占比为15.14%；五保户占比为3.3%；低保户占比为5.0%。如表2-1所示，对样本数据基本统计描述表明，总体而言，建档立卡户人均居住面积为41.34平方米，人均可支配收入为7310.51元。收入主要来自外出务工收入，占比为38%；其次为补贴性收入，占比为28.56%；耕地收入相对比较少，占比仅为7.6%；人均医疗支出为1771.97元，是可支配收入的24%，家庭人均债务为5088.58元，为可支配收入的69.6%；生活满意度平均得分为2.1，说明大部分村民对目前生活比较满意，同时存在少量生活不满意的农户。

表2-1 基本变量统计描述

变量	平均值	最小值	最大值
家庭人口数	3.39	1	9
老年人口数	0.77	0	4
未成年人口数	0.76	0	5
居住面积（人均）	41.34	0	720
补贴性收入（人均）	2088.19	0	199325
可支配收入（人均）	7310.51	525	232928
务工收入（人均）	2777.3	0	140000
耕地收入（人均）	543.71	0	65000
医疗支出（人均）	1771.97	0	200000
人均债务	5088.58	0	1000000
生活满意度	2.10	1	3

注：居住面积计算中家住危房、亲戚家的住房面积记为0；生活满意度得分：1为很满意，2为比较满意，3为不满意。

皮亚乔德（Piachaud，1987）研究表明，人们根据自己的需求程度将生活物品分为三类：第一类是虽然没有但是也不想有的物品；第二类是购买不起的物品；第三类是必需品。对于前两类商品是否应该划分为剥夺指数还存在争议，而将必需品划分为剥夺指数大多数学者基本都认可，如德尔豪斯等（Delhausse et al.，1993）和卡兰等（Callan et al.，1993）认为，构建相对剥夺指数的物品应该为一般家庭消费品，而不是特殊物品，并将居民生活物品分为初等品和次等品，并以初等消费为指标构建剥夺指数，同时提倡以必需品为基本生活维度反映居民的相对剥夺状况。威尔兰等（Whelan et al.，2014）采用因子分析的方法将居民生活用品分为以必需品为主的基本品、次要生活品、住房设施、房屋装饰品和外部生活环境等五类，然后据此考察不同国家居民多维剥夺的情况。卡兰等（Callan et al.，1993）和德尔豪斯等（Delhausse et al.，1993）构建的多维剥夺指数以居民使用的商品为基础，主要选取居民缺乏频率较低（或使用频率较高）的物品或服务，具体包括就业、居民住房、交通工具、家用电器、健康保障、义务教育等 6 个方面的内容。

　　参考上述多维剥夺指数构建思想，结合仲超和林闽钢（2020）、刘魏和王小华（2020）等的研究以及联合国开发计划署和牛津大学贫困和人类发展倡议共同编纂的《2019 年全球多维贫困指数》，本书研究将收入维度纳入多维相对贫困体系作为其中一个维度，分别从收入、就业、教育、健康、生活条件等 5 个维度选取 8 个指标构建指标体系，并给出指标的含义与剥夺临界值，如表 2 - 2 所示。

表 2 - 2　　　多维相对贫困维度、指标以及剥夺临界值的设定

维度	指标	剥夺临界值及设定要求	权重
收入	家庭等价收入	家庭等价收入低于人均收入的 50%	1/5
就业	失业比例	家庭无长期失业成员占比低于 100%	1/5
教育	人均受教育年限	家庭成员人均受教育程度低于 9 年	1/5
健康	健康打分	家庭主要劳动力健康打分（1～5 分）均小于 3	1/10
	身体质量指数（BMI）	劳动力 BMI 值（体重/身高^2）小于 18.5	1/10
生活条件	家用电器	洗衣机、冰箱、彩电中任何一项缺乏记为 1	1/15
	住房	家庭人均自住房面积不足 40 平方米记为 1	1/15
	交通工具	没有电动车、摩托车或汽车记为 1	1/15

注：国家统计局公布 2016 年中国人均住房面积为 40（取整数）平方米。

收入维度：研究中收入维度所采用的指标为人均等价收入①。将家庭人均等价收入小于全体居民人均等价收入 50% 的群体视为处于收入相对贫困中。现有研究大多用绝对收入标准衡量贫困，然而，绝对收入标准既忽视了家庭消费存在的规模经济效应，又未考虑到家庭成员的需求随年龄的变化而变化的现实（韩秀兰和张楠，2019）。为了使得贫困识别的结果更符合经济含义，避免出现贫困识别瞄准偏误，在测算相对收入指标时，需要修正家庭规模经济和成员年龄结构可能造成的偏差，所以采用人均等价收入反映收入维度，而非一般意义上的可支配收入。

就业维度：由于就业直接关系收入和家庭未来生活的预期，参考郭熙保和周强（2016）的研究，考虑将就业纳入指标体系。若家庭中无长期失业成员占比小于 100% 视为贫困。

健康维度：身体是否健康直接关系到个人的就业和生活状态，国内外许多研究都会将这一内容纳入指标体系中。参考部分文献资料的做法，研究将家庭成员健康打分均低于 3 分赋值为 1，否则赋值为 0；身体质量指数 BMI（体重/身高的平方）小于 18.5 赋值为 1，否则赋值为 0。

教育维度：教育是"三保障"的重要内容，参考邹薇和方迎风（2012）及郭熙保和周强（2016）等的研究，将家庭中成员的平均受教育年限为 9 年作为贫困剥夺临界值，低于 9 年赋值为 1，否则赋值为 0。

生活条件：为反映居民的物质条件是否充足，体现居民美好生活的状态，研究构建了生活条件维度。该维度指数包括家用电器的使用、住房情况和交通工具的使用三个方面，其中，家用电器缺乏是指家中至少缺乏电冰箱、洗衣机和电视机等家用电器中的一种；住房缺乏是家庭人均住房面积在 40 平方米以下，包括入住危房或寄住在非直系亲属家中；交通工具缺乏是家中没有电动车、摩托车或汽车（不考虑残疾人户或 60 岁以上的老人户）等交通工具。

---

① 等价收入计算方法：家庭人均等价收入是第 i 个家庭关于大于 14 岁成年人数目 adu_i 和小于 14 岁儿童数目 chi_i 的函数，可表示为 $hy_i/(1 + a \cdot (adu_i - 1) + b \cdot chi_i)$，其中 hy_i 为第 i 个家庭的总收入，等价尺度参考 OECD 标准，大于 14 岁的成人为 0.5，小于 14 岁的儿童为 0.3，即 $a = 0.5$，$b = 0.3$。

基于 UNDP 公布的多维贫困指数构建框架设定权重，即在整个指标评价体系中，各个维度和各个维度下的各个指标权重都相等。各维度指标和权重设定如表 2-2 所示。

2.1.3 多维贫困测度结果分析

（1）农户单维贫困比较。根据所设多维贫困指标，结合样本数据计算各维度相对贫困发生率如表 2-3 所示。计算结果表明，总体上农户家庭单维相对贫困发生率较高的分别是：35.61% 的农户家庭人均等价收入未达标，而同年欧盟的相对贫困发生率（也称贫困风险率）为 17.3%，美国的贫困风险率约为 12.7%。由此可见，与欧美国家相比，我国农户家庭的相对收入贫困状况还较为严重。测度数据同时表明，23.45% 的农户家庭有成员长期失业；14.21% 的农户家庭平均受教育年限低于 9 年；14.31% 的农户认为身体状况较为不健康，身体质量指数低于 10%；生活条件维度包含的三个方面均高于 20%。由此可见，除相对收入贫困外，就业、教育、健康和生活条件方面都还需要改善。此外，测度结果还表明，20.34% 的农户认为社会存在不公平现象，19.51% 的农户对他人的信任感较为缺乏。

表 2-3　　　　　　农户单维相对贫困发生率比较

维度	指标	贫困发生率（%）
经济	家庭人均等价收入	35.61
就业	无家庭成员长期失业占比	23.45
教育	平均受教育年限	14.21
健康	健康水平打分	17.31
	身体质量指数（BIM）	7.54
生活条件	家用电器	20.43
	住房	26.52
	交通工具	27.34

（2）农户多维相对贫困现状比较。多维相对贫困的测度结果与 k 的

取值密切相关，但对于 k 的具体取值至今尚无明确的标准，理论上 k 可以在 $0 \sim 1$ 取值。测算 k 分别取值为 $0.1 \sim 0.6$ 时农户家庭多维相对贫困指数的结果如表 $2 - 4$ 所示。其中，q 为加总的单维贫困人口数；H 为多维贫困发生率；A 为多维相对贫困人口的平均剥夺份额。

表 2 − 4   农户多维相对贫困比较分析

临界值（k）	贫困指标			
	q	H	A	MPI
0.1	1576	0.6247	0.2513	0.3422
0.2	1352	0.5361	0.2938	0.2457
0.3	771	0.3056	0.3135	0.1986
0.4	651	0.2580	0.3958	0.1452
0.5	245	0.0971	0.4379	0.0921
0.6	144	0.0571	0.5745	0.0557

表 2 −4 的测度结果表明，随着 k 值增加，处于多维相对贫困的家庭逐渐减少。当 k 在 $0.1 \sim 0.3$ 范围取值时，绝大多数家庭存在个别指标贫困的情况；当 k 在 $0.4 \sim 0.6$ 范围取值时，处于多维相对贫困家庭的数目较少；而当 k 为 0.7 时，极少数家庭处于多维相对贫困状态。贫困发生率 H 和多维相对贫困指数 MPI 的值越小，贫困缺失份额 A 的值则越大。当 k 取一个较为折中的值 0.3 时，贫困发生率 H 为 30.56%，贫困缺失份额 A 为 0.3135，多维相对贫困指数 MPI 为 0.1986。而由表 $2 - 3$ 可知，此时，相对收入的贫困发生率为 35.61%。可见，相对收入贫困人口与多维相对贫困人口并不一致，若仍以相对收入贫困标准衡量农户的贫困状态并制定缓解相对贫困的福利政策，可能出现瞄准偏差，从而降低扶贫效率。

（3）多维相对贫困贡献率比较。由于不同维度对农户家庭总体福祉的影响存在差异性，因此不同维度的被剥夺情况有可能会对农户家庭多维相对贫困状况造成不同的影响。为了比较这一差异造成的不同影响，分别计算各维度对总体多维相对贫困指数 MPI 的贡献率如表 $2 - 5$ 所示。需要说明的是，鉴于 k 的大小还没有一致的界定，借鉴联合国的标准，将 1/3 的总指标存在剥夺视为多维相对贫困，即以 $k = 1/3$ 作为临界值进行测算。

表 2 - 5　　　　多维相对贫困维度贡献率比较分析（$k = 1/3$）

维度	指标	MPI	贡献率（%）
经济	人均等价收入	0.0457	20.24
就业	无家庭成员长期失业占比	0.0375	16.61
教育	平均受教育年限	0.0218	9.65
健康	健康水平打分	0.0092	4.07
	身体质量指数（BIM）	0.0054	2.39
生活条件	家用电器	0.0313	13.86
	住房	0.0357	15.81
	交通工具	0.0392	17.36

显然，家庭人均等价收入对多维贫困指数的影响最大，贡献率为 20.24%。其余贡献率较大的指标分别为失业和交通工具缺乏，其中，家庭有成员长期失业对 MPI 的贡献率为 16.61%；交通工具缺乏对 MPI 的贡献率为 17.36%。由此可见，收入、失业和交通工具匮乏是造成农户家庭多维相对贫困的主要原因。其中，交通工具缺失对多维贫困的贡献源于外出障碍引起务工收入的下降，大量研究（樊士德和朱克朋，2019；罗良清和平卫英，2020）表明，务工收入是农村贫困人口收入的重要来源。其余测度结果表明，住房和家用电器等生活物质条件缺乏对相对多维贫困贡献率略低于失业；身体健康水平的自我评价、身体质量指数对多维相对贫困的贡献率较低。

2.2　主观贫困特征测度与识别

2.2.1　主观贫困测度方法

根据马斯洛需求层次理论，对于我国广大农村地区而言，解决当前社会发展过程中的主要矛盾，首要任务是解决农村居民低层次的生活必需品的需求，其次是解决反映美好生活的娱乐文化活动等需求。这就意味着我国减贫事业将从以消除绝对贫困为目的逐渐过渡到缓解相对贫困和提高居民的获得感为主要任务。其中，获得感的评价以主观贫困测度结果为依据。目前，我国学者对于相对贫困和主观贫困的研究相对不足，一方面是由于我国当前脱贫攻坚阶段性任务的要求，另一方面在于鲜有调查数据资料支持主观贫困的测度研究。考虑到我国不同地区发展水平差异较大，本书研究根据可获得的微观数据建立主观贫困测度模型，并根据模型测度结果分析影响主观贫困的原因。

在发展中国家，特别是农村地区，人们对收入的概念认识还不全面，从而很难进行 MIQ 调查（Pradban and Ravallion，1998）。结合中国农村居民的认知水平，课题组对农村地区居民生活和消费的调查中主观福利调查设计的问题为"您对当前生活的满意程度为_____"，选项为"很满意""比较满意""一般""不满意"和"很不满意"。菲尔科和范普拉克（Filk and Van Praag，1991）研究表明，Leyden 贫困线测度方法在估计贫困人口数目时表现最优，而 CSP 方法表现最差。卡普坦等（Kapteyn et al.，1988）和德尔汉斯（Delhansse，1993）的研究均采用该方法，故本书采用 Leyden 测度方法。参考范普拉克和范德萨（Van Praag and Van der Sar，1988）的研究，结合普拉班和瑞沃林（Pradban and Ravallion，1998）的建模思想，构建居民的消费成本函数为：$C_{ij} = \varphi_j(y_i, x_i) + \varepsilon_{ij}$。然后，结合概率模型估计主观贫困问题，若第 i 个调查者消费成本 C 与收入 y 及经济特征 x 变量函数为对数线性函数式（2.1）：

$$\ln C_{ij} = \theta_{0j} + \theta_{1j}\ln x_{i1} + \theta_{2j}\ln x_{i2} + \theta_{3j}x_{i3} + \theta_{4j}x_{i4} + \theta_{5j}x_{i5} + \gamma_j \ln y_i + \varepsilon_{ij}$$

$$(2.1)$$

其中，C_{ij} 不能被直接观察得到，j 为第 i 个调查者对于生活满意度的回答选项，$j = 1,\cdots,5$。x 为人口统计学特征及社会经济变量：x_1 表示家庭人口数；x_2 为家庭住房面积；x_3 和 x_4 均为虚拟变量，分别表示家庭主要成员是否有稳定收入和家中是否有病患；x_5 为家中农业耕地面积；误差项

ε_{ij} 相互独立，且服从均值为 0，方差为 σ_j^2 的正态分布。显然，第 i 个家庭消费得到满足的概率为：

$$P(C_{ij} < y_{ij}) = \Phi\left[\frac{y_i - \varphi(y_i, x_i)}{\sigma_j}\right] \tag{2.2}$$

在 $\varphi(y_i, x_i)$ 为线性函数的情况下，式（2.2）可以写为：

$$P(C_{ij} < y_{ij}) = \Phi\left[\frac{\ln y_{ij} - (\theta_{0j} + \theta_{1j}\ln x_{i1} + \theta_{2j}\ln x_{i2} + \theta_{3j}x_{i3} + \theta_{4j}x_{i4} + \theta_{5j}x_{i5} + \gamma_j\ln y_i)}{\sigma_j}\right]$$

$$\tag{2.3}$$

其中，$\Phi(\cdot)$ 为标准正态分布的函数形式。如果成本函数 C_{ij} 可观测，则通过式（2.3）可得到主观贫困线的唯一解，然而，式（2.3）中参数因为存在潜在变量问题而不能识别。普拉班和瑞沃林（Pradban and Ravallion，1998）认为，式（2.3）可以通过定性问题确定，则式（2.2）可在参数值为标准化的情况下方可识别，于是可得到主观贫困线如式（2.4）所示：

$$C_{ij} = \exp\left[\frac{(\theta_{0j} + \theta_{1j}\ln x_{i1} + \theta_{2j}\ln x_{i2} + \theta_{3j}x_{i3} + \theta_{4j}x_{i4} + \theta_{5j}x_{i5})}{1 - \gamma_j}\right] \tag{2.4}$$

由于调查数据涉及的自我评价的定性问题为"一般""不满意""很不满意"三种主观感受反映调查家庭的获得感，参考德尔汉斯等（Delhansse et al.，1993）的研究，利用似不相关回归模型（陈强，2014）对式（2.4）进行估计，然后计算自我评价三种类型情形下支出成本的几何平均值作为主观贫困线。

2.2.2　主观贫困影响因素分析

本节利用构建的 Probit 模型探求主观贫困的影响特征，模型被解释变量是居民对自己的家庭情况的主观判断；解释变量包括居民物质资本、人口学变量、个人态度、人力资本、社会保障等，干扰项包括模型中未包含的随机影响因素。模型中被解释变量及解释变量的具体说明如

表2-6所示。解释变量具体分为五组：第一组是物质资本，包括家庭收入、交通工具、住房面积；第二组是人口学变量，包括主要劳动力平均年龄、家庭人口数；第三组是个人态度，包括自评家庭经济档次、社会地位、收入公平感；第四组是人力资本，包括健康程度、受教育程度；第五组是社会保障，包括养老保险和医疗保险。

表2-6 解释变量说明与赋值

分类	变量	变量类型	变量赋值
物质资本	家庭人均可支配收入对数（lninco）	连续变量	对家庭人均收入求对数值
	交通工具（vehicle）	虚拟变量	有电动车、摩托车或汽车记为1，否则为0
	住房面积（area）	虚拟变量	家庭人均自住房面积不足40平方米记为1，否则为0
人口学变量	家庭主要劳动力的平均年龄（age）	连续变量	
	家庭人口数（numb）	连续变量	
个人态度	自评家庭经济档次（level）	离散变量	远低于平均水平=1；低于平均水平=2；平均水平=3；高于平均水平=4；远高于平均水平=5
	社会地位（class）	离散变量	最高10分代表最顶层；最低1分代表最底层
	收入公平感（fair）	离散变量	非常合理=1；合理=2；不合理=3；非常不合理=4
人力资本	健康打分（health）	离散变量	很不健康=1；比较不健康=2；一般=3；比较健康=4；很健康=5
	受教育程度（education）	离散变量	没有受过任何教育=1；私塾=2；小学=3；初中=4；职业高中=5；普通高中=6；中专=7；技校=8；大学专科（成人高等教育）=9；大学专科（正规高等教育）=10；大学本科（成人高等教育）=11；大学本科（正规高等教育）=12；研究生及以上=13
社会保障	养老保险（endowment）	虚拟变量	有=1；没有=0
	医疗保险（medical）	虚拟变量	有=1；没有=0

　　为分析影响主观贫困的影响因素，将是否存在主观贫困作为因变量，将表 2 - 6 所示的 12 个变量作为自变量构造 Probit 模型。

　　同时，为了反映主观贫困模型分析结果的稳健性，分别构造如表 2 - 7 所示的模型 1 和模型 2。模型 1 包含表 2 - 6 中的所有变量，模型 2 中仅包含模型 1 中影响显著的变量。通过模型估计结果与边际效应可知，两个模型的整体拟合度都比较好，剔除不显著变量之后，模型 2 中的解释变量对主观贫困均存在显著影响。

表 2 - 7　　　　　　　　　　主观贫困影响因素回归结果

解释变量		模型 1		模型 2	
		系数	边际效应	系数	边际效应
物质资本	lninco	-0.853 ***	-0.135	-0.872 ***	-0.143
	vehicle	0.144 **	0.023	0.147 **	0.023
	area	-0.00002	0		
人口学变量	age	-0.051 **	-0.007	-0.054 ***	-0.008
	numb	0.0757 ***	0.009	0.0739 ***	0.009
个人态度	level	-0.966 ***	-0.013	-0.987 ***	-0.013
	class	-0.0423 ***	-0.006	-0.0451 ***	-0.007
	fair	0.133 ***	0.019	0.147 ***	0.019
人力资本	health	-0.0712 ***	-0.011	-0.0717 ***	-0.011
	education	-0.0493 ***	-0.007	-0.0572 ***	-0.009
社会保障	endowment	0.0457	0.005		
	medical	-0.107	-0.001		
LR chi2（10）		1876.4		1875.1	
Prob > chi2		0		0	
Pseudo R^2		0.4132		0.4106	

　　注：* 表示统计量对应的 $p < 0.1$，** 表示统计量对应的 $p < 0.05$，*** 表示统计量对应的 $p < 0.01$。

　　在物质资本方面，家庭人均可支配收入与交通工具变量显著影响主观贫困，住房面积对主观贫困影响不显著。边际系数测算结果表明，若其他条件不变，家庭人均可支配收入增加 1%，会使得他们感受到主观贫困的概率下降 14.8%，表明收入越高，对主观贫困的感知会越低。平均而言，在控制其他因素的情况下，拥有交通工具会增加感知主观贫困的概率，可能的原因在于购买汽车增加了家庭的负债降低了获得感，从而提升了主观贫困感知。

在人口学变量中，家庭主要劳动力的平均年龄显著影响降低个人主观贫困概率，可能的原因在于农村经济的持续增长增加了劳动者的获得感从而降低了主观贫困感知。人口数量相对较多的家庭相对于人口数量较少的家庭而言，主观贫困感知较高。

个人态度方面的三个变量均显著影响主观贫困的概率，表明经济状况、社会地位、收入公平感等外在环境会影响人们的主观贫困感知。在评价个人经济状况时，觉得家庭经济状况比较好的家庭主观贫困感知相对较低；觉得个人社会地位高的人，主观贫困概率低；觉得个人收入相对比较公平时，主观贫困感知相对较低。

在人力资本方面，个人健康的自我评价和受教育程度显著影响主观贫困概率。健康状况自我评价较高的个人，主观贫困概率低；平均受教育程度高的家庭成员主观贫困感知相对较低。

在社会保障方面，医疗保险与养老保险对于主观贫困感的影响不显著，可能的原因在于近年城乡基本医疗保险已基本在农村全覆盖，从而使得农村居民降低了对社会保障的关注度。

2.2.3　两种贫困测度结果比较

上述研究结果表明，部分因素可能同时影响多维相对贫困和主观贫困，有些因素可能对其中一种贫困的影响较大，而对另一种贫困的影响较小。这就表明，调节不同的因素，减贫效果会不一样，为促进高效率减贫，有必要找到那些对两种贫困影响均较大的因素。表 2 - 8 为计算的不同经济社会特征对两种贫困发生率的贡献率情况。其中，P_1 为 k 取 0.3 时的多维相对贫困发生率，P_2 为根据 Leyden 方法测度主观贫困发生率；$P_{ij}(i \neq j, i,j = 1,2)$ 则为两种方法测度的交叉贫困发生率，如 P_{12} 表示在多维相对贫困标准和主观贫困标准下均处于贫困状态的比率。表 2 - 8 计

算结果表明，多维相对贫困发生率高于主观贫困发生率，二者分别为
30.56% 和18%，二者的交叉贫困发生率为9.6%。具体而言，不同经济社
会特征对两种贫困发生率贡献程度存在部分差异。

表 2 - 8　　　　　　不同特征对两种贫困贡献率对比　　　　单位:%

特征变量		P_1	P_2	P_{12}
家庭人口	5 人以上	57	62	57
	2~4 人	42	37	42
	1 人	1	1	1
是否有60岁以上老年人	有	68	63	64
	无	32	37	36
是否有稳定工作	是	35	34	38
	否	65	66	62
家庭成员是否都身体健康	是	52	83	76
	否	48	17	24
是否觉得收入公平	是	36	24	10
	否	64	76	90
家庭成员平均教育年限是否达到义务教育水平	是	7	5	6
	否	93	95	94
是否有交通工具	是	39	58	44
	否	61	42	56
人均住房面积	<20 平方米	30	32	27
	20~50 平方米	55	54	56
	>50 平方米	15	14	17
家用电器	有	5	7	12
	无	95	93	88
是否享受医疗保障	是	96	97	97
	否	4	3	3

从家庭的人口学特征看，人口数量在5人以上的家庭对两种贫困发
生率贡献最大，家庭人口为1人的贡献率最小：5人以上的家庭陷入交
叉贫困的可能性超过其他类型的家庭。有60岁以上老年人家庭对三种贫
困发生率的贡献明显大于没有60岁以上老年人的家庭，并且，这种差异

在多维相对贫困时表现的比较明显：有 60 岁以上老年人的家庭陷入多维相对贫困的可能性高于主观贫困和交叉贫困。从工作状态看，没有稳定工作的家庭对多维相对贫困和主观贫困的贡献率高于有稳定工作的家庭：一方面，长期失业本身会增加多维相对贫困的概率；另一方面，长期失业会导致收入减少并降低获得感，从而增加主观贫困的感知。同时，测度结果表明，没有稳定工作的家庭对主观贫困和多维相对贫困的贡献远大于有稳定工作的家庭。显然，解决农村居民的就业问题、促进收入增加有利于降低主观贫困发生率以及多维相对贫困与主观贫困交叉的贫困发生率。

从经济社会特征看，自我评价认为存在不健康家庭成员、觉得收入不公平、缺交通工具和家用电器、人均住房面积在 20～50 平方米、家中所有成员平均教育年限没有达到义务教育水平对三种贫困的贡献较为明显。其中，自我评价认为存在不健康家庭成员的家庭多维相对贫困和主观贫困的贡献率相对较高，分别为 52% 和 83%。相对于主观贫困，自我评价不健康家庭成员对多维相对贫困的贡献率低于主观贫困，自我评价认为存在不健康家庭成员一方面可能由于劳动力的缺失增加失业的可能性，另一方面则由于支出较大而增加主观贫困的感知。觉得收入不公平家庭主观贫困贡献高于多维相对贫困，可能是觉得收入不公平的调查对象确实在可比较的范围内收入较低，增加了其主观贫困感知。显然，解决好就业问题是降低多维相对贫困和主观贫困的首要内容。

数据分析结果同时表明，家用电器的缺乏对三种贫困发生率的贡献率大于 90%，说明随着科学技术的进步，人们越来越依赖家用电器，家用电器的缺乏表明家庭收入确实较低并生活困难，该项内容可以作为识别多维相对贫困和主观贫困的重要依据。从教育特征看，家中所有成员平均教育年限没有达到义务教育水平的家庭对三种贫困的贡献率最低为 94%，表明农村居民教育水平还普遍较低，并且教育确实会影响农村居民的获得感。人均住房面积在 20～50 平方米的家庭对三种贫困的贡献率高于人均住房面积大于 50 平方米的家庭，人均面积小于 20 平方米的家庭对贫困的贡献率相对较小。对样本数据的进一步分析表明，人均住房面积在 20~50 平方米的建档立卡户家庭人口数量在建档立户样本中占比为 52%，而人均住房面积大于 50 平方米的建档立卡户家庭人口数量占比为 30%，人均住房面积小于 20 平方米的家庭人口数量占比为 18%。不难看出，人均住房面积小于 20 平方米的家庭对三种贫困发生率的贡献率远远超过其在样本中人口比例，显然，居住条件相对不足是影响三种贫困发生率的原因之一。

医疗保障缺乏的家庭对三种贫困的贡献率至多为 4%，样本数据表明享受医疗（包括城乡基本医疗保险和大病保险）保障的建档立卡人口占比为 95.64%，因而缺乏医疗保障的建档立卡家庭人口在测度的各种贫困人口中比例相对较低。

2.2.4　本章小结

本章研究利用江西省四区县的调查数据，结合多维贫困和 Leyden 主观贫困测度方法研究了农村居民多维贫困和主观贫困特征，比较分析了不同经济社会特征对农村地区多维相对贫困和主观贫困的贡献率。主要得到以下结论。

（1）收入、就业和交通工具匮乏是造成农户家庭多维相对贫困的主要原因。住房和家用电器等生活物质条件缺乏对多维相对贫困贡献率略低于失业的影响；身体健康水平的自我评价、身体质量指数对多维相对贫困的贡献率较低。因此，减缓农村多维相对贫困最重要的措施在于提高收入并改善就业，然后，在于改善交通及出行条件，为农村居民外出务工提供便利。

（2）物质资本变量中，家庭人均可支配收入与交通工具变量显著影响主观贫困，住房面积对主观贫困影响不显著。人口学变量中，家庭主要劳动力的平均年龄显著降低个人主观贫困概率。个人态度方面的三个变量均显著影响主观贫困的概率，觉得家庭经济状况比较好的家庭主观贫困感知相对较低；觉得个人社会地位高的人，主观贫困概率低；觉得个人收入相对比较公平时，主观贫困感知相对较低。因此，降低主观贫困，关键在于改进就业水平，促进收入公平。

（3）从物质特征角度看，家用电器等基本生活物品缺乏的家庭更容易陷入全面贫困。从人口学特征看，家中人口数量多、平均年龄高和没有稳定工作的家庭不仅对两种贫困贡献率较高，而且对交叉贫困也有相对较高的贡献率。显然，为提高扶贫效率，降低两类贫困的发生率，在扶贫工作中应优先考虑具有此类特征的家庭。

第3章　个人贫困测度与特征识别

　　按照家庭资源在家庭成员之间均等分配为前提条件测度的相对贫困，未考虑家庭资源非均等分配和家庭消费的规模经济效应，往往可能错误估计个人相对贫困。在对贫困发生率的估计中，按照人均可支配收入测度的贫困发生率会高估规模较大家庭的贫困发生率（解垩和莫旋，2006）。个人贫困往往不等同于家庭贫困，家庭贫困也并不意味着个人贫困。家庭消费资源在家庭成员之间的非均等分配使得同一家庭中各家庭成员的生活状态并不相同，获得较少家庭资源的个人会相对贫穷，而获得较多家庭资源的个人则相对富裕（De Vreyer and Lambert，2018）。按照家庭人均可支配收入测度的贫困，由于调查数据资料限制，往往不能精准反映家庭中的个人消费规模，进而不能精准识别贫困（Ravallion，1994；Cherchye，2012）。按照人均可支配收入识别贫困可能遗漏非贫困家庭中生活窘迫的穷人，低估贫困发生率；或者，错误判断贫困家庭所有成员都为穷人，高估贫困发生率。除此之外，也可能会引起其他测度问题，如贫困深度和贫困缺口指数测度偏误（Kumar and Mahadevan，2011）。

　　本章研究在考虑家庭消费资源非均等分配的情况下，尝试测度和比较多种收入分配可能情况下家庭中代表性个人的相对贫困，分析个人相对贫困的影响特征以及家庭规模在平均意义上对贫困的作用。以期为贫困精准测度提供方法和思路，同时为政府扶贫工作因人施策提供可行的建议。

3.1 基于改进的 Rothbath 方法个人贫困测度

3.1.1 个人贫困测度方法

基于等价尺度（equivalence scale）的福利比较测度通常以单身成人为参照，将不同类型家庭收入转换成与单身成人收入可比的等价收入。基于等价收入的福利比较，分析的问题是"一个人需要多少收入才能达到与一个家庭相同的效用水平"，是家庭层面的福利比较。然而，效用的测度是以个人为基础单位进行的，精准的福利比较在个人层面上测度更符合经济内涵。

鉴于此，勒贝尔和彭德科（Lewbel and Pendakur, 2008）及巴盖因（Bargain, 2012）对传统的诺斯巴斯方法做了进一步的改进，将无差异尺度思想运用到个人福利比较方面，用于测度"一个人需要多少消费支出才能达到他在多人家庭中相同的无差异曲线"。传统的基于等价尺度的福利比较虽然考虑了家庭消费的规模经济效应，但未涉及家庭消费资源的非均等分配问题；而基于个人无差异尺度的福利比较则可以避免家庭消费资源非均等分配的影响。无差异尺度函数可以刻画不同规模家庭中代表性个人处于相同无差异曲线上的消费支出水平，借此便可比较代表性个人福利水平。国内大量研究结合等价尺度进行贫困测度和福利比较分析，但利用无差异尺度函数进行个人贫困测度和分析的文献较少。实证部分将结合个人效用函数、个人规模经济函数和个人消费支出份额模型测度不同类型家庭中代表性个人的规模经济函数值、无差异尺度函数值和个人消费支出份额，在此基础上，根据个人消费份额测度结果，比较个人贫困以及分析影响贫困的特征。

（1）效用函数。根据家庭消费决策的集体模型，家庭中每个成员都有自己的消费偏好，其间接效用函数用 $v_i(x_i, p, z_i)$ 表示。在单身成人家庭中，个人消费支出 x_i 等于家庭总支出 x；z_i 代表个人 i 的人口统计学特征。在多人家庭中，个人消费支出会受个人支出份额函数 $\eta_{i,n}(p,z)$ 和家庭规模经济函数 $s_{i,n}(p,z)$ 的影响。因此，多人家庭中个人消费支出为 $x_{i,n} = x_n + \log\eta_{i,n} - \log s_{i,n}$。结合罗伊恒等式，个人 i 对商品 k 的预算份额表达式为：

$$w_i^k(x,p,z_i) = -\frac{\partial v_i(x,p,z_i)/\partial p^k}{\partial v_i(x,p,z_i)/\partial x} \tag{3.1}$$

其中，$k = 1,2,\cdots,K$，代表家庭消费的 K 种商品。结合目前中国城乡居民家庭类型，将样本分为五种家庭类型，分别为单身男性家庭（$n=1$）、单身女性家庭（$n=2$）、无子女的两口之家（$n=3$）、一对夫妻和一个孩子的三口之家（$n=4$）、一对夫妻和两个孩子的四口之家（$n=5$）[①]。每一类家庭中代表性个人用 i 表示，即 $i=m$ 代表家庭中的男性户主，$i=w$ 代表家庭中的女性户主，$i=c$ 表示家庭中的未成年儿童。家庭总消费性支出取对数后记为 x，商品价格取对数后记为 p。

由于个人所处外部环境决定消费行为，因此，假定不同类型家庭中代表性个人对各项商品的消费偏好是稳定的有利于进行不同家庭类型中代表性个人福利的比较[②]。

（2）个人份额函数。家庭中所得资源的分配规则和分配过程往往是家庭成员议价的结果。将家庭消费决策分为两阶段预算过程，则家庭资源分配分为两个步骤。第一步，家庭消费总资源 x 根据一定的分配规则在不同成员间分配。假设家庭 n 中个人 i 的消费份额函数为 $\eta_{i,n}(p,z)$，其在 $0 \sim 1$ 取值；由于家庭成员中所有个人份额之和为 1，即 $\sum_{i=1}^{n} \eta_{i,n}(p,z) = 1$。第二步，家庭中代表性个人在预算约束 $e^x \cdot \eta_{i,n}(p,z)$ 的限制下消费以满足自身效用最大化。当家庭资源均等分配时，个人支出取对数后为 x/n；但按照份额分配，个人支出取对数后则为 $x + \log\eta_{i,n}(p,z)$。

（3）规模经济函数。相对于单独生活而言，多人家庭消费过程中由

---

① 由于其他类型家庭样本量相对较少，分析结果可能不稳定，故不作讨论。

② 布朗宁等（Browning et al.，2013）也认为，在描述家庭群体行为时应当保持相应的稳定性，任何群体行为模型都必须假设某种稳定性才能做出预测和分析。

于存在家庭成员可以共同使用的消费品而节省总支出，如夫妻二人可以
共用一辆自行车，而不是一人买一辆。显然，家庭消费规模经济产生了
家庭财富增加效应，家庭成员从家庭消费规模经济中获益。规模经济函
数是关于家庭成员从家庭联合消费的规模经济效应中节省成本的测度。
同一家庭中，不同家庭成员从家庭共享消费中获得的规模经济效应取决
于家庭特征和如何评价家庭的公共消费品。假设存在独立于家庭总支出
的规模经济函数 $s_{i,n}(p,z)$ 和巴顿参数 α 满足等式（3.2）：

$$v_i[p, x - \log s_{i,n}(p,z)] = v_i(\alpha + p, x) \tag{3.2}$$

式（3.2）表示代表性家庭 n 中个人 i 不同价格不同消费支出下具有
相同的效用，或者说，$[p, x - \log s_{i,n}(p,z)]$ 和 $(\alpha + p, x)$ 落在同一条无
差异曲线上。考虑两种极端情况：如果家庭中每个物品的消费都具有排
他性，即所有消费品都是私人物品，分别专属于不同的家庭成员，此时
家庭消费便不存在规模经济效应，即 $s_{i,n}(p,z)=1$；相反，如果家庭中所
有消费物品都是公共物品，不具有排他性，没有私人专属消费品，家庭
成员共享所有消费品，则个人消费份额等于规模经济函数，此时，个人
消费支出等于家庭总消费支出，即 $s_{i,n}(p,z) = \eta_{i,n}(p,z)$。显然，结合式
（3.2）不难看出，规模经济函数 $s_{i,n}(p,z)$ 的数值越小，代表个人从家
庭消费规模经济中获益越大，个人消费越依赖于家庭消费的规模经济
效应。不同的商品规模经济程度不同，对于家庭成员共享成分较高的
商品会产生较大的规模经济效应，其价格升高会导致购买数量的减少。
因此，共享程度较高的家庭消费品价格的升高对规模函数数值有正向
影响；反之，共享程度较低的私人物品价格上涨会对规模函数数值产
生负向影响。

（4）无差异尺度函数。代表性个人在不同类型家庭中消费份额不同，
并不意味着福利水平不同。为使得不同类型家庭中代表性个人福利可比，
除了要考虑个人在不同家庭中消费份额的差异外，还要考虑其在消费规模
经济效应中获得的经济收益是否相同。显然，科学合理地比较不同类型家
庭中代表性个人福利水平应考虑消费支出份额与消费规模经济中获得收

益的影响。因此，勒贝尔和彭德科（Lewbel and Pendakur，2008）提出了便于比较代表性个人福利水平的工具，即无差异尺度 $I_{i,n}(p,z)$ 函数。与恩格尔尺度不同的是，该无差异尺度函数并不要求所有消费者具有相同的共享程度，家庭中不同的消费品可以具有不同的共享比例。无差异尺度函数为规模经济函数与份额函数之比，即有：

$$I_{i,n}(p,z) = \frac{s_{i,n}(p,z)}{\eta_{i,n}(p,z)} \tag{3.3}$$

将式（3.3）两边取对数，则有：

$$\log I_{i,n}(p,z) = \log s_{i,n}(p,z) - \log \eta_{i,n}(p,z) \tag{3.4}$$

因此，考虑了个人的规模经济效应后，个人消费对数支出额为：

$$x + \log \eta_{i,n}(p,z) - \log s_{i,n}(p,z) = x - \log I_{i,n}(p,z) \tag{3.5}$$

式（3.5）右边部分可称为个人的无差异支出。此时个人的间接效用函数为：

$$v_i[p, x - \log \eta_{i,n}(p,z) + \log s_{i,n}(p,z), z_i] \tag{3.6}$$

由于单身成人家庭中不存在规模经济效应，因此，单身成人家庭中个人消费支出为家庭总支出，即 $\eta_{i,n}(p,z) = 1$；$s_{i,n}(p,z) = 1$，$i = m,w$。此外，由于未成年儿童大多数与父母一同生活，所以不需要讨论儿童规模经济函数 $s_{c,n}(p,z)$，此时 $s_{c,n}(p,z) = 1$。

（5）预算份额函数。根据 Rothbarth 方法，识别家庭中代表性个人的经济状况需要计算个人专属消费支出在家庭消费中的比例。根据巴盖因和唐尼（Bargain and Donni，2012）提出的模型，个人 i 在家庭 n 中专属消费物品 k 的预算份额为：

$$W_n^k(x,z) = \sum_i \eta_{i,n}(z) \times [\lambda_{i,n}^k(z) + w_i^k(x_{i,n}, z_i)] \tag{3.7}$$

式（3.7）中 $W_n^k(x,z)$ 为个人专属消费占家庭总消费的比例，取决于个人特征变量 z_i、个人消费份额 $\eta_{i,n}(p,z)$ 和实际消费支出 $x_{i,n}$。$\lambda_{i,n}^k(z) = \partial \log s_{i,n}(p,z)/\partial p^k$，为规模经济函数关于第 k 种消费品的一阶导

数。当所用样本数据为横截面数据时，由于价格不变，故可将 $\lambda_{i,n}^{k}(z)$ 当作常量处理（Bargain and Donni，2012；Bargain et al.，2014）。

个人实际支出 $x_{i,n}$ 通过个人基本预算份额方程式（3.8）体现：

$$w_{i,n}^{k}(x_i,z_i) = a_i^k + b_i^k z_i + c_i^k(x_{i,n} - u_i z_i) + d_i^k(x_{i,n} - u_i z_i)^2 \qquad (3.8)$$

其中，$a_i^k, b_i^k, c_i^k, d_i^k, u_i$ 为特定人口类型的参数，不随人口结构的变化而变化。$x_{i,n} = x_n + \log\eta_{i,n} - \log s_{i,n}$ 综合了个人家庭资源份额和家庭规模经济效应后的支出，即包括个人消费份额 $\eta_{i,n}(p,z)$ 和个人规模经济函数 $s_{i,n}(p,z)$。研究的主要目的在于识别出不同类型家庭代表性个人消费份额以及个人在家庭共同消费中的规模经济程度，为衡量个人相对贫困程度及其影响特征提供方法和思路。

3.1.2 数据来源和统计描述

为研究我国不同类型家庭代表性个人相对贫困及其影响特征，使用 2017 年中国家庭金融调查（CHFS2017）数据进行测度分析，该数据覆盖了我国除西藏、新疆和港澳台以外的 29 个省、自治区和直辖市，351 个县（区、县级市）、1428 个村，样本规模为 40011 户。样本数据包括五类家庭，分别是单身成年男性家庭、单身成年女性家庭、夫妻二人无子女的无孩家庭、一个子女的三口之家和两个子女的四口之家。关于家庭消费性支出的指标有"平均每月烟酒支出"和"平均每月美容支出"。根据中国居民消费习惯，分别将烟酒支出和美容支出当成家庭中成年男性户主和成年女性户主的专属消费支出。为避免异常数据对分析的影响，对每类家庭总消费数据进行 1% 截尾处理，即剔除消费支出小于 1% 分位数和大于 99% 分位数的样本数据。为满足不同类型家庭代表性个人消费偏好稳定的假设，剔除已婚家庭成人平均年龄超过 60 岁的样本；设定家庭中烟酒支出和美容支出均由成年人消费，由于年龄超过 16 岁的子女可能存在烟酒和美容支出，故剔除子女超过 16 岁的家庭样本以避免可能存在的数据干扰。剩余样本数据家庭中成年人的平均年

龄比较接近，基本在 35～40 岁，共计 6321 户家庭样本，其中，单身
男性家庭 792 户、单身女性家庭 443 户、无孩家庭 955 户、一个孩子
的三口之家 2928 户、两个孩子的四口之家 1203 户。样本数据描述性统
计如表 3－1 所示。

表 3－1　　　　　　　　　　描述性统计表

变量	单身男	单身女	无孩家庭	一孩家庭	二孩家庭
男性年龄（岁）	38.13		39.04	39.99	38.23
男性教育（年）	11.69		11.96	12.38	10.80
女性年龄（岁）		37.18	37.22	37.66	35.98
女性教育（年）		12.38	11.60	11.96	10.17
农村居民	0.14	0.05	0.15	0.12	0.24
东部	0.58	0.54	0.58	0.56	0.53
中西部	0.21	0.23	0.22	0.24	0.24
烟酒支出（元）	3839.15		3713.66	4037.54	3775.82
美容支出（元）		4659.77	3690.69	2951.44	1998.16
总支出（元）	55329.36	51076.98	71936.68	85452.44	84542.11
样本量（户）	792	443	955	2928	1203

　　样本数据表明，各类型家庭中男性户主和女性户主的教育年限大致
为 11 年。相对而言，一孩家庭中男性户主和单身成年女性户主的受教育
年限最长，二孩家庭的父母受教育程度普遍较低。样本数据中，超过
50% 的家庭来自东部地区，其区域分布特征与目前我国人口分布特征基
本一致；其余样本家庭在中部地区和西部地区分布较为均衡。单身女性
家庭中约 4.5% 为农村家庭，二孩家庭中约 23.8% 为农村家庭，其他类
型家庭中农村居民和城镇居民的比例相差不大。

　　Rothbarth 方法识别个人资源份额的关键在于家庭中存在个人专属
消费，研究用于反映家庭成员专属消费的关键变量为烟酒消费支出和
美容消费支出。根据样本数据计算的家庭中男性户主和女性户主专属
消费支出在家庭总支出中的占比如表 3－2 所示。表 3－2 的数据表明，
随着家庭规模的扩大，男性户主和女性户主的专属消费份额明显降低。

单身男性户主的烟酒消费份额为 6.94%，其份额在无孩家庭中下降到 5.16%；单身女性户主的美容消费份额为 9.12%，无孩家庭中下降至 5.13%。不难看出，单身家庭男性户主专属消费份额略低于女性户主，而无孩家庭中二者专属消费份额大致相同。一孩家庭和二孩家庭中的男性户主烟酒消费份额进一步下降至 4.72% 和 4.47%，一孩家庭和二孩家庭中女性户主专属消费份额则下降至 3.45% 和 2.36%。上述分析表明，随着家庭子女数目的增加，女性户主的专属消费份额比男性户主下降得更快。

表 3-2　　　　　　　　　　　成人专属消费份额

项目	男性户主	女性户主	无孩家庭	一孩家庭	二孩家庭
烟酒支出占比	0.0694		0.0516	0.0472	0.0447
美容支出占比		0.0912	0.0513	0.0345	0.0236

3.1.3　个人贫困测度结果分析

3.1.3.1　个人特征指标测度结果比较与分析

借鉴勒贝尔和彭德科（Lewbel and Pendakur，2008）与巴盖因（Bargain，2012）改进的 Rothbath 模型估计家庭个人消费支出份额。其中，被解释变量是专属消费份额，解释变量包括男性户主和女性户主的年龄、二者的教育年限以及反映家庭外部环境的三个虚拟变量——第 1 个虚拟变量反映调查对象是否来自农村家庭，是为 1，否为 0；第 2 个虚拟变量反映是否为东部地区的家庭，是为 1，否为 0；第 3 个虚拟变量反映是否是中部地区的家庭，是为 1，否为 0。将式（3.7）和式（3.8）加入误差项后构建回归模型，将整理后的单身家庭样本数据带入回归模型中估计参数；然后，根据估计得到的参数，结合式（3.7）分别计算代表性个人消费支出份额、家庭消费经济中的规模经济函数值和无差异尺度函数值，计算结果如表 3-3 所示。

表 3 - 3　　　　不同类型家庭成员个人预算份额、规模经济、无差异

尺度的计算结果

项目	单身家庭		无孩家庭		一孩家庭			二孩家庭		
	男性	女性	男性	女性	男性	女性	子女	男性	女性	子女
个人份额	1	1	0.416 (0.037)	0.633 (0.045)	0.337 (0.063)	0.402 (0.015)	0.261 (0.034)	0.669 (0.018)	0.212 (0.013)	0.119 (0.052)
规模经济	1	1	0.483 (0.353)	0.940 (0.841)	0.408 (0.0377)	0.563 (0.496)		0.925 (0.803)	0.347 (0.323)	
无差异尺度			1.159	1.487	1.210	1.401		1.382	1.628	

注：括号中为对应参数的标准误差，标准误差为 bootstrap 法重复抽样 1000 次计算结果。

（1）个人消费份额比较。表 3 - 3 计算结果表明，除单身家庭外，其余各类家庭成员的资源份额并不相同，并且自助法重复抽样方差较小，表明估计结果相对稳健。具体而言，无孩家庭和一孩家庭中女性户主分配到的家庭资源份额高于男性户主，而家中儿童份额较少：无孩家庭中男性户主的个人预算份额为 42%，女性户主个人预算份额为 63%；一孩家庭中男性户主消费预算份额约为 34%，女性为 40%，子女约占家庭总消费的 26%。巴盖因（Bargain，2012）对 2000 年法国家庭的儿童成本测算发现，一孩家庭中子女的预算份额为 23% ~ 27%，与本书的研究测算结果基本一致。对比一孩家庭与无孩家庭中父母消费预算份额不难发现，在有子女的家庭中，父母的消费预算份额明显低于无孩家庭。一般认为，子女数量增加会导致父母的消费份额下降，然而，研究的测度数据并不完全支持上述经验性判断。对比一孩家庭和二孩家庭父母消费份额发现，女性户主的预算份额从 40% 下降到 21%，而男性户主则从 34% 上升至 67%。显然，二孩家庭存在较为严重的不平等分配现象。

对样本数据的进一步比较发现，相对于其他类型家庭，二孩家庭中农村居民和西部地区家庭占比较大，家庭中的男性户主和女性户主受教育水平较低。可能受区域经济发展水平和家庭户主教育程度的影响，二孩家庭中男性户主决定家庭消费资源分配权，从而导致家庭资源分配不平等。相关研究同时指出，家庭子女数量的增加会显著降低城镇已婚女

性的劳动力供给、投入工作时间及其工资水平（张霞和茹雪，2016；杨慧等，2016）。由于社会工作量的减少，女性户主主动或被迫地担任起"女主内"的职责，从而减少了她们所拥有的物质及社会资源，进而削弱她们的家庭决策权等（殷浩栋等，2018）。向德平和程玲（2015）针对我国连片贫困区的调查数据表明，家庭重大事务由家庭成员共同决定的占46.6%，丈夫单独决策的比重为30.0%，妻子单独决策的为10.3%。

此外，对子女消费预算份额的比较分析表明，二孩家庭子女份额远低于一孩家庭，表明家庭内部成员资源不平等分配不仅挤占了家庭中女性户主的消费，还导致了子女消费受损。

（2）家庭成员规模经济函数值比较。表3-3测度的个人规模经济函数值 $s_{i,n}(p,z)$ 介于个人份额 $\eta_{i,n}(p,z)$ 和1之间，表明个人 i 由于家庭联合消费的规模经济效应而节省了成本。对不同代表性个人规模经济函数值的对比进一步发现，随着子女数目增加，女性户主规模经济函数值逐渐减小，表明女性户主的消费选择权在逐渐下降，其个人消费品越来越依赖于家庭联合消费。

相对而言，无孩家庭和一孩家庭的男性户主规模经济函数值分别为0.48和0.41，两类家庭中男性户主从规模消费经济中获益较大，个人消费较依赖于家庭联合消费。二孩家庭中男性户主规模经济函数值为0.925，表明二孩家庭中男性户主消费对家庭联合消费依赖程度较小，个人消费选择权较大。二孩家庭中，女性户主的生活成本为其单独生活时的34.7%，而男性的生活成本为其独居时的92.5%，表明多孩家庭中男性户主与女性户主消费品支配使用权差异明显，女性户主处于明显不利地位。

（3）个人无差异尺度函数值比较。利用个人无差异尺度函数对个人份额支出进行调整得到个人无差异支出，使得生活在不同类型家庭中的代表性个人消费支出可比。此时，个人无差异支出为 $x - \log I_{i,n}(p,z)$。表3-3测度结果表明，无孩家庭中男性户主的无差异尺度为1.159，表明其单独生活大约需要目前家庭总支出的82.3%（$\approx 1/1.159$）才能保持目前的生活效用水平；无孩家庭中女性户主的无差异尺度为1.487，表明其单独生活大约需要目前家庭总支出的67.2%（$\approx 1/1.487$）以维持相同的福利水平。显然，在无孩家庭中，男性户主的无差异尺度较小，从家庭的消费规模经济中获得更大的收益。

总体而言，一孩家庭和二孩家庭中男性户主和女性户主的无差异尺度均高于无孩家庭，且随着子女数目增多，无差异尺度增加，家庭将部分资源分配给子女后，父母从家庭消费的规模经济中获益减少。

虽然男性户主和女性户主都能从多人消费的家庭中受益，但是，在同一类型家庭中男性户主的无差异尺度均小于女性户主，表明女性户主如果选择单身生活，需要当前家庭支出的比例小于男性户主。这就意味着，男性户主从家庭联合消费的规模经济中获得更多资源，而女性户主则相对贫穷。结合消费规模经济函数测度结果，表明消费规模经济虽然改善了女性户主的生活，但因男性户主和子女分担了较多消费资源，从而使得女性户主生活水平低于男性户主。

为了更好地理解消费规模经济函数、无差异尺度函数和消费份额函数对于个人消费比较的意义，特举例对此说明。假设存在一个单身男性户主和一个单身女性户主，二人单独生活时的月消费额分别是 823 元和 672 元；二人结婚后，家庭中 60% 的支出为女性户主所消费，男性户主消费份额为 40%。二人的规模经济函数数值分别为 0.483 和 0.74，表明男性户主若维持婚前效用水平不变，则婚后男性户主的生活成本是婚前的 48.3%（397.5 元），女性户主的生活成本是婚前的 74%（497.3 元），家庭总支出为 894.8 元。在男性户主和女性户主个人效用水平不变的前提下，相比单身而言，男性户主从家庭消费规模经济中获益较大，节省了较大生活成本，为 430.5（=823−397.5）元；女性户主节省的生活成本较少，为 174.7（=672−497.3）元。利用规模经济函数可在消费效用水平不变的条件下测度家庭中的男性户主或女性户主的费用节省情况。而利用无差异函数，结合家庭成员消费份额，则可测度代表性个人维持当前效用水平不变，处于单身状态时需要当前支出额的比例。因此，通过无差异尺度将不同家庭中的个人调整至单身状态下，可以比较分析代表性个人在不同类型家庭中的福利状况。

家庭消费规模经济函数测度结果表明，多人家庭存在消费规模经济并节省了生活支出，一定程度上有助于缓解女性户主和子女的相对贫困。其中，家庭规模消费对于改善一孩家庭生活帮助较大，但二孩家庭由于男性户主私人消费物品占用较多，家庭消费规模经济作用相对有限。此外，表3－3计算结果中规模经济函数估计值对应的标准差相对较大，测度结果并不稳健，这与勒贝尔和彭德科（Lewbel and Pendakur，2008）的研究发现基本一致。汪三贵和刘明月（2020）研究认为，个人相对贫困具有流动性和不稳定性等多方面的特点，取决于相同社会经济环境下的其他社会成员。基于规模经济函数值的家庭成员福利分析在于反映家庭成员在考虑消费规模经济和资源分配不平等时对于个人相对贫困可能存在的影响，虽然这种影响是不稳定的，但是测度结果有利于制定减少贫困的措施。

3.1.3.2 个人相对贫困发生率比较

不同家庭资源配置下个人相对贫困发生率测度结果如表3－4所示。相对贫困标准根据样本家庭人均支出中位数的50%确定（郭之天和陆汉文，2020），为11372元。

表3－4　　　　　　不同家庭资源配置下个人相对贫困发生率　　　　　单位:%

家庭类型	家庭成员	均等分配 (1)	非均等分配 (2)
单身家庭	男性户主	0.42	0.42
	女性户主	0.25	0.25
无孩家庭	男性户主	0.73	1.12
	女性户主	0.73	0.53
一孩家庭	男性户主	2.81	2.72
	女性户主	2.81	1.86
	一个子女	2.81	4.64
二孩家庭	男性户主	2.31	0.26
	女性户主	2.31	3.06
	两个子女	4.62	13.39
总和		19.80	28.25

由表 3 – 4 中列（1）和列（2）的数据可以看出，家庭资源非均等分配时测度的相对贫困发生率与均等分配时的测度结果并不一致。家庭资源均等分配时总的相对贫困发生率为 19.80%，资源非均等分配时为 28.25%。具体而言，家庭资源均等分配情况下，男性户主相对贫困人口占比为 33.1%，女性户主相对贫困人口占比为 30.08%，儿童占比为 36.1%；资源非均等分配情况下，男性户主的相对贫困人口占比为 16%，女性户主占比为 22.2%，儿童占比为 61.8%。显然，相对家庭资源均等分配而言，资源非均等分配情况下男性户主和女性户主贫困人口比例明显减少，儿童相对贫困人口比例明显增加。

根据表 3 – 4 的测度结果，家庭资源不同分配方式下测度的相对贫困发生率存在差异。以家庭为单位进行比较时，相对贫困发生率随着家庭规模的增大而增加。当家庭资源在成员间平均分配时，单身女性家庭相对贫困发生率最低，为 0.25%；二孩家庭的相对贫困发生率最高，为 9.25%，此时二孩家庭贫困人口在总贫困人口中的占比为 46.7%。当家庭资源在家庭成员间非均等分配时，单身女性家庭相对贫困发生率仍为 0.25%，二孩家庭的相对贫困发生率为 16.71%，此时二孩家庭贫困人口在总贫困人口中的占比为 59.2%。比较分析可知，家庭资源非均等分配时，男性户主挤占了女性户主和子女的资源，推高了二孩家庭贫困人口在总人口中的比例。

比较列（1）和列（2）两种家庭资源分配方式下的个人相对贫困发生率，可以发现，资源均等分配时成年人相对贫困发生率明显被高估（二孩家庭中的女性户主除外），而家庭中儿童的相对贫困发生率被低估。具体到家庭成员，资源均等分配时，无孩家庭中男性户主和女性户主的相对贫困发生率均为 0.73%；而在家庭资源非均等分配时二者的相对贫困发生率分别为 1.12% 和 0.53%，男性户主的相对贫困被低估而女性户主的相对贫困被高估，但两者相差不大。相对于家庭资源非均等分配情形而言，一孩家庭中男性户主和女性户主的相对贫困发生率被高估，子女贫困发生率则被低估；二孩家庭中，男性户主的相对贫困发生率被高估，而女性户主和子女均被低估，并且低估程度较大。显然，相对于家庭资源均等分配时的个人相对贫困，一孩家庭中女性户主由于占有较多资源而相对富有；二孩家庭中男性户主由于占有较多家庭资源而相对富有，女性户主则相对更贫穷。从表3-1和表3-3的数据来看，值得重点关注的问题是，虽然一孩家庭和二孩家庭消费支出大致相当，但是二孩家庭儿童所占消费资源的份额远远低于一孩家庭儿童，从而使得二孩家庭儿童的相对贫困发生率远远高于一孩家庭。

3.1.3.3 个人贫困误测分析

由于家庭资源非均等分配时个人实际分配的资源与资源均等分配假定的情形不同，因此，以家庭资源均等分配为前提可能错误估计贫困发生率。按照家庭资源均等条件测度的相对贫困家庭如根据实际分配到的家庭资源测度，可能存在个人非贫困的情况；而非贫困家庭则可能存在个人相对贫困状况。为进一步反映误测的程度，本章研究将从家庭和个人两个层面进行分析。

从家庭层面而言，如表3-4所示，资源均等分配时测度的相对贫困发生率为19.8%，此时所有贫困人口均来自贫困家庭；同时，非贫困家庭成员不存在贫困人口。然而，这与家庭资源非均等分配测度的结果并不一致，表3-5反映了二者在比例方面的差异。家庭资源均等分配时测度的贫困家庭中83.5%的人口在家庭资源非均等分配情形下仍为贫困人口，16.5%为非贫困人口，即16.5%的相对贫困人口为误测群体。同时，非贫困家庭中85.4%的人口在家庭资源非均等分配情形下仍为非贫困人口，而14.6%则为相对贫困人口，即14.6%的非贫困人口为误测群体。

表3-5　　不同家庭资源分配方式下贫困人口与非贫困人口比例比较

家庭资源均等分配	家庭资源非均等分配（%）	
	贫困	非贫困
贫困	83.5	16.5
非贫困	14.6	85.4

上述分析结果表明，家庭资源均等分配的贫困家庭中存在实际生活并不贫困的个人，简称"贫困家庭中隐性的非贫困人口"；同时也存在

家庭资源均等分配情形下非贫困家庭实际生活处在相对贫困状态的个人，简称"非贫困家庭中隐性的贫困人口"（Mercier and Verwimp，2017）。显然，在家庭资源均等分配情形下进行贫困识别，可能会造成一定程度的瞄准错误、错误分配扶贫资源。若纳入贫困家庭中隐性的非贫困人口，会高估实际贫困规模，并且导致扶贫资源浪费；而忽略生活在非贫困家庭中的隐性贫困人口，会使本该享受政策照顾的个体得不到保障。

　　表3－6中的数据为"贫困家庭中隐性的非贫困人口"误判为贫困人口的比例和"非贫困家庭中隐性的贫困人口"误判为非贫困人口的比例。从个人贫困误测来源上看，"贫困家庭中隐性的非贫困人口"中二孩家庭中的男性户主占比最大，占比为62.6%；一孩家庭中的女性户主误判比例略轻，占比为28.8%；一孩家庭中的男性户主和无孩家庭中的女性户主也可能引起一定程度的误判，但误判程度比较轻，占比分别为2.6%和6%。同时，家庭规模越大，"贫困家庭隐性的非贫困人口"误判为贫困人口的比重越大。

表3－6　　　　　　　　　**判别人口特征比例**　　　　　　　单位：%

误判人口类别	家庭成员	无孩家庭	一孩家庭	二孩家庭
贫困家庭中隐性的非贫困人口	男性户主	—	2.6	62.6
	女性户主	6	28.8	—
	儿童	—	—	—
非贫困家庭中隐性的贫困人口	男性户主	3.3		
	女性户主	—	—	6.4
	儿童	—	15.7	74.6

　　类似地，表3－6中的数据结果表明，"非贫困家庭中隐性的贫困人口"以儿童为主，二孩家庭和一孩家庭中的儿童占比分别为74.6%和15.7%；其次是二孩家庭中的女性户主和无孩家庭中的男性户主，误判比例分别为6.4%和3.3%。同时，家庭规模越大，家庭资源非均等分配时识别的贫困人口在资源均等分配时误判为贫困人口的比重越大。"非贫困家庭中隐性的贫困人口"由于消费资源被挤占，又得不到应有的关注，其实际生活可能更糟糕。

我国地域的广阔性和民族的多样性决定后扶贫时期相对贫困识别的复杂性。家庭中的妇女和儿童，尤其是农村妇女由于在家庭和社会中决策权小，常常遭受"隐蔽的财产剥夺和家庭暴力"（赵群和王云仙，2011）。农村儿童往往属于潜在的贫困人口（吕文慧等，2018）。就政府政策而言，有必要对非贫困家庭的隐性贫困人口进行动态监测，特别是对于收入相对较低的二孩家庭或一孩家庭的妇女和儿童，由于可能分配到的资源较少，应防止其生活陷入绝对贫困状态。

3.1.3.4　个人贫困的影响因素分析

为探求个人贫困的影响因素是否与家庭贫困的影响因素相同，本节使用二元 Logit 模型分析个人是否陷入相对贫困的影响因素，解释变量包括五个虚拟变量和一个连续性变量，Logit 模型如式（3.9）所示：

$$P(Y_j = 1 \mid X) = \frac{e^{\beta_j X_j}}{1 + e^{\beta_j X_j}} \qquad (3.9)$$

其中，被解释变量 Y_j 取值为 1 或 0，$j = m, w, c$；m，w 和 c 分别表示男性户主、女性户主和儿童，$Y_j = 1$ 表示个人处于相对贫困状态，$Y_j = 0$ 则表示非贫困。X_j 为代表性个人 j 对应的解释变量向量，包括环境变量和家庭特征变量两部分：环境变量为"家庭是否在农村地区""是否在东部地区""是否在中部地区"等；家庭特征变量为家庭规模、家庭户主平均年龄和平均受教育年限、是否已婚、家中是否有孩子、孩子的平均年龄以及男孩的比例等。β_j 为解释变量对应的系数向量。表 3 - 7 为二元 Logit 模型回归结果，给出了不同解释变量对应的风险比和平均边际效应估计值。

表 3 - 7　　　　　　　　　个人相对贫困的影响因素分析

变量名	Y_m		Y_w		Y_c	
	风险比	边际	风险比	边际	风险比	边际
农村家庭	2.47 ***	0.08 ***	2.40 ***	0.09 ***	1.81 ***	0.08 ***
东部地区	0.71 **	- 0.03 **	0.61 ***	- 0.05 **	0.70 **	- 0.05 **
中部地区	1.05	0.004	0.97	- 0.003	1.04	0.01
家庭规模	0.12 ***	- 0.19 ***	6.52 ***	0.19 ***	43.58 ***	0.49 ***

续表

变量名	Y_m		Y_w		Y_c	
	风险比	边际	风险比	边际	风险比	边际
户主平均年龄	1.04 ***	0.003 ***	1.05 ***	0.004 ***	1.04 ***	0.005 ***
平均受教育年限	0.82 ***	−0.02 ***	0.82 ***	−0.02 ***	0.80 ***	−0.029 ***
是否已婚	30.91 ***	0.30 ***	0.12 ***	−0.22 ***	—	—
是否有孩子	7.46 ***	0.18 ***	0.25 ***	0.14 ***	—	—
孩子平均年龄	—	—	—	—	0.98	−0.002
男孩比例	—	—	—	—	0.96	−0.01

注：* $p<0.1$，** $p<0.05$，*** $p<0.01$。

总体而言，在 0.05 显著水平下，模型中大多数解释变量通过显著性检验。对比表 3−7 中三个模型可以发现，环境变量对家庭代表性个人贫困影响基本一致，且影响程度差异较小。具体而言，环境变量中"家庭是否在农村地区"影响程度最大，农村地区居民陷入相对贫困的预测概率平均比城镇居民高 0.08~0.09，表明农村地区居民更容易陷入贫困。处于东部地区居民陷入相对贫困的预测概率平均比其他地区低 0.03~0.05，表明东部地区居民更不容易陷入贫困。上述测度结果与宋扬和赵君（2015）与仲超和林闽钢（2020）的研究结论基本一致。

从影响个人是否贫困的家庭特征变量来看，家庭人口规模对家庭中不同代表性个人陷入贫困的概率影响不同。关于家庭规模对家庭成员是否陷入贫困主要有两类结论：加拉宾等（Glauben et al.，2012）、周振和兰春玉（2014）、仲超和林闽钢（2020）研究表明，家庭规模越大越容易陷入贫困；宋扬和赵君（2015）的回归模型则表明，家庭规模对家庭成员是否陷入贫困影响方向不确定，并且影响不显著。本章研究则表明，由于男性户主挤占更多家庭消费资源，家庭规模对家庭中代表性个人贫困影响因人而异，即规模大的家庭中女性户主和儿童更容易陷入相对贫困，而男性户主陷入相对贫困的概率相对较小。一个值得关注的问题是，家庭规模对儿童陷入相对贫困的影响极大，平均而言，二孩家庭中儿童陷入相对贫困的概率比一孩家庭高 49%。

研究同时表明，家庭中成年人平均年龄越大，成年人和儿童都越容易陷入相对贫困状态——家中父母平均年龄每增加 1 岁，所有家庭成员陷入相对贫困的概率就会显著地增加 4% 左右。成年夫妇平均受教育程度越高，家庭成员越不容易贫困——成年夫妇平均受教育年限每增加 1 年，所有家庭成员陷入相对贫困的概率下降约 20% 。这一回归模型测度的结果与国内外其他相关研究结论基本一致。

3.2　基于收入分配假定的个人贫困测度

第一阶段的研究同时指出，基于个人无差异尺度测度的规模经济效应并不稳健，一方面的原因在于以家庭为单位的调查数据不能分离出个人必需的消费支出数据，如食品、衣着等消费支出数据；另一方面的原因在于将烟酒和美容消费支出分别作为家庭中成年男性户主和女性户主的消费支出可能并不准确。上述两个方面的原因可能导致个人贫困测度结果不稳健或者不准确。为进一步探讨规模消费经济及家庭内部资源转移对于个人贫困的影响，本节研究基于我国农村居民家庭的等价收入，在考虑家庭消费规模经济效应和家庭内部资源可能存在不均等分配的前提下测度和比较我国农村贫困发生率、各特征群体的贫困份额贡献率以及可能存在的隐性贫困和隐性非贫困。

3.2.1　测度方法

3.2.1.1　收入分配原则及计算公式

假设老年人获得的可支配收入为 $I(O)$ ，即农村老年人获得的农业种植收入、养老金和各种转移性收入扣除各种税费后的净收入；男性户主获得的可支配收入为 $I(M)$ ；女性户主获得的可支配收入为 $I(W)$ ；政府补贴给家庭，但没有明确到个人的收入为 $I(B)$ ；记家庭获得的总的可支配收入为 $I(H)$ ，则有：

$$I(H) = I(O) + I(M) + I(W) + I(B) \tag{3.10}$$

记第 $j(j = 1, 2, \cdots, N)$ 个家庭的有效收入为 $I(E)_j$,有效收入是指家庭所有成员独自生活达到一起生活时总收入带来的效用水平所需要的收入。为消除不同家庭成员消费需求的异质性影响,研究以等价收入的形式计算有效收入,其计算表达式为:

$$I(E)_j = [I(H)_j / S_j] \times n_j \tag{3.11}$$

其中,S_j 为第 j 个家庭对应的等价尺度,n_j 为该家庭的人口数量。由于家庭消费的规模经济产生的额外收入记为 $I(S)_j$,其计算表达式为:

$$I(S)_j = I(E)_j - I(H)_j \tag{3.12}$$

布朗宁和基亚波里(Browning and Chiappori,1998)研究表明,家庭中已婚夫妇具有不同的消费偏好,建立统一的效用函数不符合经济理论,这就表明家庭收入平均分配缺乏理论依据。以芬德利和赖特(Findlay and Wright,1996)提出的收入分配模型为主要依据,结合我国农村家庭生活实际和消费规模经济效应,参考菲普斯和伯顿(Phipps and Burton,1995)提出的收入分配模型,考虑到规模经济产生的额外收入可用于购买私人物品,也可用于购买家庭公共物品,根据规模经济产生的额外收入用于购买家庭使用物品性质的不同,分别讨论规模经济产生的额外收入购买私人物品时家庭成员分配到的收入和规模经济产生的额外收入购买公共物品时家庭成员分配到的收入。

(1)老年人的收入分配。国外研究一般认为家中老年人不参与家庭资源分配,考虑到中国政府提倡子女有赡养父母的义务,老年人在获得其可支配收入的基础上与家庭其他成员平等享有规模经济产生的额外收入。在家庭消费规模经济产生的额外收入购买私人物品时,第 j 户家庭老年人得到的收入为:

$$I(O)_j^0 = I(O)_j + [I(S)_j / n_j] n(o)_j \tag{3.13}$$

其中,$n(o)_j$ 为第 j 户家庭老年人数目。当消费规模经济产生的额外收入用于购买公共物品时,家庭老年人与其他成员一样,平等地获得家庭公共物品的使用权，则第 j 户家庭老年人得到的实际收入为：

$$I(O)_j^1 = I(O)_j + I(S)_j \tag{3.14}$$

（2）规模经济产生的额外收入用于购买私人物品时家庭其他成员收入的分配。假定家中老年人按照上述原则分配收入后，其他家庭成员共同生活得到的有效收入被家庭成员平均分配，记每个成员得到的收入为 $\bar{I}_E^0$，其计算表达式为：

$$\bar{I}_E^0 = [I(E)_j - I(O)_j^0] / [n_j - n(o)_j] \tag{3.15}$$

（3）规模经济产生的额外收入用于购买公共物品时家庭其他成员收入的分配。消费规模经济产生的额外收入可用于购买针对家庭所有成员的纯公共物品，如洗衣机、冰箱、空调或农机具等设备，家庭所有成员使用时无排他性，每个成员都可以享用。假定家中老年人按式（3.13）分配得到收入，家中剩余收入在所有成员之间平均分配，公共利益无排他性获得，家庭其他成员获得的收入均为：

$$\bar{I}_E^1 = [I(H)_j - I(O)_j] / [n_j - n(o)_j] + I(S)_j \tag{3.16}$$

3.2.1.2　收入分配流程及计算表达式

社会风俗习惯等因素存在使得家庭成员内部资源分配不均等。假定家庭成员在均等收入分配的前提下进行，则男性户主、女性户主和其子女之间存在收入转移的情况。

假定家庭内部成员收入分配流程如图 3-1 所示，参数 α 反映了男性户主和女性户主收入流动过程，当其为 α_1 时表示女性户主会让渡一部分收入给男性户主，为 α_2 时表示男性户主将收入分配一部分给女性户主；参数 β 反映了女性户主和子女之间的收入流动过程，参数 θ 反映了男性户主和子女之间的收入流动过程，图中箭头方向表示收入转移方向，不再赘述。

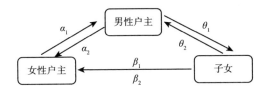

图 3 - 1　家庭内部成员收入分配流程

（1）女性户主净收入计算表达式。根据图 3 - 1 的收入分配流程假设，家庭女性户主在收入分配后的净收入为：

$$I(W)_i^j = (1 - \alpha_1 - \beta_1 + \alpha_2 + \beta_2) \cdot \bar{I}_{E(i)}^j \quad i = 1, 2, \cdots, n \quad (3.17)$$

其中，下标 i 表示第 i 户家庭；上标 j 的取值为 0 或 1，j 为 0 时表示规模经济产生的额外收入购买私人物品时女性户主分配到的收入；j 为 1 时表示规模经济产生的额外收入购买家中公共物品时女性户主分配到的收入。令女性户主收入的净转移参数 $g(W) = (1 - \alpha_1 - \beta_1 + \alpha_2 + \beta_2)$，则 $g(W) \geq 1$ 时，第 i 户家庭女性户主获得的收入高于平均分配时获得的收入；$g(W) < 1$ 时，第 i 户家庭女性户主获得的收入低于平均分配时获得的收入。

（2）男性户主净收入计算表达式。根据图 3 - 1 所示的收入分配流程假设，家庭男性户主在收入分配后的净收入为：

$$I(M)_i^j = (1 - \alpha_2 - \theta_1 + \alpha_1 + \theta_2) \cdot \bar{I}_{E(i)}^j \quad i = 1, 2, \cdots, n \quad (3.18)$$

令男性户主收入的净转移参数 $g(M) = (1 - \alpha_2 - \theta_1 + \alpha_1 + \theta_2)$，则 $g(M) \geq 1$ 时，第 i 户家庭男性户主获得的收入高于平均分配获得的收入；$g(M) < 1$ 时，第 i 户家庭男性户主获得的收入低于平均分配获得的收入。

（3）家庭子女净收入计算表达式。根据图 3 - 1 所示的收入分配流程假设，则家庭男性户主在收入分配后的净收入为：

$$I(C)_i^j = (1 - \beta_2 - \theta_2 + \beta_1 + \theta_1) \cdot \bar{I}_{E(i)}^j \quad i = 1, 2, \cdots, n \quad (3.19)$$

令家庭子女收入的净转移参数 $g(C) = (1 - \alpha_2 - \theta_1 + \alpha_1 + \theta_2)$，则 $g(C) \geq 1$ 时，第 i 户家庭子女户主获得的收入高于平均分配获得的收入；$g(C) < 1$ 时，第 i 户家庭子女获得的收入低于平均分配获得的收入。

中国农村妇女虽然负责家庭农业生产，但对家庭收入并不拥有绝对支配权，男性户主在家庭重大经济事务中拥有较大决策权（向德平和程玲，2015）。针对发展中国家的研究中，巴盖因和唐尼（Bargain and Donni，2012）与丹巴等（Dunbar et al.，2013）的研究均表明，家庭中的女性户主获得的收入份额低于男性户主，而子女份额最低。由于家庭成员之间资源分配过程数据搜集困难，很难估计家庭成员收入分配过程方程中的参数 α_1，α_2，β_1，β_2，θ_1 和 θ_2，结合芬德利和赖特（Findlay and Wright，1996）的研究，假定在家庭收入平均分配的基础上，家中男性户主在收入分配过程中获得净转移收入，而男性户主获得的净转移收入来自女性户主和子女，并且子女转出份额较大，女性户主转出的份额略低，家庭中各成员资源分配的方程如式（3.20）、式（3.21）和式（3.22）所示。

$$I(W)_i^j = (1 - 0.25\pi) \cdot \bar{I}_{E(i)}^j \qquad (3.20)$$

$$I(M)_i^j = (1 + \pi) \cdot \bar{I}_{E(i)}^j \qquad (3.21)$$

$$I(C)_i^j = (1 - 0.75\pi) \cdot \bar{I}_{E(i)}^j \qquad (3.22)$$

文献资料表明，男性户主支出份额一般不超过家庭总支出的50%，则转移比例 π 的取值范围为 [0,0.5]。对于子女与父亲合住的单亲家庭，则式（3.21）改写为式（3.23）的形式，此时子女对父亲存在单向净转移收入，子女收入分配形式不变；对于子女与母亲合住的单亲家庭，则认为子女与母亲之间不存在净转移收入，即母亲和子女平均分配家庭等价收入。

$$I(M)_i^j = (1 + 0.75\pi) \cdot \bar{I}_{E(i)}^j \qquad (3.23)$$

3.2.1.3　贫困发生率及贫困贡献份额

参考大部分文献的做法，本节采用"家庭收入低于平均收入"（households below average income，HBAI）方法选择贫困线，采用平均等价收入的 50% 作为贫困线，记为 Y^*。贫困发生率（贫困人口比例）的计算如式（3.24）所示：

$$P(H) = \frac{\sum_{i=1}^{n} p_i}{n} \tag{3.24}$$

其中，p_i 是关于个人净收入 Y_i 的示性函数，若 $Y_i < Y^*$，p_i 取值为 1，否则为 0。总体的贫困发生率也可以由家庭中的男性成年人、女性成年人、老人和儿童加权得到，如式（3.25）所示：

$$P(H) = \frac{n_m}{n} P(H)_m + \frac{n_w}{n} P(H)_w + \frac{n_o}{n} P(H)_o + \frac{n_c}{n} P(H)_c \tag{3.25}$$

其中，$P(H)_m$、$P(H)_w$、$P(H)_o$ 和 $P(H)_c$ 分别为男性成年人、女性成年人、老年人和儿童的贫困发生率。具有 j 特征人群的贫困份额贡献率为 $S(H)_j$，其计算表达式如式（3.26）所示：

$$S(H)_j = \frac{n_j}{n} \cdot \frac{P(H)_j}{P(H)} \quad j = m, w, o, c \tag{3.26}$$

显然，如果 $S(H)_j > \frac{n_j}{n}$，则表明贫困并没有在所有特征人群之间均等分配，说明具有 j 特征的人群被过度代表，即其贫困份额贡献率大于其人口比重。

3.2.2　测度结果分析

3.2.2.1　不同特征群体相对贫困发生率和贫困份额特征

表 3 - 8 计算了我国农村居民家庭等价收入均等分配、规模经济产生的额外收入购买私人物品和规模经济产生的额外收入购买公共物品等 3 个收入分配原则时 4 种不同家庭特征人群的相对贫困发生率和贫困份额，反映了我国农村居民的三个相对贫困特征。

表3-8

不同家庭结构相对贫困发生率及贫困份额

分配假定 π值	测度指标	老年人			男性户主				女性户主				儿童				总体
		独居	合住	全部	独居	单亲[1]	核心	全部	独居	单亲[2]	核心	全部	单亲[1]	单亲[2]	核心	全部	
	样本比重	43.7	56.3	(0.9)	9.4	6.7	83.9	(41.2)	1.4	2.7	95.8	(37.8)	11.9	2.9	85.2	(20.1)	
均等分配																	
	贫困发生率	14.3	44.4	31.2	13.3	24.2	21.0	20.5	23.2	13.6	21.4	21.2	29.4	10.5	28.6	28.2	22.4
规模经济产生的额外收入购买私人物品																	
0	贫困发生率	14.3	44.4	40.6	18.5	11.5	16.7	16.5	10	30.8	17.4	17.7	14.4	22.7	12.3	12.8	16.6
	贫困份额	20	80	(1.6)	10.5	4.7	84.8	(41.4)	0.8	4.8	94.4	(41)	13.4	5.1	81.5	(15.7)	
0.1	贫困发生率	14.3	44.4	31.2	18.4	11.5	15.9	15.9	10	30.8	20.0	20.2	16.7	22.7	14.6	15.1	17.5
	贫困份额	20	80	(1.5)	10.9	4.8	84.1	(37.4)	0.7	4.2	95.1	(43.7)	13.2	4.3	82.5	(17.3)	
0.25	贫困发生率	14.3	44.4	31.2	18.5	11.5	14.5	14.8	10	30.8	20.3	20.4	17.8	22.7	16.9	17.2	17.5
	贫困份额	20	80	(1.5)	11.8	5.3	82.9	(34.7)	0.7	4.1	95.2	(44.1)	12.3	3.9	83.8	(19.8)	
0.5	贫困发生率	14.3	44.4	31.2	18.5	11.5	12.2	12.8	20	30.8	19.6	19.9	17.8	22.7	17.1	17.3	16.5
	贫困份额	20	80	(1.6)	14.1	6.1	79.8	(31.8)	1.4	4.3	94.3	(45.4)	12.2	3.8	84.0	(21.1)	
规模经济产生的额外收入购买公共物品																	
0	贫困发生率	14.3	44.4	31.2	24.7	16.3	13.3	14.6	30	10.2	20.0	19.9	14.4	4.5	10.7	11.0	16
	贫困份额	20	80	(1.7)	15.9	7.5	76.6	(37.6)	2.1	1.4	96.5	(46.9)	15.7	1.2	83.1	(13.8)	
0.1	贫困发生率	14.3	44.4	31.2	24.7	16.3	10.3	12.1	30	10.3	13.9	14.0	16.7	4.5	15.2	15.1	13.5
	贫困份额	20	80	(2.0)	19.2	9.1	71.7	(36.7)	3.0	2.0	95.0	(39.0)	13.2	0.9	86.0	(22.4)	

续表

分配限定 π 值	测度指标	老年人			男性户主				女性户主				儿童				总体
		独居	合住	全部	独居	单亲[1]	核心	全部	独居	单亲[2]	核心	全部	单亲[1]	单亲[2]	核心	全部	
0.25	贫困发生率	14.3	44.4	31.2	29.5	14.4	7.6	10.1	35	10.3	16.0	16.1	21.1	4.5	16.8	16.9	13.9
	贫困份额	20	80	(1.9)	27.4	9.6	63.0	(30.0)	3.1	1.8	95.1	(43.6)	14.8	0.8	84.4	(24.5)	
0.5	贫困发生率	14.3	44.4	31.2	29.5	9.6	6.1	8.5	35	10.3	19.0	19.0	40	4.5	26.7	27.6	16.5
	贫困份额	20	80	(1.6)	32.6	7.6	59.8	(21.3)	2.6	1.5	95.9	(43.4)	17.2	0.4	82.3	(33.7)	

注：单亲是指单亲家庭，其中单亲[1]是指父亲与子女合住，单亲[2]是指母亲与子女合住，核心是指子女与父母合住；均等分配情况是指将家庭等价收入在家庭成员之间平均分配，并且不考虑额外产生的收入购买私人物品或公共物品；括号中的数字为相对于总样本计算本所得的贫困份额贡献率。

（1）考虑消费规模经济测度的我国农村居民的相对贫困发生率低于未考虑消费规模经济的情况。表 3 - 8 的数据表明，家庭等价收入均等分配时（OECD 方法）计算的我国农村居民的相对贫困发生率为 22.4%，高于消费规模经济产生的额外收入用于购买私人物品和公共物品的数值，而后者测度的相对贫困发生率分别为 16.6% 和 16%。主要原因在于核心家庭成员消费规模经济产生的额外收入多于其他家庭成员，从而在降低核心家庭成员贫困发生率的同时也降低了总的贫困发生率。分人口特征看，男性户主、女性户主和儿童的相对贫困发生率比考虑消费规模经济时分别高 4.0%、3.5% 和 15.4%。老年人由于从消费规模经济中获益相对较小，因而相对贫困发生率低于考虑消费规模的情况。

同时，数据结果表明，总体而言，未考虑家庭成员收入转移时（不考虑女性户主），消费规模经济产生的额外收入购买公共物品时的相对贫困发生率略低于购买私人物品时。具体而言，男性户主低 1.9%，儿童低 1.8%，老年人低 9.4%。此外，表 3 - 8 数据结果还表明，单亲家庭中的女性户主及子女的相对贫困发生率在消费规模经济产生的额外收入购买私人物品时高于未考虑消费规模经济时，而在消费规模经济产生的额外收入购买公共物品时的相对贫困发生率低于未考虑消费规模经济时。

（2）家庭成员资源转移比例的调整加深相对贫困发生率的估计偏差，并且对不同特征的家庭成员影响不同。假定家庭资源向着有利于男性户主方向转移，此时，男性户主的相对贫困发生率随着转移比例增加而下降，女性户主及其子女的相对贫困发生率随着转移比例增加而上升。具体而言，独居家庭中的男性户主由于不能从家庭消费的规模经济效应中获得收入，当转移比例 π 从 0 增加为 0.5 时，其相对贫困发生率在消费规模经济产生的额外收入用于购买私人物品时从 18.5% 上升到 19.2%；在规模经济产生的额外收入用于购买公共物品时从 24.7% 上升到 29.5%。单亲家庭男性户主的相对贫困发生率在额外收入购买私人物品时没有变化，而在额外收入购买公共物品时从 16.3% 下降到 9.6%，表明消费规模经济产生的额外收入购买公共物品时，男性户主受益相对较大。核心家庭中的男性户主随着收入转移比例增加，相对贫困发生率在额外收入购买私人物品时从 16.7% 下降到 12.2%，购买公共物品时则从 13.3% 下降到 6.1%，表明多人家庭中男性户主受益，消费规模经济产生的额外收入购买公共物品时男性户主的贫困发生率对分配参数的调整更敏感。

对于家庭中的女性户主而言，当转移比例从 0.1 增加至 0.5 时，独居家庭中的女性户主的相对贫困发生率变化程度略有不同：在消费规模经济产生的额外收入购买私人物品时变化幅度较大，从 10% 上升到 20%；在消费规模经济产生的额外收入购买公共物品时，从 30% 增加到 35%。两种情形独居女性贫困发生率均上升的原因在于其收入相对较低，并且不能从消费的规模经济中受益。单亲家庭女性户主相对贫困发生率相对比较稳定，原因在于其收入相对较高，并能从消费的规模经济效应中受益。核心家庭中女性户主在消费规模经济产生的额外收入购买私人物品时从 20% 下降到 19.6%；在购买公共物品时相对贫困发生率从 13.9% 增加到 19.0%。核心家庭女性户主消费规模经济产生的额外收入购买私人物品时相对贫困发生率比较稳定，而购买公共物品时相对贫困发生率增幅较大的原因在于购买私人物品时消费规模经济产生的收益能补偿其收入转移的损失，而在额外收入购买公共物品时得不偿失。与父亲同住的单亲家庭以及核心家庭中儿童的相对贫困发生率均随着转移比例的增加而增加，在额外收入购买私人物品时变化缓慢，而在额外收入购买公共物品时增幅相对较大；与母亲同住的单亲家庭中儿童贫困相对贫困发生率则变化不明显。

（3）妇女和儿童的贫困份额随着转移比例的提高表现不同。核心家庭成员贫困份额贡献率较大，妇女贫困份额贡献率大于其在人口中所占比重，如果资源向着有利于男性户主的方向转移，转移比例 π 的提高使得妇女和儿童的贫困份额贡献率增加。特征人口贫困份额贡献率与比重的关系反映了社会资源在不同特征人口中分配是否平等：如果贫困份额贡献率等于特征人口比重，说明收入均等地在特征群体之间分配；否则，如果贫困份额贡献率大于特征人口比重，说明收入在特征人群之间分配不均等。总体而言，女性户主贫困份额贡献率高于该群体人口在总人口中所占的比重，男性户主贫困份额贡献率低于其在总人口中所占比重；儿童的贫困份额贡献率在转移比例较小时低于其在总人口中所占比重，而在转移比例较大时高于其在总人口中所在比重。显然，结果表明，即使在转移比例为 0 时，我国农村居民不同特征群体收入分配仍存在不均等的情况，其中家庭女性户主遭受剥夺；当转移比例增加时，女性户主贫困份额贡献率缓慢上升，而男性户主贫困份额贡献率迅速下降。此外，研究同时表明，家庭儿童在规模经济产生的额外收入购买私人物品时（参数小于 0.5）或消费规模经济产生的额外收入购买公共物品时（参数小于 0.1），贫困份额贡献率小于比重，并且其在消费规模经济产生的额外收入用于购买私人物品时遭遇的收入分配不平等程度小于消费规模经济产生的额外收入用于购买公共物品的时候。细分样本数据分析结果表明，男性独居者贫困份额贡献率高于其在男性户主中所占比重，其收入水平较低，不能从消费规模经济中获得好处；独居的女性户主贫困份额贡献率在消费规模经济产生的额外收入购买私人物品时小于其在女性户主中的人口占比，而在消费规模经济产生的额外收入购买公共物品时贫困份额贡献率大于其在女性户主中的人口占比，单亲家庭女性户主情况刚好与独居女性户主相反，核心家庭女性户主贫困份额与比重相差不大。

与父亲同住的子女相对于其他家庭的子女而言，其遭遇的收入分配不公平程度较大，主要原因在于其需要向父亲让渡一部分资源。与母亲同住的子女在规模经济产生的额外收入购买私人物品时相对其他儿童而言遭受收入分配歧视，而在规模经济产生的额外收入购买公共物品时则相对比较富裕，核心家庭儿童贫困份额与其人口份额差别不大。

此外，表 3-8 的数据结果表明，当家庭资源分配参数增加时，虽然妇女和儿童的贫困发生率逐渐增加，但规模经济带来的减贫效应仍然大于家庭成员资源不平等分配带来的增贫效应，即使在分配参数取得最大值 0.5 时，妇女和儿童的贫困发生率仍远小于均等分配时的情况。这进一步表明测度相对贫困时有必要考虑消费的规模经济效应。

显然，上述分析表明，向独居家庭男性户主、非独居家庭的女性户主及与母亲同住的单亲家庭子女实施私人物品购买补贴，有利于缓解这部分特征人群在家庭消费规模经济效应产生的额外收入购买私人物品时相对较高的贫困发生率；向独居家庭男性户主或女性户主、核心家庭女性户主及与父亲同住的子女提供购买公共物品的补贴，有利于缓解其在消费规模经济产生的额外收入购买公共物品时相对较高的相对贫困发生率。

3.2.2.2 不同收入分配假定下的贫困状态比较

结合等价收入计算的结果，比较收入均等分配时家庭成员的贫困状态和不同收入分配假定下的贫困状态如表 3 - 9 所示。表 3 - 9 的计算结果显示从假定收入均等分配时的状态（贫困或非贫困）向收入分配假定调整后各类人口占原先各状态人口的比重。计算结果表明，从人口统计特征来看：相对于均等分配不考虑规模经济产生的额外收入分配情况而言，男性户主隐性非贫困的可能性比较大，女性户主可能性比较小；女性户主隐性贫困的比例比较高，男性户主比较小。从分类特征来看：单亲家庭男性户主隐性非贫困的比例最高，其次为核心家庭中的男性户主；单亲家庭中的女性户主及其子女隐性贫困的比例较高，其余特征群体隐性贫困的可能相对较小。从家庭消费规模经济产生的额外收入购买消费品的类型看：规模经济产生的额外收入用于购买私人物品时，男性户主隐性非贫困的可能性比较高，女性户主则在额外收入购买公共物品时隐性贫困的可能性相对较大。

具体而言，比较家庭不同特征群体在收入均等分配与不均等分配假定下的贫困状态有以下三个方面的特点。

（1）贫困家庭中男性户主隐性非贫困比例随着分配参数的增加而增加，女性户主和儿童则随着分配参数的增加而下降。从表 3 - 9 的结果不难看出，消费规模经济产生的额外收入降低了贫困发生率，从而表现为等价收入均等分配时贫困家庭成员在收入非均等分配假定下相当一部分处于非贫困状态。具体而言，家庭等价收入均等分配的贫困家庭在非均等分配假定下，核心家庭成员处于非贫困的比例均高于30%，其他类型的特征群体该比例均高于10%，这表明消费规模经济效应从整体上有利于缓解相对贫困。数据还表明，男性户主非贫困比例随着分配参数的增

表3-9　收入平均分配与两类收入分配定情形下的贫困状态比较

单位:%

贫困状态	π值	贫困									非贫困								
		男性户主			女性户主			儿童			男性户主			女性户主			儿童		
		独居	单亲¹	核心	独居	单亲²	核心	单亲¹	单亲²	核心	独居	单亲¹	核心	独居	单亲²	核心	单亲¹	单亲²	核心
贫困	规模经济产生的额外收入购买私人物品																		
	0	90	44.2	32.4	48.6	82.4	47.7	35.1	80.7	30.2	10	67.6	55.8	51.4	17.6	52.3	64.9	19.3	69.8
	0.1	90	41.8	32.4	48.6	82.4	54.9	40.5	80.7	35.9	10	67.6	58.2	51.4	17.6	45.1	59.5	19.3	64.1
	0.25	90	37.2	32.4	48.6	84.6	56.0	43.2	82.5	41.6	10	67.6	62.8	51.4	15.4	44.0	56.8	17.5	58.4
	0.5	93	29.5	28.4	50.1	84.6	53.5	43.2	82.5	42.0	7	71.6	70.5	49.9	15.4	46.5	56.8	17.5	58.0
	规模经济产生的额外收入购买公共物品																		
	0	100	43.2	35.9	55.7	60.0	54.7	37.1	80.0	26.3	0	64.1	56.8	44.3	40.0	45.3	62.9	20.0	73.7
	0.1	100	33.5	35.9	55.7	60.0	38.0	40.5	80.0	26.4	0	64.1	66.5	44.3	40.0	62.0	59.5	20.0	62.6
	0.25	100	24.8	30.5	70	53.3	44.0	51.3	63.3	41.2	0	69.5	75.2	30.0	46.7	56.0	48.7	36.7	58.8
	0.5	100	19.8	27.0	70	60.0	51.9	97.3	80	65.6	0	73.0	80.2	30.0	40.0	48.1	2.7	20.0	34.4
非贫困	规模经济产生的额外收入购买私人物品																		
	0	0	0	0	0	12.9	0	0	13.2	0	96.6	100	100	100	87.1	100	100	86.8	100
	0.1	0	0	0	0	12.9	0	0	13.2	0	96.6	100	100	100	87.1	100	100	86.8	100
	0.25	0	0	0	0	14.1	0	0	14.7	0	92.5	100	100	100	85.9	100	100	85.3	100
	0.5	0	0	0	0	14.1	0	0	14.7	0	92.5	100	100	100	85.9	100	100	85.3	100
	规模经济产生的额外收入购买公共物品																		
	0	5.1	0	0	0	6.3	0	0	7.4	0	94.9	100	100	100	93.7	100	100	92.6	100
	0.1	5.1	0	0	0	6.3	0	0	7.4	0	94.9	100	100	100	93.7	100	100	92.6	100
	0.25	11.2	0	0	0	7.6	0	0	8.5	0	88.8	100	100	100	92.4	100	100	91.5	100
	0.5	11.2	0	0	0	7.6	0	0	8.5	0	88.8	100	100	100	92.4	100	100	91.5	100

注：单亲¹ 是指父亲与子女合住，单亲² 是指母亲与子女合住。

加而增加，女性户主和儿童的非贫困比例随着分配参数的增加而下降。此外，与子女合住的单亲家庭中的男性户主及其子女隐性非贫困比例相对较高。

（2）消费规模经济有利于降低相对贫困发生率，但并非对所有家庭成员一视同仁。测度结果表明，独居的男性户主由于不能从消费规模经济中获得益处，其在家庭收入非平均分配假定下仍然贫困的比例大于90%；当假定消费规模经济产生的额外收入购买公共物品时，部分男性户主可能是相对贫困者。其他结果表明，与母亲合住的单亲家庭成员均有成为隐性贫困者的可能，但比例相对较小，最高比例为 16.6%。

（3）贫困家庭隐性非贫困成员的比例高于非贫困家庭隐性贫困成员的比例。总体而言，家庭等价收入均等分配时为非贫困的成员在假定非均等分配时为贫困家庭成员的比例远远小于均等分配为贫困而在非均等分配时为非贫困的比例。这意味着我国农村居民家庭的相对贫困人口在假定家庭收入均等分配时总体上会高估贫困数量。造成上述情况的原因在于，家庭消费规模经济产生的额外收入整体上提高了家庭中每个成员的等价收入，虽然相对贫困线上移，但是贫困线上移的幅度低于收入提升的幅度，从而使得贫困家庭隐性非贫困成员比例高于非贫困家庭隐性贫困成员比例。

总体而言，家庭消费规模经济产生的额外收入购买公共物品的份额，有利于增加妇女和儿童的"潜在"福利、提高隐性非贫困可能性，同时也有利于降低妇女和儿童隐性相对贫困的可能性。

巴盖因等（Bargain et al.，2014）研究表明，如果存在消费规模经济效应，家庭消费的规模经济可以弥补收入的不足，男性户主通常利用规模经济效应获取更多的资源。本章研究与该结论基本一致，在收入分配不平等假定下，男性户主隐性非贫困的可能性相对较大而隐性贫困的可能性较小。此外，德尔康和克里希南（Dercon and Krishnan，2000）以及德·弗雷尔和兰伯特（De Vreyer and Lambert，2018）研究表明，如果家庭所有成员生活状况不是同质的（或者说并不是所有家庭成员都平等地享有家庭收入分配的权利），那么，他们对外来突然冲击的抵御能力各不相同，如自然灾害、疾病、粮食价格上涨等因素会使家庭中的弱势群体陷入更加窘迫的境地。家庭男性户主在家庭收入的使用时通常倾向于与家庭效用最大化的目的不一致，而女性户主往往会考虑儿童的消费需求（Hadda and Hoddinott，1994）。对于已婚家庭而言，以男性户主为主的收入分配原则会增加妇女经济的脆弱性（Phipps and Burton，1995），因此，增加女性户主收入有利于增加妇女和儿童的福利，同时也有利于减少社会不平等和促进经济社会发展（Hoddinott and Haddad，1995；Du-flo，2004；Doepke and Tertilt，2014）。结合本章研究测度结论，如果将家庭规模经济产生的额外收入转移给妇女，有利于缓解妇女和儿童的相对贫困。

3.3　本章小结

　　未考虑家庭消费资源的非均等分配和家庭消费规模经济效应的事实可能导致个人相对贫困测度偏误。本章研究主要有两个方面的内容：一是根据我国居民生活特点，基于 2017 年的 CHFS 数据，借鉴勒贝尔和彭德科（Lewbel and Pendakur，2008）和巴盖因（Bargain，2012）拓展的诺斯巴斯方法，研究分别测度了不同类型家庭中代表性个人的规模经济函数值、无差异尺度函数值和消费支出份额，在此基础上分析了代表性个人的贫困特征及其影响因素；二是基于消费规模经济产生的额外收入购买私人物品和公共物品的假定测度农村居民家庭不同特征群体的相对贫困，拓展第一阶段的研究结论并研判第一阶段结论的合理性。第一阶段的研究主要有三个方面的结论。

　　第一，家庭内部确实存在严重的不平等问题，家庭成员并未平等地共享家庭资源。家庭子女分配到的资源份额总是低于平均水平，二孩家庭男性户主挤占过多资源，使得女性户主及子女分配到的资源份额甚至不如一孩家庭的水平。妇女与儿童最为接近，妇女的文化地位和经济水平与儿童的健康水平和教育水平密不可分（杨琰，1995）。部分受教育程度较低的妇女，对家庭经济收入贡献份额较低，男性在家庭经济事务中拥有较大决策权，从而使得妇女及儿童经济利益遭受剥夺。

第二，按照家庭资源均等分配测度的相对贫困家庭如根据实际分配到的家庭资源测度，存在一定程度的误测。非贫困家庭中的儿童为隐性贫困人口的比例最大，其次是二孩家庭中的女性户主。研究还表明，家庭规模越大，贫困家庭中隐性的非贫困人口误判为相对贫困人口的比重越大，非贫困家庭中隐性的相对贫困人口误判为非贫困人口的比重也越大。

第三，家庭规模对个人陷入相对贫困的概率的影响因人而异。家庭规模大的家庭中的女性户主和儿童陷入相对贫困的概率大，而男性户主陷入相对贫困的概率比较小。家庭规模对个人贫困的影响具有多元分层的特点，个人贫困不仅受家庭规模的影响，而且受家庭妇女经济决策权的影响：当妇女经济决策权利与男性相等时，家庭规模对所有家庭成员一视同仁，家庭规模大的家庭成员更容易陷入相对贫困；当妇女的经济决策权不如男性时，家庭规模越大，妇女和儿童分到的资源越少，越容易陷入相对贫困。

第二阶段的研究结论表明，女性户主的贫困份额高于该群体人口在总人口中所占份额，表明女性户主遭遇社会资源分配不公。同时研究还发现，假定家庭收入朝着有利于男性户主分配时，随着分配参数的增加，女性户主（非独居）及子女贫困份额增加，而男性户主则减小。研究进一步支持第一阶段的结论，即女性户主及子女为隐性相对贫困人口的比例高，男性户主为隐性非贫困人口的比例高。

除此之外，第二阶段的研究拓展了第一阶段的内容，研究发现，男性户主（非独居）考虑消费规模经济测度的相对贫困发生率低于未考虑消费规模经济时；未考虑消费规模经济时，独居家庭女性户主相对贫困发生率高估程度较高，核心家庭高估程度略低；未考虑消费规模经济时，与父亲同住的单亲家庭的儿童及核心家庭儿童相对贫困发生率均存在一定程度的高估，并且高估程度相近。

第4章　农村居民家庭贫困
脆弱性测度与识别*

　　改革开放以来，随着经济社会迅速发展和政府不遗余力的扶贫措施，我国减贫事业成就斐然，为世界减贫事业做出了卓越贡献。然而，由于贫困人口大幅减少，贫困人口分布更为分散，返贫人口数量也越来越多，扶贫措施受益面也日益减少，减贫工作也越来越困难。此外，由于我国农村医疗保障事业还不完善，脱贫人口返贫现象日益突出（童晓丽，2006；朱铭来等，2013；王婉，2014）。因此，为保障我国减贫事业持续推进，不仅应该关注贫困人口是否减少的问题，也应注重返贫问题和贫困脆弱性问题。范小建（2010）报告指出，2008 年的贫困人口中有66.2% 在 2009 年脱贫，而 2009 年 3597 万贫困人口中，则有 62.3% 是返贫人口①。西部地区返贫可能性更是居高不下，平均返贫率高达 15% ~ 25%，个别地区甚至达到 30% ~ 50%（西北大学，2012）。张立冬等（2009）实证研究发现，中国农村存在着较为广泛的脱离贫困与进入贫困并存的现象。叶初升和赵锐（2013b）认为，家户的福利状态可能在贫困与非贫困之间跨期转换或延续，贫困研究不能仅仅关注某一时期贫困人口规模，而应当动态地研究贫困家庭不同时段的动态转换过程。由于我国偏远地区农村基础条件还比较薄弱、农村居民教育文化水平低，

---

　　* 本章部分内容发表于《统计与决策》2020 年第 11 期，论文题目为《我国农村不同年龄阶段家庭的贫困脆弱性动态比较》。

　　① 资料来源于中国日报，网址：http://www.chinadaily.com.cn/dfpd/2010 – 10/17/content_11420541.htm。

脱贫居民还存在一定程度的返贫风险。李飞和汪三贵（2020）研究指出，农村居民返贫的实际在于贫困本身具有脆弱性，受到外部事件冲击时很容易退回贫困线以下。国务院扶贫办发布的数据表明，2016 年我国农村返贫人口有 68.4 万人，2017 年为 20.8 万人，2018 年为 5.8 万人，2019 年为 5400 人。虽然农村返贫户逐年减少，但还是存在一定的返贫风险。因此，了解扶贫对象动态特征、测度其贫困脆弱性，有利于提高精准扶贫和巩固脱贫攻坚成果。

本章研究内容包括两个方面的内容：一方面，通过低期望效用脆弱性分析农村居民贫困脆弱性，主要包括计算家庭成员等价尺度，进而计算确定性等价收入标准，然后采用随机效应模型对家庭脆弱性进行分解，进而对家庭整体贫困以及抗风险能力进行评估；另一方面，通过期望的贫困脆弱性分析不同年龄结构的贫困脆弱性，进而分析我国老龄化趋势下农村居民贫困脆弱性问题以及提出巩固脱贫攻坚成果的政策性建议。

4.1 等价尺度及贫困脆弱性测度方法

4.1.1 等价尺度测度方法

在家庭成员收入分配测度时考虑消费经济规模效应有利于真实反映家庭成员的生活状况，提高估计的准确性（Cherchye，2012；Dunbar et al.，2013），鉴于此，采用等价尺度对可支配收入进行转换，然后根据不同的收入分配假定计算家庭成员分配得到的收入。此外，由于等价尺度的计算常常受经济社会环境的影响（Muellbauer and John，1976；Bargain et al.，2014），且等价尺度的选择会系统地影响绝对贫困与相对贫困的测度结果（Buhmann et al.，1988），对此，结合中国农村家庭居民数据，利用基于 Luxembourg 等价人均支出函数的等价尺度估计方法进行分析，以期得到符合我国农村家庭消费特征的结果。

采用基于被调查者收入满意程度的主观估计法估计等价尺度，基本假设遵循瑞沃林和洛克申（Ravallion and Lokshin，2002，2010）提出的收入满意程度与收入差距呈对数线性关系，同时，假设个人收入满意程度 u_i，人均等价收入 $\bar{I}_{Ei}$ 与其他协变量 X_{ij} 之间的关系为：

$$u_i = \alpha_0 + \alpha_1 \log(\bar{I}_{Ei}) + \alpha_2' x_i + \varepsilon_i \tag{4.1}$$

其中，α_0，α_1，α_2' 为待估参数，ε_i 为误差项，x_i 为可能影响被调查者收入满意程度的一系列变量序列。人均等价收入 $\bar{I}_{Ei}$ 与家庭 i 获得的总的可支配收入 $I(H)_i$ 之间的关系为：

$$\bar{I}_{Ei} = I(H)_i / S_i \tag{4.2}$$

其中，S_i 为第 i 个家庭对应的等价尺度。

Luxembourg 等价人均支出函数的表达形式为：

$$\bar{I}_{Ei} = \frac{I(H)_i}{n_i^\varphi} \tag{4.3}$$

其中，n_i 为家庭的人口数量；φ 为等价弹性，在 0~1 范围内取值，反映家庭规模经济程度的参数，φ 的数值越小则说明家庭消费的规模经济效应越大。将式（4.3）代入式（4.1）中得到：

$$u_i = \alpha_0 + \alpha_1 \ln I(H)_i - \alpha_1 \varphi \ln n_i + \alpha_2' x_i + \varepsilon_i \tag{4.4}$$

从式（4.4）中可以看出，通过 $\ln n_i$ 和 $\ln I(H)_i$ 的系数运算可以估计出 φ 的大小，从而估计出等价尺度。对式（4.4）的估计，传统做法是采用迭代计算求得使似然函数最大的参数，从而求得可以体现等价尺度的参数 φ。然而，传统的方法是在干扰项服从 Logit 分布的假设下对参数进行估计，但是实际情况中，干扰项可能并不符合 Logit 分布，从而使估计值产生测量不到的误差。为克服上述问题，采用二元选择模型的半参数估计方法，该模型基本表述如下：

令 $z_i = \begin{cases} 1 & \text{如果 } u_i \geq 3 \\ 0 & \text{如果 } u_i < 3 \end{cases}$，方程参数的估计是基于最小二乘法的拓展。

为简化表达，将 $\ln I\,(H)_i$，$\ln n_i$，x_i 简写为 X_i，定义估计值为使得式（4.5）成立的一组 $\widehat{\alpha}$。

$$\min \sum_{i=1}^{N} \left[\, z_i - E(z_i \mid X_i'\alpha)\,\right]^2 \omega(X_i) \tag{4.5}$$

式（4.5）中的 $\omega(X_i)$ 为权重函数，采用误差项 u 的条件方差 $E(u^2 \mid X_i)$ 估计的倒数为权重函数。由于式中的 $E(z_i \mid X_i'\alpha)$ 是未知的，故采用加权非参数去一估计量（leave-one-out estimator）对其进行估计。

$$
\begin{aligned}
G(X_i'\alpha) &= \widehat{E}\left[\, z_i \mid X_i'\alpha\,\right] \\
&= \frac{(Nh)^{-1} \sum\limits_{j \neq i}^{N} z_j k\left(\dfrac{X_j'\alpha - X_i'\alpha}{h}\right)}{\widehat{p}(X_i'\alpha)}
\end{aligned}
\tag{4.6}
$$

式（4.6）中 $k(\,\cdot\,)$ 是核密度估计法采用的核函数，采用标准正态密度函数，h 为窗宽，选取窗宽为 $h = c \cdot N^{-1/5}$，c 为正常数，然后运用大拇指法则对最佳窗宽进行选择。$\widehat{p}(X_i'\alpha) = (Nh)^{-1} \sum\limits_{j \neq i}^{N} k\left(\dfrac{X_j'\alpha - X_i'\alpha}{h}\right)$ 是随机变量 $X'\alpha$ 的概率密度函数在 $X_j'\alpha$ 点的去一估计量。由于只对 $X'\alpha$ 整体进行非参数估计，所以不存在"维数诅咒"问题。

得到 $E(z_i \mid X_i'\alpha)$ 的估计量 $G(X_i'\alpha)$ 后，用 $G(X_i'\alpha)$ 代替式（4.5）中的 $E(z_i \mid X_i'\alpha)$，然后运用迭代方法求解满足式（4.7）的估计结果，初始值定义为通过有序 logit 模型的极大似然法估计得到的参数。

$$\min \sum_{i=1}^{N} \left[\, z_i - G(X_i'\alpha)\,\right]^2 \omega(X_i) \tag{4.7}$$

上述方法只能对不同家庭规模进行等价尺度的估计，由于我国家庭内部结构对规模经济的影响较大，为估计不同家庭类型的等价尺度，借鉴 Luxembourg 等价尺度与拜尔文和朱哈斯（Biewen and Juhasz，2017）提出的非参数估计等价尺度方法构建式（4.8）所示方法。假设代表第 i 个家庭中小孩人数为 l，老人人数为 j，中青年人数为 k 的变量为 $T_{(ljk)i}$，表达式为：

$$T_{(ljk)_i} = \begin{cases} 1 + j + k & \text{若 } l_i = 1, j_i = j, k_i = k \\ 0 & \text{其他} \end{cases} \tag{4.8}$$

其中，l，j，k 取值范围为数据范围内的任意值，假设人均支出函数的表达形式为：

$$\bar{I}_{Ei} = \frac{I(H)_i}{\sum_{l,j,k} T_{(ljk)i}^{\varphi_{ljk}}} \tag{4.9}$$

沿用上述的半参数估计方法，分别估计不同家庭类型的参数 φ_{ljk}，并用其计算不同类型家庭的等价尺度。

4.1.2 贫困脆弱性测度方法

总结国内外文献，郭劲光（2006）、李丽和白雪梅（2010）、徐伟等（2011）以及林文和邓明（2014）等研究认为目前贫困脆弱性定义主要有三类。

4.1.2.1 低期望效用脆弱性（vulnerability as low expected utility，VEU）测度

该定义由里根和谢克特（Ligon and Schechter，2003）给出，定义脆弱性为确定性等价消费效用与第 i 个人消费 c_i 获得的效用的期望之差，定义如式（4.10）所示：

$$V_i = U_i(z) - EU_i(c_i) \tag{4.10}$$

其中，效用函数 U_i 为向右上倾斜的凹函数；z 为确定性等价消费。式（4.10）表示如果第 i 个家庭的消费低于确定性等价消费，则意味着家庭消费不足。那么，当确定性等价消费由贫困标准衡量时，低于贫困标准消费的家庭处于贫困状态。

此外，风险暴露脆弱性（vulnerability as uninsured exposure to risk，VER）通过对个人或家庭因遭受风险所造成的福利损失程度而定义的脆

弱性。VEU 所提出的预期贫困脆弱性和期望效用脆弱性均属于事前估计，是通过预测未来面临的风险所带来的福利损失，进而判断总的脆弱性（张全红，2014）。VER 更关注事后损失，通过评估家庭遭遇风险后损失的收入和下降的福利评估脆弱性。由于 VER 属于事后估计，不能事先判断家庭所遇到的冲击，因此不利于制定防患于未然的扶贫措施。

采用贫困脆弱性的第三种定义确定性等价消费效用后，可以对于消费中的不确定性部分进行分解，进而测度贫困脆弱性：当以贫困标准消费度量确定性等价消费时，$V \leqslant 0$ 时，该家庭不具有贫困脆弱性，表明脱贫稳健；当 $V > 0$ 时，表明家庭具有贫困脆弱性，脱贫不稳健。由于家庭脆弱性可以反映与家庭固定消费和不确定性消费部分，因此里根和谢克特（Ligon and Schechter，2003）将脆弱性分解为贫困部分与风险部分，如式（4.11）所示：

$$V_i = \left[U_i(z) - U_i(E(c_i)) \right] + \left[U_i(E(c_i)) - E\,U_i(c_i) \right] \quad (4.11)$$

其中，第一个中括号内容称为贫困部分，为确定性等价消费与期望消费效用的差，表示一个家庭的实际消费与贫困线的偏离程度。第二个中括号部分称为风险部分，为家庭期望的消费效用与家庭消费的期望的差，反映预期消费与实际消费之间的关系。贫困部分与风险部分的不同之处在于后者包含了家庭中可能遇到的各种风险冲击，可以通过对风险部分进行分解分析各种风险对脆弱性的影响。具体而言，脆弱性可以分解为四个部分。

$$\begin{aligned} V_i &= \left[U_i(z_{ce,t}) - U_i(E(c_{it})) \right] && \text{贫困部分} \\ &+ \left[U_i(E(c_{it})) - EU_i(E(c_{it} \mid \bar{X}_t)) \right] && \text{协同性风险} \\ &+ \left[EU_i(E(c_{it} \mid \bar{X}_t)) - (E(c_{it} \mid \bar{X}_t, X_{it})) \right] && \text{异质性风险} \\ &+ \left[EU_i(E(c_{it} \mid \bar{X}_t, X_{it})) - EU_i(c_{it}) \right] && \text{不可解释风险} \end{aligned}$$

脆弱性分解中的风险部分可分为协同性风险、异质性风险和不可解释风险。其中，协同性风险中主要考察不同地区的差异所带来的影响；

异质性风险则是考察家庭人口特征、家庭物质资本、社会资本等因素对脆弱性的影响；不可解释风险反映未预知的干扰性因素对脆弱性的影响。

测度低期望效用脆弱性首先在于设定效用函数的具体形式和确定条件期望的估计方法，然后再对家庭脆弱性进行度量和分解。

（1）效用函数。根据里根和谢克特（Ligon and Schechter，2004）关于效用函数的定义表达式：$U_i(c_i) = c_i^{1-r}/(1-r)$，$r > 1$，通过使用确定性等价消费$z_{ce}$标准化家庭消费$c_i$；然后，再计算效用函数值。

（2）条件期望的估计。假设家庭消费呈对数正态分布，构建模型如式（4.12）所示：

$$\log c_{it} = \alpha \bar{X}_t + \beta X_{it} + u_i + \varepsilon_{it} \tag{4.12}$$

其中，$\log c_{it}$是家庭i在时间t消费的对数形式；$\bar{X}_t$为环境变量，反映家庭外部生活环境，如村（社区）特征因素；X_{it}是家庭特征变量向量，包括家庭人口特征、家庭物质资本、社会公共资本、收入水平、健康状况、参与社会保险等因素。

通过以上家庭的效用与条件期望的估计，可以计算出对应家庭的脆弱性，同时在估计家庭等价尺度时，使用家庭成员等价尺度估算确定性等价消费效用，使计算的确定性等价消费效用包含家庭消费规模经济的影响，从而减少测度偏误。

4.1.2.2 期望的贫困脆弱性（vulnerability as expected poverty，VEP）测度

普利切特等（Pritchett et al.，2000）认为，贫困脆弱性家庭是指那些在给定年份其收入跌落到贫困线下的概率。乔杜里等（Chaudhuri et al.，2002）、布吉尼翁（Bourguignon et al.，2004）和米尔克（Milcher，2010）采用式（4.13）度量VEP形式下的贫困脆弱性。

$$V_{it} = P(C_{i,t+1} \leq Z/X) \tag{4.13}$$

其中，V_{it}表示第i个农户第t期的贫困脆弱性，$C_{i,t+1}$表示第i个农户第$t+1$

期的消费或收入，Z 表示脆弱线，X 为个人或家庭特征变量构成的向量。乔杜里等（Chaudhuri et al.，2002）与杨龙和汪三贵（2015）研究认为，以消费或收入为代表的福利水平可以由一个生产函数拟合，借鉴其研究成果，构造农户的福利生产函数为：

$$\ln C_i = X'_i \beta + E'_i \alpha + R'_i \lambda + u_i \qquad (4.14)$$

其中，E_i 为第 i 个家庭所面临的社区特征变量，R_i 为第 i 个家庭遭受的风险冲击向量。由于家庭消费水平不可测，往往通过其收入水平代替消费水平，即以 I_i 代替 C_i。

假定家庭收入服从对数正态分布，则可采用式（4.15）计算贫困脆弱性：

$$\hat{V}_i = \hat{P}(\ln I_i \leqslant \ln Z) = \phi\left(\frac{\ln Z - X'_i \hat{\beta}}{\sqrt{X' \hat{\alpha}}}\right) \qquad (4.15)$$

$X'_i \hat{\beta}$ 为对数收入的估计值，记作 $\hat{E}_I$，即表达式为 $\hat{E}_I = X'_i \hat{\beta}$；$X'_i \hat{\alpha}$ 为对数收入方差的估计，记为 $\hat{\sigma}_I^2$，即表达式为 $\hat{\sigma}_I^2 = X'_i \hat{\alpha}$。贫困发生率反映区域经济的一般贫困状况，可以利用其作贫困脆弱线（也称脆弱性的门槛值；樊丽明和解垩，2014）；乔杜里等（Chaudhuri，2002）同时也认为，未来陷入贫困的可能性高于 50% 的家庭是脆弱的，并称 50% 为 "高贫困线"，章元和万广华（Zhang and Wan，2006）、金特和哈特根（Günther and Harttgen，2009）、齐瓦拉等（Chiwaula et al.，2011）以及万广华等（2011，2014）均采用了该比例作为贫困脆弱线。万广华和章元（2009）将事前预测的贫困脆弱性与事后观察到的情况对比后指出，贫困脆弱性预测精度依赖于脆弱线的选择、未来收入的期望以及贫困线的选择，并认为 50% 的脆弱线比较合适。参考大部分研究者的做法，同时兼顾预测的准确性，研究采用 50% 的贫困脆弱线。

齐瓦拉等（Chiwaula et al.，2011）和万广华等（2014）研究认为，式（4.15）不能区别不同类型的贫困及贫困状态的动态转换问题，其建议采用式（4.16）度量家庭贫困脆弱性。

$$V_i = P(I_i \leqslant Z) = \begin{cases} 0, & \text{若 } E(I_i)_l \geqslant Z \\ \dfrac{Z - E(I_i)_l}{2\sqrt{\hat{V}(I_i)}}, & \text{若 } E(I_i)_l < Z < E(I_i)_u \\ 1, & \text{若 } Z \leqslant E(I_i)_u \end{cases} \quad (4.16)$$

根据齐瓦拉等（Chiwaula et al., 2011）的定义，式（4.16）中 V_i 表示第 i 个家庭贫困脆弱性；I_i 表示家庭结构性收入水平；$P(I_i \leqslant Z)$ 表示未来家庭收入低于贫困线的概率；$E(I_i)_l$ 表示期望收入下限，其表达式为：$E(I_i)_l = \hat{E}(I_i) - \sqrt{\hat{V}(I_i)}$；$E(I_i)_u$ 表示期望收入上限，其表达式为：$E(I_i)_h = \hat{E}(I_i) + \sqrt{\hat{V}(I_i)}$；$\hat{E}(I_c)$ 为结构性收入的期望值；$\sqrt{\hat{V}(I_i)}$ 为结构性收入的标准差。I_c 由农户家庭资本存量确定，借鉴克里斯蒂安森和苏巴拉奥（Christiaensen and Subbarao, 2005）、米尔克（Milcher, 2010）以及齐瓦拉等（Chiwaula et al., 2011）和万广华等（2014）的研究，其中结构性收入水平 I_c 可以由非线性方程（4.17）估计得到：

$$\ln I_i = \gamma + X'_i \beta + A'_i \theta + e_i \quad (4.17)$$

其中，X 为控制变量，代表个人或家庭特征变量构成的向量；A 为家庭拥有的生产性固定资产，包括耕地面积和农林渔牧业资产等；γ、β 和 θ 均为待估参数；e_i 表示误差项。齐瓦拉等（Chiwaula et al., 2011）和万广华等（2014）建议采用三阶段广义可行最小二乘法对式（4.17）进行估计，并以50%作为贫困脆弱线，作如下分类。

（1）$V_i = 0$，表示第 i 个家庭不贫困（never poor）。

（2）$0 < V_i < 0.5$，表示第 i 个家庭为随机型的暂时（stochastic-transient）贫困。

（3）$0.5 \leqslant V_i < 1$，表示第 i 个家庭为结构型的暂时（structural-transient）贫困。

（4）$V_i = 1$，表示第 i 个家庭为结构型的慢性（structural-chronic）贫困。

（5）$I_{it} < Z_t$ 且 $\hat{E}(I_{it})_l > Z_t$，表示第 i 个家庭处于随机性贫困状态。

（6）$I_{it} > Z_t$ 且 $\hat{E}(I_{it})_u < Z_t$，表示第 i 个家庭处于随机性非贫困状态。

4.2　样本数据统计描述及说明

选用北京大学中国社会科学调查中心组织调查的"中国家庭追踪调查"（China Family Panel Studies，CFPS）2016 年的数据，CFPS 重点关注中国居民的经济与非经济福利，以及包括经济活动、教育成果、家庭关系与家庭动态、人口迁移、健康等在内的诸多研究主题，是一项全国性、大规模、多学科的社会跟踪调查项目。该数据对全国城乡居民家庭收入及消费进行了深入细致的调查，具有较高的代表性和可靠性。将家庭人口分为老年人（年龄大于 65 岁），男性户主和女性户主（不包括老年人），儿童（年龄小于 14 岁，参考 OECD 标准）。样本获得家庭数据资料 1162 户（不含缺失数据资料），为了得到相对合理的数据分析结论，对样本数据进行了适当处理，剔除成年夫妇中一方或双方因病、因残无法从事体力劳动者样本 6 户，剔除收入小于 0 和大于 100 万元的异常样本 72 户。剩余满足实证分析样本数据包括家庭 1090 户，涉及总人口 3712 人。对该样本数据进行简单统计描述整理如表 4 - 1 所示。

表 4 - 1　　　　　　　　　描述性统计

人口特征	分组特征	样本量	平均年龄（岁）	人均收入（元）	10% 分位数收入（元）
老年人	独居	14	70.88	11775.16	3120
	合住	18	69.36	15514.29	—
	总和	32	70.33	13117.41	3750
男性（小于 65 岁）	独居	146	32.49	42997.6	10000
	单亲[1]	104	36.0	21896	7500
	核心家庭	535	37.10	25107	7268
	全部	691	36.40	27344	5556

续表

人口特征	分组特征	样本量	平均年龄（岁）	人均收入（元）	10%分位数收入（元）
女性（小于65岁）	独居	20	35.15	24759.67	5805
	单亲[2]	39	33.29	14984.69	4286
	核心	630	37.19	23089.23	5107
	全部	689	37.07	22984.99	5000
儿童	单亲[1]	90	8.82	21896.23	7500
	单亲[2]	22	7.23	14984.69	4286
	核心	644	6.58	18269.58	4379
	全部	756	6.95	18663.73	4458

注：老年人独居是指老年人不与子女住在一起，合住是指老年人与子女住在一起。单亲[1]是指父亲与子女合住，单亲[2]是指母亲与子女合住。

从人口统计学特征来看，老年人可支配收入最低，而独居的老年人收入最低，老年人的10%分位数低于国家贫困线标准（按2010年2300元每年的不变价格计算）；平均而言，独居的男性户主个人收入最高，女性户主收入略低；单亲家庭中，孤儿寡母的收入低于子女和父亲居住的家庭，孤儿寡母的人均收入略高于国家贫困线标准。总体而言，老年人生活相对比较困难，其次为妇女与子女居住的单亲家庭。

4.3　贫困脆弱性测度结果分析

4.3.1　等价尺度测度结果

以CFPS数据中个人收入满意程度 u_i 为因变量，CFPS收入满意度调查的回答问题为等级变量，分别为非常不满意、不太满意、一般、比较满意、很满意。其他解释变量包括取对数的个人年收入（lnincome），个人所在家庭的家庭规模的对数（lnsize）以及其他有可能影响满意程度的变量，包括年龄（age）、性别（gender）、户籍特征（urban）、受教育水平（edu）、健康程度（health）以及每年的医疗花销（pay）作为自变量。

使用半参数估计的方法对回归方程（4.4）的参数进行估计，由于半参数估计中核密度估计过程相对烦琐，将因变量简化为 0 - 1 变量，使用拇指法则选取最佳窗宽，假设 $k(\cdot)$ 为标准正态分布，得到半参数估计结果如表 4 - 2 第 4 列和第 5 列结果所示。

表 4 - 2　　　　　　　　有序回归方程系数估计结果

变量	估计方法			
	极大似然法		半参数方法	
	系数	标准差	系数	标准差
lnincome	0.1839	0.0159	0.0898	0.0077
lnsize	-0.1145	0.0246	-0.0519	0.0120
age	0.0248	0.0010	0.0115	0.0004
gender	-0.0576	0.0247	-0.0306	0.0120
urban	-0.0335	0.0108	-0.0168	0.0053
edu	-0.0274	0.0105	-0.0192	0.0051
marige	0.0881	0.0189	-0.0396	0.0090
health	-0.2267	0.0109	-0.1078	0.0051
pay	-0.1396	0.0158	-0.0695	0.0077

观测各自变量系数的估计情况，可以明显看出，半参数估计结果的标准差比有序 logit 模型的极大似然估计结果小，显然，半参数方法估计结果更为稳健。将半参数方法估计的系数代入公式（4.18），计算得到等价弹性 φ 的估计值为 0.578，此时，等价收入与实际可支配收入之间的关系为：

$$\bar{I}_{Ei} = \frac{I(H)_i}{n_i^{0.578}} \tag{4.18}$$

测度的参数 φ 值小于宋扬和赵君（2015）等引用的格雷夫米耶等（Gravemeyer et al.，2010）的计算结果 0.7，然而，该等价弹性是基于欧洲城市居民调查数据得出的，可能与我国农村居民生活实际情况不符。

本书计算的等价弹性低于格雷夫米耶等的计算结果，表明我国农村居民家庭的规模经济效应远高于欧洲居民，这也符合迪顿和米尔鲍尔（2015）的观点，即家庭规模经济效应与收入水平相关，收入低的家庭往往具有较高的规模经济效应。由于半参数估计的等价尺度相较有序logit模型估计的准差更小，统计检验结果更稳健，故采用半参数的方法对不同家庭结构的等价尺度进行估计。根据式（4.3）中右边表达式的分母计算不同家庭规模的等价尺度如表4-3所示。

表4-3　　　　　　　根据等价尺度调整后的人均等价消费值

序列	18~59岁	0~7岁	8~17岁	60岁及以上	家庭等价尺度	调整后人均等价消费（元）
家庭组1	1	0	0	0	1	3335
家庭组2	1	1	0	0	1.5	2499.9
家庭组3	1	0	1	0	1.25	2090.5
家庭组4	1	0	0	1	1.38	2298.9
家庭组5	1	1	1	1	2.13	1777.2
家庭组6	2	0	0	0	1.45	2420.5
家庭组7	2	1	0	0	1.95	2168.6
家庭组8	2	0	1	0	1.71	1895.7
家庭组9	2	0	0	1	1.83	2034.6
家庭组10	2	1	1	1	2.58	1723.0

采用我国绝对贫困线3335元/年（以2010年贫困线标准2300元每年按不变价计算）为标准计算脆弱性等价消费效用和调整后家庭规模对应的等价性消费效用。以一对年轻夫妻为标准，计算对应的家庭等价尺度，根据等价尺度调整后的等价消费效用结果如表4-3所示。

由表4-3可知，不同的家庭人口结构构成对家庭等价尺度存在不同的影响，家庭组2、家庭组3、家庭组4和家庭组6存在相同数量的家庭人数，但是家庭等价尺度不相同。研究发现，家庭组3的家庭等价尺度最小，人均等价消费也不相同；人口数为2人的家庭中，家庭组5拥有最低的等价消费，抗风险能力最高。估计不同类型家庭的人均等价消费如表4-3中第7列所示，并以此为基础计算家庭低期望贫困脆弱性。

4.3.2　低期望贫困脆弱性测度结果

4.3.2.1　模型变量选择及回归结果

根据第 4.1 节中的贫困脆弱性测度公式，使用家庭的消费额作为模型解释变量，该消费包含家庭食品支出、服装支出、居住支出、医疗支出、教育支出、交通支出、通信支出、娱乐支出以及其他支出合计九大类，概括了农村家庭的主要消费情况。解释变量还包括反映地理位置的特征变量，利用虚拟变量反映是否处于江西省、安徽省、湖北省、湖南省、河南省、山西省等六个省份。

解释变量还包括家庭人口特征、收入特征、物质资本以及家庭社会资本四个方面的内容。家庭人口特征变量包含家庭的人口规模、年龄、性别、教育程度、劳动力数量等指标。由于我国农村存在大量劳动力外出务工的现象，所以使用家庭主要劳动力人数作为劳动力变量。此外，使用家庭居住劳动力的平均年龄、平均受教育水平来代表整个家庭的平均年龄和平均受教育水平。家庭收入特征变量包括农业经营收入、外出务工的工资性收入、财产性收入和转移性收入等。家庭物质资本变量包括家庭农用机械总价值、家居电器数量两个方面的内容。家庭社会资本以反映社会人情往来关系的人情费表示。此外，还选取了家庭主要饮用水的类型、做饭时使用的燃料、家庭成员健康状况、家庭房屋居住的拥挤程度、家庭各类保险的情况作为解释变量。

具体的消费对数回归模型所有变量的定义及数据特征如表 4 - 4 所示。

表 4 - 4　　　　　　　　变量定义数据特征

变量名	观测数	极小值	极大值	均值	标准差	变量定义
consumption	1573	5.83	13.26	10.23	0.95	家庭总消费（LN）
JIANGXI	1573	0	1	0.11	0.31	家庭为江西省
ANHUI	1573	0	1	0.06	0.24	家庭为安徽省

续表

变量名	观测数	极小值	极大值	均值	标准差	变量定义
HUBEI	1573	0	1	0.04	0.20	家庭为湖北省
HUNAN	1573	0	1	0.08	0.27	家庭为湖南省
HENAN	1573	0	1	0.49	0.50	家庭为河南省
SHANXI	1573	0	1	0.22	0.41	家庭为山西省
population	1573	1	15	4.33	2.11	家庭人口规模
labor	1573	0	9	1.88	1.43	家庭劳动力个数
healthy	1573	1	7	5.55	1.17	家庭成员健康指数
income	1573	0	13.11	10.09	1.43	家庭纯收入（LN）
agr_mach	1573	0	12.21	3.41	4.01	家庭农用机械价值（LN）
ele_equ	1573	1	7	3.82	1.38	家庭电器陈列指数
soc_cop	1573	0	12.22	7.75	2.35	家庭社会资本（LN）
insurance	1573	0	10.75	1.56	3.16	家庭保险（LN）
house	1573	1	7	4.34	1.51	家庭房屋拥挤程度
tap_water	1573	0	1	0.56	0.50	家庭饮水_自来水
cellar_water	1573	0	1	0.01	0.10	家庭饮水_窖水
pond_water	1573	0	1	0.04	0.20	家庭饮水_池塘水
well_water	1573	0	1	0.39	0.49	家庭饮水_井水
other_water	1573	0	1	0	0.03	家庭饮水_其他
firewood_fuel	1573	0	1	0.36	0.48	家用燃料_柴草
electric_fuel	1573	0	1	0.19	0.39	家用燃料_电
coal_fuel	1573	0	1	0.09	0.29	家用燃料_煤炭
solar_fuel	1573	0	1	0.01	0.08	家用燃料_太阳能
gas_fuel	1573	0	1	0.32	0.47	家用燃料_天然气

4.3.2.2 脆弱性分解

在对脆弱性进行分解的过程中，首先要对各部分数值进行对应的数据处理，然后估计相应参数。具体操作分三步：第一，计算确定性等价消费，采用国家确定的绝对贫困线人均可支配收入3335元，结合家庭数据人数及家庭个人等价尺度的估计，对样本家庭数据进行分析，求得所有家庭的年均加权消费额；第二，采用随机效应模型对消费对数模型进行分析，并测度协同性风险和异质性风险；第三，以确定性等价消费 $z_{ce,t}$ 为基础，分别对 c_{it}、$E(c_{it})$、$E(c_{it} \mid \bar{X}_t)$ 和 $E(c_{it} \mid \bar{X}_t, X_{it})$ 进行正则化处理。随机效应模型计算结果如表 4 – 5 所示。

表 4 – 5　　　　　　消费对数随机效应模型回归结果

变量名	估计值	预测标准误差	t 值	P 值
consumption	0.2820	0.0128	22.10	< 0.0001
JIANGXI	0.2475	0.0181	13.65	< 0.0001
ANHUI	0.0767	0.0079	9.71	< 0.0001
HUBEI	0.1289	0.0076	16.90	< 0.0001
HUNAN	0.1650	0.0106	15.56	< 0.0001
HENAN	0.0392	0.0033	11.72	< 0.0001
SHANXI	0.0741	0.0033	22.65	< 0.0001
population	− 0.0065	0.0031	− 2.06	0.0394
labor	− 0.0134	0.0040	− 3.33	0.0009
healthy	0.0363	0.0038	9.63	< 0.0001
income	0.1137	0.0135	8.41	< 0.0001
agr_mach	0.0134	0.0046	2.93	0.0035
ele_equ	0.0602	0.0111	5.43	< 0.0001
soc_cop	0.0619	0.0267	2.32	0.0206
insurance	0.1204	0.0274	4.39	< 0.0001
house	0.2243	0.0171	13.11	< 0.0001
tap_water	0.0713	0.0145	4.94	< 0.0001
cellar_water	4.4970	0.1220	36.87	< 0.0001
pond_water	0.2178	0.0115	18.99	< 0.0001
well_water	0.1504	0.0161	9.35	< 0.0001
other_water	0.0328	0.0070	4.68	< 0.0001
firewood_fuel	0.1393	0.0078	17.86	< 0.0001

续表

变量名	估计值	预测标准误差	t 值	P 值
electric_fuel	0.2494	0.0095	26.17	<0.0001
coal_fuel	0.0503	0.0034	14.86	<0.0001
solar_fuel	0.1072	0.0043	24.91	<0.0001
gas_fuel	0.0180	0.0049	3.70	0.0002
other_fuel	-0.0291	0.0057	-5.14	<0.0001

模型估计结果表明，在效用函数值为2时，贫困部分、协同性风险、异质性风险和不可解释风险，分别在整体脆弱性中的占比为20.1%、23.5%、42.6%和13.8%（见表4-6）。显然，减缓农村家庭脆弱性的首要任务在于缓解家庭的异质性风险；其次在于降低可能由于农户生产经营不善或内生动力不足产生的协同性风险。同时，也应该尽可能避免由自然灾害冲击或市场需求不足导致的不可解释风险。

表4-6 　　　　　　　　　　等价尺度下遭受脆弱性家庭的脆弱值

脆弱性均值	V = 1.321		家庭脆弱性: 12.08%	
脆弱性构成部分	贫困部分	协同性风险	异质性风险	不可解释风险
脆弱性各部分均值	20.1%	23.5%	42.6%	13.8%

对农村家庭脆弱性进行分解后发现，贫困家庭具有更高的脆弱性。使用绝对贫困线3335元每人每年的标准分解结果表明，23.78%的家庭是脆弱的，其脆弱性均值为2.578；而使用家庭等价尺度调整后发现12.08%的家庭显示是脆弱的，且脆弱性均值也降为1.321。由此可以说明，在使用人均指标计算脆弱性的时候存在高估的情况。

通过计算家庭的相关效用，将消费低于此标准的家庭定义为贫困家庭，反之称为非贫困家庭，发现几乎所有人均消费小于标准家庭消费的家庭均具有脆弱性，贫困家庭的脆弱性明显高于非贫困家庭的脆弱性。在贫困家庭中脆弱家庭占贫困家庭的97.78%，非贫困家庭中脆弱家庭占比为0.93%。

表4-7   贫困家庭和脆弱性家庭分类表

地区	贫困家庭	非贫困家庭	脆弱家庭	非脆弱家庭
江西省	16	151	18	149
安徽省	3	92	3	92
湖北省	4	62	5	61
湖南省	10	114	13	111
河南省	110	667	113	664
山西省	37	307	38	306
合计	180	1393	190	1383

4.3.2.3 脆弱性影响特征分析

使用最小二乘法（OLS）将农村家庭脆弱性作为因变量，其他影响变量作为自变量进行回归估计，估计得到的结果如表4-8所示：

表4-8   农村家庭脆弱性回归系数

变量	回归系数	显著性水平
Constant	3.003	0.000
consumption	0.399	0.000
income	-0.371	0.044
agr_mach	0.057	0.183
ele_equ	-0.184	0.085
soc_cop	0.078	0.014
insurance	0.026	0.002
house	-0.099	0.114

模型回归估计结果表明，增加农村家庭收入是降低农村家庭脆弱性最有效的方法，其中每当收入增加一个单位农村家庭的脆弱性就减少0.371个单位。同时，农村家庭房屋拥挤程度和家中电器拥有的数量均显著影响脆弱性，住房条件相对较好和电器数量较多的家庭脆弱性相对较低。

4.3.3 期望贫困脆弱性测度

为反映不同年龄家庭在贫困状态与非贫困状态的动态转移情况，研究计算了样本家庭在 2012~2014 年贫困转移情况如表 4-9 所示。总体而言，计算结果反映了两个方面的问题：家庭平均年龄越大，脱贫越困难，返贫可能性却更大，从贫困状态向非贫困状态转移的比例越小，而从非贫困状态向贫困状态转移的比例较大；贫困标准的小幅上升会增加所有家庭脱贫难度和返贫可能性，而平均年龄 60 岁以上家庭脱贫率和返贫率对贫困线变化更敏感。

表 4-9　　　　　　　不同年龄组家庭贫困转移矩阵

家庭人均年龄	贫困线	2012 年	2014 年 贫困	2014 年 非贫困
40 岁以下	1.25 美元	贫困	0.27	0.73
		非贫困	0.12	0.88
	2 美元	贫困	0.33	0.67
		非贫困	0.12	0.88
	3 美元	贫困	0.42	0.58
		非贫困	0.15	0.85
40~60 岁	1.25 美元	贫困	0.31	0.69
		非贫困	0.17	0.83
	2 美元	贫困	0.44	0.56
		非贫困	0.19	0.81
	3 美元	贫困	0.58	0.42
		非贫困	0.23	0.77
60 岁以上	1.25 美元	贫困	0.43	0.57
		非贫困	0.23	0.77
	2 美元	贫困	0.63	0.37
		非贫困	0.31	0.69
	3 美元	贫困	0.74	0.26
		非贫困	0.30	0.70

　　表 4 - 9 计算结果表明，随着年龄增加，脱贫可能性减小。以 2 美元
贫困标准为例，平均年龄小于 40 岁的家庭，2012 年处于贫困状态的在
2014 年脱贫的比例为 67%；而年龄在 40 ~ 60 岁范围内时脱贫比例为
56%，60 岁以上的老年人家庭这一比例为 37%。当前农村居民收入主要
依靠外出务工收入和家庭经营性收入，二者占比均为 40%①。显然，随
着年龄增加，从事繁重体力劳动和外出务工的能力越低，脱贫越困难。
同时，计算结果还表明，年龄越大，返贫可能性也越大：在 2 美元贫困
标准下，平均年龄小于 40 岁的家庭，2012 年处于贫困状态的在 2014 年
贫困的比例为 12%；40 ~ 60 岁的群体在 2012 年处于非贫困状态并在
2014 年返贫的比例为 19%，而年龄在 60 岁以上的老年人家庭这一比例
为 31%。相关统计数据表明，2013 年末，约 4 成的家庭因病致贫或因病
返贫，而随着年龄增加，疾病可能性增加，从而增加了返贫可能性②。
虽然总体而言，我国农村居民脱贫可能性远远高于返贫的可能性，但高
龄群体 30% 左右的返贫率不得不引起重视。

　　贫困标准增加脱贫难度和返贫比例，高龄群脱贫率与返贫率对贫困
线变化更敏感。从表 4 - 9 的测度结果不难看出，贫困标准的小幅上升对
于 60 岁以下群体影响较小，但大幅增加高龄群体的脱贫困难。平均年龄
40 岁以下家庭在 1.25 美元贫困线下平均脱贫比例为 73%，3 美元贫困线
下平均脱贫比例为 58%，3 美元贫困线脱贫比例比 1.25 美元时低 15%；
40 ~ 60 岁群体在 1.25 美元和 3 美元贫困线下平均脱贫比例为 69% 和
42%，后者比前者低 24%；60 岁以上家庭两条贫困线下的脱贫比例分别
57% 和 26%，二者相差 31%。不难看出，随着年龄逐渐提高，低贫困线
标准下的脱贫比例与高贫困线下脱贫比例差距越来越大，说明高龄群体
不仅脱贫困难，而且生活的小幅改善难度更大。表 4 - 9 的数据同时表
明，平均年龄 60 岁以上家庭返贫比例对贫困标准的上升反映相对强烈，
而低于 60 岁群体则反映较小。平均年龄在 40 岁以下家庭在 1.25 美元贫

---

　　① 根据《中国统计年鉴（2015）》数据计算得到。
　　② http：//datanews. caixin. com/2016 - 07 - 21/100969014. html。

困线下平均返贫比例为 12%，3 美元贫困线下平均返贫比例为 15%，3
美元贫困线返贫比例比 1.25 美元时高 3%；平均年龄 40～60 岁家庭在
1.25 美元贫困线和 3 美元贫困线下平均返贫比例分别为 18% 和 23%，后
者比前者高 5%；平均年龄在 60 岁以上的家庭在 1.25 美元和 3 美元贫困
线下平均返贫比例分别为 24% 和 30%，二者相差 6%。不难看出，高龄家
庭比低龄家庭不仅返贫率高，而且在较高标准贫困线下的返贫比例与低标
准贫困线下的差异也较大。对上述数据结果的一个可能性解释是，近年来
政府对农村的各项补贴性收入的增加导致了上述结果，例如 2014 年农村低
保户补贴标准人均为 2777 元，基本达到 1.25 美元的贫困线，但与 3 美元
贫困线还有一定差距。因此有理由相信是政府补贴保证生活困难的家庭达
到最低贫困标准，从而增加了低标准贫困线下的脱贫率并降低了返贫率。
然而，我国目前农村居民获得的各项补贴收入还相对较低，难以保证其获
得较高收入。总体而言，数据结果表明平均年龄相对较低的家庭在低贫困
线下拥有较高脱贫率和较低的返贫率，而平均年龄相对较高的家庭在较高
贫困线下具有相对较低的脱贫率和较高的返贫率，说明我国农村有一定数
量贫困家庭集中在贫困线边缘，彻底脱贫并实现共同富裕还有一定困难。

4.3.4 贫困动态基本特征比较

表 4-10 计算结果反映了不同年龄段家庭 2010～2014 年不同贫困线
下的贫困动态特征，其中，从未经历过贫困表示三年期间均未处于贫困
状态；暂时性贫困表示三年中至少一年并且最多两年处于贫困状态；慢
性贫困表示三年中所有年份均处于贫困状态。从表 4-10 的数据不难看
出以下规律：在各贫困线标准下，平均年龄大于 60 岁家庭从未经历过贫
困的比例最低，各年龄阶段家庭从未经历过贫困的比例均随着贫困线标
准从 1.25 美元提高到 3 美元逐渐下降；在 1.25 美元和 2 美元贫困线标
准下，各年龄阶段暂时性贫困比例相差不大，基本都在 40% 左右；平均
年龄在 60 岁以上家庭处于慢性贫困状态比例较高，其在 2 美元和 3 美元
贫困线标准下分别为 53% 和 65%，平均年龄在 40～60 岁的群体慢性贫

困在两条贫困线下分别为30%和46%。上述结果表明，促进我国农村居
民全面脱贫应该特别关注年龄相对较高群体的贫困状况，不仅要想方设
法促使其脱贫，还要千方百计杜绝其返贫。

表 4－10　　　　　　　　　不同年龄组家庭贫困的动态特征比较

成人人均年龄	贫困线	2010～2014 年	
40 岁以下	1.25 美元	从未经历过贫困	0.42
		暂时性贫困	0.44
		慢性贫困	0.15
	2 美元	从未经历过贫困	0.33
		暂时性贫困	0.47
		慢性贫困	0.20
	3 美元	从未经历过贫困	0.21
		暂时性贫困	0.48
		慢性贫困	0.31
40～60 岁	1.25 美元	从未经历过贫困	0.35
		暂时性贫困	0.47
		慢性贫困	0.19
	2 美元	从未经历过贫困	0.27
		暂时性贫困	0.44
		慢性贫困	0.30
	3 美元	从未经历过贫困	0.17
		暂时性贫困	0.38
		慢性贫困	0.46
60 岁以上	1.25 美元	从未经历过贫困	0.16
		暂时性贫困	0.50
		慢性贫困	0.35
	2 美元	从未经历过贫困	0.13
		暂时性贫困	0.35
		慢性贫困	0.53
	3 美元	从未经历过贫困	0.10
		暂时性贫困	0.26
		慢性贫困	0.65

（1）贫困脆弱性的动态特征。对于贫困脆弱家庭，哪个年龄群体更容易暂时性贫困？而对于非暂时性贫困家庭，哪个群体更容易变成慢性贫困群体？准确测度脆弱性利于防微杜渐，实施精准扶贫措施。根据转移矩阵测度结果，对不同特征群体脆弱动态特征进行了深入细致的分析。具体而言，参考樊丽明和解垩（2014）与聂荣和张志国（2014）的划定标准，根据预测的个体家庭人均对数收入低于贫困线下50%为分界点，低于该分界点则为脆弱性家庭；以预测的个体家庭人均对数收入低于贫困线下75%为另一分界点，低于该分界点则为高脆弱性家庭。根据公式（4.15）计算得到50%和75%两个分界点下不同年龄群体脆弱率（每年贫困脆弱的家庭占全部调查家庭的比例）如表4-11所示。

表4-11　　　　　　　　不同年龄组家庭贫困脆弱率比较

脆弱性状态	2010 年			2012 年			2014 年		
	年龄组			年龄组			年龄组		
	<40	[40,60)	≥60	<40	[40,60)	≥60	<40	[40,60)	≥60
1.25 美元贫困线									
脆弱性	0.24	0.32	0.34	0.20	0.28	0.23	0.10	0.18	0.29
高脆弱性	0.00	0.00	0.00	0.00	0.00	0.00	0.00	0.00	0.00
贫困率	0.35	0.47	0.64	0.30	0.34	0.35	0.14	0.25	0.30
2 美元贫困线									
脆弱性	0.56	0.75	0.79	0.48	0.59	0.60	0.29	0.55	0.66
高脆弱性	0.05	0.07	0.11	0.07	0.04	0.01	0.01	0.04	0.05
贫困率	0.50	0.66	0.76	0.50	0.49	0.45	0.26	0.35	0.43
3 美元贫困线									
脆弱性	0.82	0.94	0.99	0.80	0.86	0.94	0.62	0.85	0.96
高脆弱性	0.24	0.34	0.39	0.20	0.29	0.21	0.10	0.19	0.29
贫困率	0.75	0.82	0.82	0.65	0.66	0.59	0.35	0.45	0.55

注：脆弱性和高脆弱性分别以预测的家庭人均对数收入低于贫困线下50%和75%为分界点。

总体而言，农村贫困家庭脆弱率逐年降低，平均年龄较低贫困家庭下降速度比年龄较高家庭下降速度快。以2美元贫困标准为例，小于40岁群体下降最快，从2010年的56%下降到2014年的29%，下降幅度为

48%；大于 60 岁群体下降较慢，4 年期间下降幅度仅为 16%（其他贫困线下得到基本类似的结论，为节省篇幅不再一一列举）。显然，高龄家庭相对缓慢的贫困脆弱性改进速度会增加全面脱贫的难度。同时，计算结果表明不同贫困线下各年龄组脆弱率相差悬殊，1.25 美元贫困线下，不同年龄家庭脆弱率均较低，最高水平为 29%，高脆弱率为 0；2 美元贫困线下脆弱率迅速上升，平均年龄 40 岁以下年龄家庭最低，为 26%，平均年龄 60 岁以上家庭最高，达到 66%；3 美元贫困线下各年龄组贫困家庭的脆弱率又远远高于 2 美元贫困线下的脆弱率，平均年龄 40 岁以下年龄家庭最低，为 62%，平均年龄 60 岁以上家庭最高，达到 96%。此外，计算结果同时表明，虽然高脆弱性下降迅速并且比例相对较低，但 2014 年平均年龄大于 60 岁家庭 29% 的高脆弱性比例不容忽视。

（2）贫困状态的动态变化特征。对式（4.17）所示回归方程估计结果表明，所有解释变量前参数在 0.05 显著水平下不为 0，回归方程在 0.05 显著水平也通过检验，表明贫困脆弱性分解结果统计上是显著的。我国农村家庭不同年龄阶段贫困动态变化情况特征分解如表 4 - 12 所示，计算结果表明，在较低贫困线下平均年龄较高的家庭与平均年龄较低的家庭在结构性移动脱贫和随机性移动返贫方面差别不大，而随着贫困线提高，不同年龄家庭在两个方面差异逐渐扩大。具体而言，在 1.25 美元贫困线下，平均年龄大于 60 岁家庭脱贫群体依靠结构性移动占比为 80%，返贫群体中随机性移动占比为 78%，而平均年龄小于 40 岁家庭脱贫和返贫群体结构性移动和随机性占比分别为 90% 和 84%，后者与前者两个方面的差距分别为 10% 和 6%；2 美元贫困线下，平均年龄大于 60 岁家庭脱贫群体依靠结构性移动占比为 45%，返贫群体中随机性移动占比为 38%，平均年龄小于 40 岁家庭脱贫和返贫群体结构性移动和随机性移动占比分别为 61% 和 56%，后者与前者的差距分别为扩大到 16% 和 18%；3 美元贫困线下，平均年龄大于 60 岁家庭依靠结构性移动脱贫和随机性移动返贫占比比平均年龄小于 40 岁家庭分别低 26% 和 16%。结合表 4 - 2 数据分析可以认为，我国农村居民普遍生产性投入较低，从而导致来自第一产业的经营性收入较少，仅能保障农村居民跨过较低贫困线，而达到较高贫困线收入要求则需要获得其他收入，即越来越依靠随机性因素。此外，平均年龄较高家庭由于劳动能力下降和患病可能性相对较高而导致生产性收入增加的可能性下降，因而会降低结构性脱贫的机会并增加结构性返贫的可能性。

表4-12　　　　不同平均年龄组家庭贫困状态变化动态分解

2012 年		2014 年	
成人人均年龄		贫困	非贫困
1.25 美元贫困线			
40 岁以下	贫困	0.06	0.19
		0.71 随机性贫困	0.10 随机性移动
		0.29 结构性贫困	0.90 结构性移动
	非贫困	0.08	0.67
		0.84 随机性移动	0.06 随机性非贫困
		0.16 结构性移动	0.94 结构性非贫困
40~60 岁	贫困	0.10	0.22
		0.73 随机性贫困	0.13 随机性移动
		0.27 结构性贫困	0.87 结构性移动
	非贫困	0.08	0.60
		0.74 随机性移动	0.09 随机性非贫困
		0.26 结构性移动	0.91 结构性非贫困
60 岁以上	贫困	0.11	0.20
		0.95 随机性贫困	0.20 随机性移动
		0.05 结构性贫困	0.80 结构性移动
	非贫困	0.12	0.57
		0.78 随机性移动	0.10 随机性非贫困
		0.22 结构性移动	0.90 结构性非贫困
2 美元贫困线			
40 岁以下	贫困	0.14	0.27
		0.38 随机性贫困	0.39 随机性移动
		0.62 结构性贫困	0.61 结构性移动
	非贫困	0.09	0.50
		0.56 随机性移动	0.31 随机性非贫困
		0.44 结构性移动	0.69 结构性非贫困

续表

2012 年		2014 年	
成人人均年龄		贫困	非贫困
40~60 岁	贫困	0.21	0.29
		0.30 随机性贫困	0.51 随机性移动
		0.70 结构性贫困	0.49 结构性移动
	非贫困	0.08	0.42
		0.43 随机性移动	0.38 随机性非贫困
		0.57 结构性移动	0.62 结构性非贫困
60 岁以上	贫困	0.23	0.20
		0.38 随机性贫困	0.55 随机性移动
		0.62 结构性贫困	0.45 结构性移动
	非贫困	0.14	0.43
		0.38 随机性移动	0.46 随机性非贫困
		0.62 结构性移动	0.54 结构性非贫困
3 美元贫困线			
40 岁以下	贫困	0.25	0.32
		0.10 随机性贫困	0.73 随机性移动
		0.90 结构性贫困	0.27 结构性移动
	非贫困	0.09	0.34
		0.17 随机性移动	0.65 随机性非贫困
		0.83 结构性移动	0.35 结构性非贫困
40~60 岁	贫困	0.36	0.31
		0.07 随机性贫困	0.81 随机性移动
		0.93 结构性贫困	0.19 结构性移动
	非贫困	0.07	0.26
		0.22 随机性移动	0.74 随机性非贫困
		0.78 结构性移动	0.26 结构性非贫困
60 岁以上	贫困	0.33	0.23
		0.05 随机性贫困	0.99 随机性移动
		0.95 结构性贫困	0.01 结构性移动
	非贫困	0.12	0.32
		0.01 随机性移动	0.76 随机性非贫困
		0.99 结构性移动	0.24 结构性非贫困

4.4　本章小结

本章借鉴拜尔文和朱哈斯（Biewen and Juhasz，2017）的方法估计等价尺度，基于测算的等价尺度估算出不同家庭的确定性等价消费标准。通过计算出的确定性等价消费，对农村贫困脆弱性进行度量与分解，分别测算出脆弱性中的贫困部分、协同性部分、异质性部分与不可解释部分四部分的比例，其分别占脆弱性的 20.1%、23.5%、42.6% 和 13.8%。研究主要得到四个方面的结论。

（1）通过等价收入计算的脆弱性低于可支配收入计算的脆弱性。使用人均收入计算的脆弱性存在高估的可能性，原因在于，在使用等价收入测度时考虑了家庭消费规模经济的影响，从而使得规模较大的家庭成员即使在较低的支出下也能达到与家庭规模较少的成员相同的效用。故此，考虑家庭规模经济效应测度家庭脆弱性，会出现脆弱家庭比例少、脆弱性较低的现象。

（2）物质资本丰富的居民家庭抵御风险的能力较强。分析结果表明，人均居住面积较大或家用电器较为完备的家庭抵御贫困风险的能力更强。显然，让"居者有其屋"的住房扶持政策不仅有利于缓解多维相对贫困，而且有利于增加农民抵御返贫风险的能力。

（3）脆弱性的分解表明，异质性风险占比最高，其次是协同性风险，不可解释性风险占比最低。然而，不可解释性风险由于来源多样化更加不可控，其表现为对农村家庭生产生活造成一定程度的冲击并且导致贫困。为降低不可解释的外生冲击风险，我国农村应不断改善农村种植保险并提升农村居民社会保障和医疗保障水平。

（4）不同年龄群体贫困脆弱性特征不一样。较低贫困线下平均年龄较高家庭的脱贫率及返贫率与年龄较低人群相差不大，而在较高贫困线下二者相差悬殊；年龄越大，脱贫越困难，返贫可能性却更大；农村贫困家庭脆弱率逐年降低，平均年龄较低贫困家庭下降速度比年龄较高家

庭下降速度快；贫困标准的小幅上升使得所有年龄脱贫难度和返贫可能
性大幅增加，而平均年龄较高的家庭脱贫率和返贫率对贫困线变化更敏
感；不同贫困线下各年龄组脆弱率相差悬殊，年龄较高贫困家庭在较高
贫困线下的脆弱率和高脆弱率相对较高；高龄人口结构性移动导致的贫
困脆弱性均高于年龄较低人群。上述测度结果表明，消除绝对贫困后相
对贫困的治理的困难主要来自两个方面：一方面是低收入群体人口比较
集中，整体收入改善比较困难；另一方面是高龄家庭返贫易受各种不确
定因素冲击，返贫风险大。

第5章 城乡相对贫困特征
及变动原因测度 *

党的十八大以来，中国政府在脱贫攻坚时期采取了一系列扶贫政策，其中增加农村居民收入是核心内容之一。图5-1反映了2010~2019年中国城乡居民收入增长差异趋势，其中图5-1（a）表明，城乡居民收入持续增加，并且城镇居民收入增加的速度快于农村居民，从而表现为城乡居民收入差距逐渐扩大，城乡居民人均可支配收入差距由2010年的13190元增加到2019年的26338元。图5-1（b）和图5-1（c）分别表明，按可支配收入五等份分组的城镇居民和农村居民高收入组的居民收入增速快于低收入组，并且收入差距持续扩大。其中，城镇居民高收入户与低收入户的差距由2010年的33617元增加到2019年的76133元，农村居民高收入户与低收入户的差距则由12180元增加到31787元。持续扩大的收入差距表明，虽然低收入户的人均可支配收入超过国家制定的贫困线标准，但是无论是城镇居民还是农村居民，低收入户在经济增长过程中的获得感要低于高收入户。这就意味着，由于收入增速的差异导致的相对贫困问题将在一定时间内存在，并且城乡居民之间的相对贫困特征及变动原因存在差异性。

中共中央十九届四中全会明确提出"建立解决相对贫困的长效机制""建设人人享有的社会治理共同体"，标志着治理相对贫困、缩小贫富差距是我国政府和人民"十四五"期间的主要任务。近年来，国内关

---

* 本章发表于《中国软科学》2021年第8期，论文题目为《中国城乡居民相对贫困特征及变动原因研究——基于ELES模型的实证分析》。

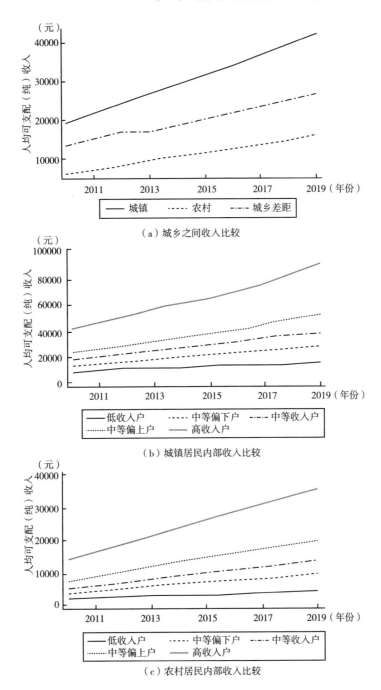

（a）城乡之间收入比较

（b）城镇居民内部收入比较

（c）农村居民内部收入比较

图 5 - 1　2010 ~ 2019 年城乡之间和城乡内部居民人均可支配收入比较

资料来源:《中国统计年鉴（2020）》。

于相对贫困的研究越来越多，譬如汪三贵等（2018）和陈志刚等（2019）探讨了脱贫攻坚后的后扶贫时期相对贫困的治理理念；孙久文等（2019）提出构建基于基尼系数区域化的相对贫困线设计方案以及2020年以后相对贫困治理思路；周力（2020）和郭之天等（2020）比较和介绍了国外相对贫困的测度方法以及关于相对贫困测度的一般性结论。然而，目前对于建立适应我国城乡居民消费需求的相对贫困线尚无定论，对城乡收入相对贫困特征也缺乏深入细致的研究。

除此之外，现有研究还存在一些不足之处。一些研究数据倾向于利用加总的宏观数据分析贫困问题，相对宽泛的数据可能不能反映微观主体的行为，研究结论也可能与实际不符；部分研究多着眼于局部地区，难以展现当前我国整体贫困现状。另外，上述研究均是以绝对贫困线为基础进行贫困识别并进行分析的，不能完全反映相对贫困特征。并且，由于城乡居民消费结构不同，基于生存需求的绝对贫困线并不利于发现城乡相对贫困的差异。因此，我国城乡相对贫困线的识别不能只以满足生存需求为参照。

鉴于此，为发现我国城乡相对贫困差异化特征，本书研究在上述研究的基础上，利用2010～2018年双数年份的CFPS数据，借助可扩展线性支出系统模型分别计算城乡相对贫困线，然后结合收入和消费支出数据分析城乡居民贫困特征，并进一步利用Shapley值分解法分析贫困变动的原因。本书研究试图通过比较分析的方式，分别测度我国城乡地区相对贫困的特征，并在此基础上进行贫困的分解，比较研究城乡相对贫困特征及动态变动的原因，最后根据数据分析结论探讨性地提出缓解我国城乡居民相对贫困的建议。

5.1 研究模型与方法

5.1.1 城乡相对贫困线测度模型

研究基于可扩展的线性支出系统（ELES）模型测算我国城乡相对贫

困线。该模型由力克（Liuch，1973）在斯通（Stone，1954）提出的需求函数线性支出系统（LES）模型的基础上改进得到。

LES 模型认为，个人的消费需求由两个部分构成——除了维持最低生活标准的基本需求外，还包括满足个人偏好的超额需求。假设居民消费主要包括 $i(i=1,2,\cdots,n)$ 种商品或服务，则第 i 种商品或服务消费支出的函数形式为：

$$p_i q_i = p_i r_i + b_i \left(V - \sum_{i=1}^{n} p_i r_i \right) \tag{5.1}$$

其中，p_i 代表第 i 种商品或服务的价格；q_i 代表对第 i 种商品或服务的总需求量；r_i 代表对第 i 种商品或服务的基本需求量；V 代表支出总预算；b_i 代表第 i 种商品或服务的边际预算份额，即对于每一类商品或服务，用于支付基本需求 $\sum_{i=1}^{n} p_i r_i$ 后，剩余预算以 b_i 的比例用于对第 i 种商品或服务的超额需求支出。

但是，支出总预算具有内生性，无法进行实际运算。为克服该模型的不足，力克（Liuch，1973）以外生变量人均可支配收入 I 替代支出总预算 V，以边际消费倾向 β_i 替代边际预算份额 b_i，进而得到 ELES 模型，其函数形式为：

$$p_i q_i = p_i r_i + \beta_i \left(I - \sum_{i=1}^{n} p_i r_i \right) \tag{5.2}$$

此时，β_i 为第 i 种商品或服务的边际消费倾向，表示用于支付基本需求后余下的收入在第 i 种商品或服务上的额外消费偏好。

将式（5.2）整理得到：

$$p_i q_i = \left(p_i r_i - \beta_i \sum_{i=1}^{n} p_i r_i \right) + \beta_i I \tag{5.3}$$

令：

$$Y_i = p_i q_i \tag{5.4}$$

$$\alpha_i = \left(p_i r_i - \beta_i \sum_{i=1}^{n} p_i r_i \right) \tag{5.5}$$

则将式（5.3）整理为：

$$Y_i = \alpha_i + \beta_i I \tag{5.6}$$

由此可得，第 i 种商品或服务总需求支出 Y_i 与人均可支配收入 I 之间的计量经济学模型为：

$$Y_i = \alpha_i + \beta_i I + \mu_i \tag{5.7}$$

其中，u_i 为随机项。实际上，消费者对某一商品或服务的需求除了受到该商品或服务的价格和人均可支配收入的影响之外，还可能受到心理因素、天气变化等不可观测因素的影响，这些不可观测因素均包含在随机干扰项 u_i 中。

整理式（5.5）得到依据消费者基本需求计算的贫困线表达式：

$$Z = \sum_{i=1}^{n} p_i r_i = \sum_{i=1}^{n} \alpha_i \Big/ \Big(1 - \sum_{i=1}^{n} \beta_i \Big) \tag{5.8}$$

许多研究者利用消费者基本需求的支出设定城乡贫困线（骆祚炎，2006；姚金海；2007），但江华等（2014）研究指出据此计算的贫困线偏高，更适用于经济发展水平较高的地区，故本书研究利用该模型计算城镇地区相对贫困线。

马斯洛需求层次理论将人的需求划分为不同的层次，认为人们只有在低层次的需求得到满足后才会转向高层次需求。根据该理论，若 $i(i = 1, \cdots, k, \cdots, n)$ 为居民所有消费商品或服务类型，则应将其按需求进行排序，假设第 1 种到第 n 种商品或服务的优先顺序依次递减，而随着我国经济水平的提升和扶贫事业的发展，"两不愁三保障"成为判别农村居民贫困与否的关键指标，即除了食品、居住以及衣着需求外，还包括和稳定可持续脱贫与发展密切相关的教育文化娱乐服务需求和医疗保健需求等。因此，令第 1 种到第 k 种商品或服务表示满足"两不愁三保障"等的低层次需求，则第 $k + 1$ 种到第 n 种商品或服务包含"两不愁三保障"以外的其他高层次需求。

当居民仅低层次需求得到满足时，可以得到如式（5.9）所示的表达式：

$$p_i q_i = p_i r_i + \beta_i \left(I - \sum_{i=1}^{k} p_i r_i \right) \tag{5.9}$$

当居民低层次需求满足之后，仍具有消费能力和欲望，则人均可支配收入中扣除低层次需求消费额后的收入余额将会在第 $k+1$ 种至第 n 种商品或服务之间进行分配，且满足公式：

$$p_i q_i = p_i r_i + \beta_i \left(I - \sum_{i=1}^{k} p_i r_i - \sum_{i=k+1}^{n} p_i r_i \right) \tag{5.10}$$

此时，则可利用第 1 到第 k 类商品或服务需求的回归系数计算贫困线，如式（5.11）所示：

$$Z = \sum_{i=1}^{k} p_i r_i = \sum_{i=1}^{k} \alpha_i \Big/ \left(1 - \sum_{i=1}^{k} \beta_i \right) \tag{5.11}$$

该式计算的贫困线相对城镇地区标准较低，也更符合我国农村地区的发展水平。

ELES 法相比于其他测量贫困线的方法，就方法本身而言，它计算得到的贫困判断标准随着居民人均可支配收入和消费支出的变化而变化，从本质上来说反映的是相对贫困标准。另外，利用常见的八大类消费项目支出进行测算能够比较全面、真实地反映居民切实享受到的物质生活与精神文化水平；就数据可得性而言，仅需使用分组的人均可支配收入和相应消费项目分组的消费支出截面数据资料，比较容易获取；就实际操作性而言，方法简洁易操作，可有效避免人为的主观判断，估计结果相对比较客观。

5.1.2　相对贫困的类型与特征

贫困类型的划分一般以收入为依据设定，然而，以当期收入为依据划分的贫困类型和以持久性收入为依据划分的类型常常不同而引发争议。李实等（2002）在前期研究的基础上，结合当期收入和消费两种贫困衡量标准重新设定了持久性贫困、暂时性贫困和选择性贫困三种贫困类型的划分方法。由于该贫困类型的划分充分考虑了居民消费支出方面是否困难，故将其定义为支出型贫困类型设定方法。借鉴李实等（2002）的研究，根据城乡居民消费特点，分城镇和农村分别定义三种支出类型的相对贫困类型划分依据并绘制图 5-2 所示划分区域，图中横轴表示居民可支配收入，纵轴表示居民消费支出额。城镇和农村三种类型贫困划分的唯一区别在于城镇地区居民以满足基本消费需求为依据，而农村地区居民则以满足低层次消费需求为依据。

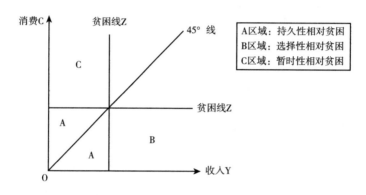

图 5-2　相对贫困类型的界定与划分示意图

对于城镇居民而言，当收入和消费都不足以实现居民的基本需求，或农村居民不足以满足低层次需求时，即落入图 5-2 中的 A 区域，称其陷入持久性相对贫困状态；当城镇居民收入低于基本需求而消费高于基本需求，或农村居民收入低于低层次需求而消费高于低层次需求时，即落入图中的 C 区域，称其处于暂时性相对贫困状态，处于暂时性相对贫困状态的人群预期未来会获得较高的收入以补偿目前入不敷出的消费需求；当城镇居民收入高于基本需求而消费达不到基本需求，或农村居民收入高于低层次需求而消费达不到低层次需求时，即落入图中 B 区域，称其处于选择性相对贫困状态，处于选择性相对贫困状态的群体有能力支付当前的需求，但是预期收入下降而选择较低层次的需求。

5.1.3　相对贫困的测度与分解

目前通常利用 FGT 指数测度贫困，该指数由经济学家福斯特、格里尔和托尔贝克（Foster, Greer and Thorbecke, 1984）提出，能够用于测度贫困的广度、深度和强度，同时还具有可分解性，是一个综合性贫困度量指标，记为 P_α。FGT 指数的基本形式可表示为：

$$P_\alpha = \frac{1}{N} \sum_{i=1}^{n} \left(\frac{z - y_i}{y_i} \right)^\alpha \qquad (5.12)$$

其中，N 为总人口数，q 为贫困人口数，z 为贫困线，y_i 为个体 i 的收入；参数 α 的大小用于调节权重以反映对贫困的敏感程度，当 $\alpha = 0$ 时，P_0 为贫困发生率，表示平均收入（消费）低于平均水平的人口百分比，简记为 H，也称贫困广度指数；当 $\alpha = 1$ 时，P_1 为贫困距，用于测度贫困人口实际收入与贫困线的差距，简记为 PG，也称贫困深度指数；当 $\alpha = 2$ 时，P_2 为平方贫困距指数，用于测度贫困人口收入不平等程度，简记为 SPG，也称贫困强度指数。

为了深入了解各种影响因素对贫困变动的作用，对 FGT 指数从经济增长、收入分配和贫困线变动三个方面进行完全分解，即假设贫困指数 P_α 取决于三个因素——平均收入水平 u、洛伦茨曲线 $L(p)$ 以及贫困线 z。从数学表达式上来看，P_α 是关于上述三个因素的函数，即有 $P_\alpha = P[u, L(p), z]$。

则 t 时期和 $t+1$ 时期的贫困指数可分别表示为：

$$P_t = P[u_t, L_t(p), z_t] \qquad (5.13)$$

$$P_{t+1} = P[u_{t+1}, L_{t+1}(p), z_{t+1}] \qquad (5.14)$$

从 t 时期和 $t+1$ 时期的贫困指数变动可以表示成：

$$\Delta P = P[u_{t+1}, L_{t+1}(p), z_{t+1}] - P[u_t, L_t(p), z_t] \qquad (5.15)$$

其中，经济增长部分由 t 到 $t+1$ 时期居民平均收入水平的变化所体现，

收入分配部分由 t 到 $t+1$ 时期洛伦兹曲线的变化所体现，贫困线变动由 t 到 $t+1$ 时期贫困线的变化所体现。为了确定每一种因素对贫困整体变动的影响，需要计算相关"反事实"的贫困水平，如 $P[u_{t+1}, L_t(p), z_t]$ 表示平均收入水平固定在 $t+1$ 时期、而洛伦兹曲线和贫困线固定在 t 时期的"反事实"贫困水平；同理，可得其他情况下的"反事实"贫困水平。依据 t 到 $t+1$ 时期的真实贫困水平和"反事实"贫困水平可对总体贫困变动进行如下三轮分解（见图 5-3）。

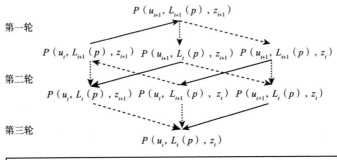

图 5-3 贫困变动的分解

如图 5-3 所示，根据 Shapley 值的分解思想，将从 t 时期到 $t+1$ 时期由经济增长、收入分配和贫困线变动引起贫困变动的各轮边际贡献值的均值作为该因素对贫困变动的总边际贡献，则收入增长效应 ΔG 的 Shapley 值分解贡献值为：

$$\Delta G = \frac{1}{3}\left[P(u_{t+1}, L_{t+1}(p), z_{t+1}) - P(u_t, L_{t+1}(p), z_{t+1})\right]$$

$$+ \frac{1}{6}\left[P(u_{t+1}, L_t(p), z_{t+1}) - P(u_t, L_t(p), z_{t+1})\right]$$

$$+ \frac{1}{6}\left[P(u_{t+1}, L_t(p), z_t) - P(u_t, L_t(p), z_t)\right]$$

$$+ \frac{1}{6}\left[P(u_{t+1}, L_{t+1}(p), z_t) - P(u_t, L_{t+1}(p), z_t)\right]$$

$$+ \frac{1}{6}\left[P(u_{t+1}, L_t(p), z_t) - P(u_t, L_t(p), z_t)\right] \tag{5.16}$$

将式（5.16）经过整理得：

$$\Delta G = \frac{1}{6} \{ 2 [P(u_{t+1}, L_t(p), z_t) - P(u_t, L_t(p), z_t)] + [P(u_{t+1}, L_{t+1}(p), z_t)$$

$$- P(u_t, L_{t+1}(p), z_t)] + [P(u_{t+1}, L_t(p), z_{t+1}) - P(u_t, L_t(p), z_{t+1})]$$

$$+ 2 [P(u_{t+1}, L_{t+1}(p), z_{t+1}) - P(u_t, L_{t+1}(p), z_{t+1})] \} \qquad (5.17)$$

其中，第一项表示将收入分配和贫困线均固定在 t 时期时经济增长对贫困变动的影响；第二项表示将收入分配固定在 $t+1$ 时期，而贫困线固定在 t 时期经济增长对贫困变动的影响；第三项表示将收入分配固定在 t 时期，而贫困线固定在 $t+1$ 时期时经济增长对贫困变动的影响；第四项表示收入分配和贫困线均固定在 $t+1$ 时期时经济增长对贫困变动的影响。

依此类推，可得收入分配效应 ΔD 以及贫困线变动因素 ΔC 的 Shapley 值分解贡献值分别为：

$$\Delta D = \frac{1}{6} \{ 2 [P(u_t, L_{t+1}(p), z_t) - P(u_t, L_t(p), z_t)] + [P(u_{t+1}, L_{t+1}(p), z_t)$$

$$- P(u_{t+1}, L_t(p), z_t)] + [P(u_t, L_{t+1}(p), z_{t+1}) - P(u_t, L_t(p), z_{t+1})]$$

$$+ 2 [P(u_{t+1}, L_{t+1}(p), z_{t+1}) - P(u_{t+1}, L_t(p), z_{t+1})] \} \qquad (5.18)$$

$$\Delta C = \frac{1}{6} \{ 2 [P(u_t, L_t(p), z_{t+1}) - P(u_t, L_t(p), z_t)] + [P(u_{t+1}, L_t(p), z_{t+1})$$

$$- P(u_{t+1}, L_t(p), z_t)] + [P(u_t, L_{t+1}(p), z_{t+1}) - P(u_t, L_{t+1}(p), z_t)]$$

$$+ 2 [P(u_{t+1}, L_{t+1}(p), z_{t+1}) - P(u_{t+1}, L_{t+1}(p), z_t)] \} \qquad (5.19)$$

此时总体贫困变动可以表示为 $\Delta P = \Delta G + \Delta D + \Delta C$，即贫困的变动为收入增长变动、收入分配变动和贫困线变动之和。

5.2　测度结果分析与讨论

5.2.1　数据来源与统计描述

采用 2010~2018 年双数年份的 CFPS 数据进行研究，该数据分别从社区、家庭和个人三个层次详细记录了人口、经济等各方面的动态变化情况，其中包括城镇和农村地区居民收支情况，主要有历年家庭人均纯收入、人均居民生活消费支出以及八大类商品或服务消费支出①。删除含缺失值、收入和消费支出存在明显错误或者明显过低或过高等不符合经济事实的样本，最终得到城镇地区 5 个年份的家庭样本量分别为 3360、2994、3515、4960 和 4964；农村地区的样本量分别为 5079、4225、4325、6404 和 5871。为了使各年份数据可比，研究将相关数据分别利用城镇和农村 CPI（2010 年 = 100）进行调整。

囿于篇幅，表 5 – 1 仅列出了 2010 年和 2018 年城镇与农村各收入层次居民的八大类消费品的支出额度及份额。从各类消费支出变化情况来看，城乡地区总体消费水平都有所提高，但农村地区消费水平远低于城镇地区，以低收入户为例，2010 年城镇居民消费支出比农村居民多 4757 元，2018 年则多 8294 元。城乡居民各收入阶层的食品支出占比均有所减少，其中城镇居民低收入户食品支出份额从 0.41 下降到 0.36，农村居民从 0.37 下降到 0.29；房价持续上涨对城乡居民住房支出份额影响较大，以中间收入户为例，其住房支出份额由 2010 年的 10% 上升到 2018 年的 19%，而农村居民则由 4% 上升到 19%。总体而言，2010 ~ 2018 年，其他商品或服务支出份额变动相对较小。

从消费结构差异看，城镇地区食品支出份额高于农村地区，其余消费项目的支出份额相差不大，均在 10% 左右；农村居民消费结构与城镇居民相比更为集中，主要体现在食品、居住、医疗保健等方面，但农村居民的住房支出和医疗支出份额均高于城镇居民。从支出额度看，城镇居民各项支出数额均高于农村居民，表明城镇居民消费水平明显高于农村。

---

① 根据《中国统计年鉴》居民消费支出分为食品烟酒、衣着、居住、生活用品及服务、交通通信、教育文化娱乐、医疗保健和其他用品及服务共八类。

表 5 - 1　不同收入层次居民消费结构情况

项目	城镇					农村				
	低收入户	中间偏下户	中间收入户	中间偏上户	高收入户	低收入户	中间偏下户	中间收入户	中间偏上户	高收入户
	2010 年									
总消费额度（元）	7221	9087	10772	13756	22803	2464	3391	4386	6122	11434
食品	0.41	0.39	0.39	0.39	0.34	0.37	0.36	0.37	0.36	0.35
衣着	0.04	0.04	0.04	0.05	0.05	0.03	0.03	0.04	0.04	0.04
居住	0.09	0.09	0.10	0.09	0.10	0.04	0.04	0.04	0.05	0.06
医疗保健	0.10	0.10	0.12	0.13	0.14	0.24	0.21	0.16	0.14	0.14
教育文化娱乐	0.11	0.15	0.13	0.13	0.11	0.11	0.13	0.13	0.13	0.11
交通通信	0.11	0.11	0.11	0.12	0.13	0.10	0.11	0.11	0.12	0.12
生活用品及服务	0.12	0.09	0.08	0.07	0.11	0.08	0.09	0.10	0.10	0.11
其他	0.01	0.01	0.02	0.03	0.02	0.04	0.03	0.03	0.06	0.07
	2018 年									
总消费额度（元）	16031	21515	27693	37708	53322	7737	9203	10923	13848	24635
食品	0.36	0.36	0.36	0.33	0.31	0.29	0.30	0.32	0.31	0.30
衣着	0.05	0.05	0.05	0.05	0.06	0.04	0.04	0.05	0.05	0.05
居住	0.18	0.19	0.19	0.19	0.19	0.21	0.21	0.19	0.19	0.23

续表

项目	城镇					农村				
	低收入户	中间偏下户	中间收入户	中间偏上户	高收入户	低收入户	中间偏下户	中间收入户	中间偏上户	高收入户
	2018 年									
医疗保健	0.11	0.10	0.08	0.09	0.06	0.23	0.15	0.12	0.12	0.10
教育文化娱乐	0.10	0.09	0.10	0.09	0.11	0.08	0.10	0.11	0.14	0.14
交通通信	0.07	0.08	0.08	0.08	0.08	0.07	0.11	0.10	0.08	0.07
生活用品及服务	0.11	0.12	0.13	0.16	0.16	0.08	0.09	0.10	0.09	0.09
其他	0.02	0.02	0.02	0.02	0.03	0.01	0.01	0.01	0.01	0.02

注：表中城乡居民分组参照《中国统计年鉴 2019》的做法，按照可支配收入五等份分组。

5.2.2　城乡相对贫困线的测度与比较

依据 ELES 法确定相对贫困线，对城乡地区家庭按照收入水平五等份分组后，计算出各收入层次的人均纯收入和各类商品或服务的人均消费支出，然后以分组家庭人均纯收入为解释变量，以各类商品的人均消费支出为被解释变量进行 OLS 回归并估计参数，再分别利用式（5.8）和式（5.11）计算得到城乡相对贫困线，结果如表 5 - 2 所示。

表 5 - 2　　　　　　**城市和农村地区相对贫困标准**　　　　　单位：元

年份	城镇	农村
2010	7899	2953
2012	10935	4126
2014	11822	5358
2016	13004	6653
2018	16554	7602

表 5 - 2 中，依据满足基本需求为标准计算的城镇贫困线高于各城镇地区最低生活保障线，而依据满足低层次需求为标准计算的农村贫困线远高于国家统计局公布的现行统计标准下的贫困线 2300 元每年（也称绝对贫困线，以 2010 年为不变价格），表明用于识别我国城乡绝对贫困人口的贫困线标准不能反映城乡居民消费需求的实际情况。由于较低的贫困线缩小了贫困人口的覆盖面，低估了当前我国居民的基本生活消费需求，不足以反映居民真实收入不平等情况，也不利于精准识别我国城乡相对贫困人口和制定减贫政策，因此，有必要根据城乡居民消费需求在绝对贫困线基础上适当调高我国城乡居民的相对贫困线。此外，依据消费支出设定的城镇贫困线远高于农村贫困线，反映了城乡居民消费水平存在差异的实际情况。孙久文等（2019）研究表明，在中国城乡二元结构尚未打破的情况下，农村居民的人均可支配收入整体处于中下游水平，而中西部可能成为中低收入地区。显然，分城镇和农村居民分别制定相对贫困线符合中国城乡二元结构的现实，也有利于分类精准制定治理相

对贫困的政策。

5.2.3 城乡地区贫困类型和分布特征比较

根据 CFPS2010～2018 年双数年份数据分别计算的我国城镇和农村地区的总体贫困程度（三种类型相对贫困人口总和与总人口之比）以及三种类型的支出型相对贫困人口在总体相对贫困人口所占比重如表 5－3 所示。从城乡相对贫困发生率的变化趋势看，城镇地区的总体贫困程度呈现先下降后上升的趋势，先由 2010 年 33.18% 下降到 2014 年 25.60%，而后又增加到 2018 年的 26.91%，城镇地区持久性相对贫困、暂时性相对贫困以及选择性相对贫困均在缓慢波动中呈上升趋势；与此同时，农村地区的总体相对贫困程度也在逐渐加深，由 2010 年的 40.26% 增加到 2018 年的 48.25%，且持久性相对贫困和暂时性相对贫困问题日渐严重，说明我国经济持续增长所带来的收入增长并未在各收入阶层中平均分配，反而引发了更为严重的收入和消费"断层"现象。选择性相对贫困则有所缓解，可能是政府提供的一系列扶贫措施在优化城乡居民收入结构的同时，同时改变了他们的消费观念。

表5－3　　　　2010～2018 年城镇和农村地区相对贫困发生率

相对贫困人口结构特征　　　　　　单位:%

年份	地区	总体相对贫困	持久性相对贫困	暂时性相对贫困	选择性相对贫困
2010	城镇	33.18	23.06	17.78	59.16
	农村	40.26	31.10	36.44	32.46
2012	城镇	44.95	24.83	18.64	56.53
	农村	41.41	30.43	28.59	40.98
2014	城镇	25.60	18.48	21.21	60.31
	农村	44.11	31.78	29.93	38.29
2016	城镇	26.45	29.60	25.52	44.88
	农村	45.36	37.92	33.82	28.26
2018	城镇	26.91	30.17	16.39	53.44
	农村	48.25	39.01	35.75	25.24

　　同时不难发现，农村地区的总体相对贫困状况相比于城镇地区更为严重，接近城镇地区的两倍。城镇相对贫困的主要类型为选择性相对贫困，各年份占比在 40%～60% 波动，接近城镇相对贫困人口数量的一半，研究的计算结果与张冰子等（2019）的研究结论一致。近年来，随着我国房价、教育以及医疗费用的持续走高，导致这三类支出挤占其他非必需消费支出，同时使得城镇居民增加预防性储蓄以应对不确定的消费预期。我国农村居民以持久性相对贫困、暂时性相对贫困和选择性相对贫困并重，均占总体贫困的 1/3 左右。农村居民容易陷入三种支出型贫困的原因主要有：（1）我国大部分农村地区的农村居民仍以农业经营性活动收入为主，人均耕地面积不到 2 亩，不到世界平均水平的一半，农业生产规模化程度低以及农村居民教育文化水平不高等都限制了农村居民收入水平的提升，从而导致持久性相对贫困程度相对较高；（2）农业生产活动极易受到自然因素或市场因素所引起的外部风险的冲击，并且，我国农业保险还存在财政补贴规模小、补贴少和补贴方式单一等问题，此外叠加社会保障水平不高，因病致贫的风险在一定程度还存在，致使农村暂时性相对贫困现象较为普遍；（3）由于经营性收入和工作不稳定等不确定性因素存在，农村居民消费趋于保守而储蓄意愿较高，从而导致部分农村居民易陷入选择性相对贫困。

5.2.4　城乡相对贫困状态和变动原因分析

5.2.4.1　城乡贫困状态分析

　　为全面反映我国贫困现状，借助于世界银行的 Povcal 软件和 FGT 指数测度我国贫困状况，最终得到历年城乡地区的基尼系数和城乡地区 FGT 贫困指数的值，计算结果如表 5-4 所示。

表 5 – 4　　　　2010 ~ 2018 年城镇和农村三种贫困指标测度结果　　单位:%

年份	地区	H	PG	SPG
2010	城镇	12. 00	1. 12	0. 14
	农村	27. 32	8. 17	3. 22
2012	城镇	18. 70	2. 68	0. 51
	农村	25. 51	9. 72	4. 96
2014	城镇	14. 27	1. 85	0. 32
	农村	26. 67	10. 15	5. 31
2016	城镇	11. 58	1. 21	0. 17
	农村	33. 10	13. 40	7. 21
2018	城镇	14. 71	2. 28	0. 47
	农村	35. 59	15. 18	8. 57

　　利用 CFPS2010 ~ 2018 年双数年份城乡居民可支配收入测度的基尼系数绘制我国城乡居民该段时间内基尼系数变化趋势如图 5 – 4 所示。从图 5 – 4 中不难看出，我国城镇和农村的基尼系数 2010 ~ 2018 年呈缓慢上升的走势，收入不平等日益严重。分城乡来看，农村地区基尼系数大于 0. 4，城镇地区基尼系数 2017 年前均小于 0. 4 而 2017 年后略大于 0. 4，农村居民收入不平等性比城镇地区严重。缓慢上升的基尼系数表明，我国在消除绝对贫困的同时居民收入相对不平等性却缓慢增加，缓解我国城乡相对贫困的困难越来越大。

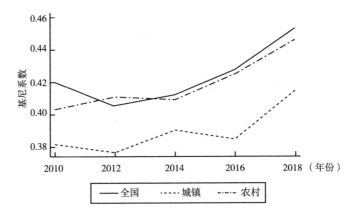

图 5 – 4　2010 ~ 2018 年基尼系数走势图

表 5 - 4 的数据显示，无论是城镇地区还是农村地区，相对贫困线下的贫困发生率、贫困距和平方贫困距指标均呈现震荡上升的趋势。城镇地区的相对贫困发生率由 2010 年的 12% 增加到 2018 年的 14.71%，农村地区由 2010 年的 27.32% 增加到 2018 年的 35.59%；城镇和农村地区的贫困距 2010 ~ 2018 年均增加了 1 倍左右；城镇地区的平方贫困距由 2010 年的 0.14% 增加到 2018 年的 0.47%，农村地区的平方贫困距由 2010 年的 3.22% 增加到 2018 年的 8.57%。表明我国城乡收入不平等问题依然严重，城乡相对贫困人口数量增加的同时，相对贫困程度没有减缓的趋势，治理相对贫困问题难度逐渐增加。

数据同时表明，城乡之间的相对贫困发生率、贫困距和平方贫困距之间存在较大差异。城镇地区的相对贫困发生率在 10% ~ 20% 波动，而农村地区在 25% ~ 35% 波动，农村地区相对贫困发生率的波动程度大于城镇地区，表明我国农村地区的相对贫困范围更广，农村居民致贫风险高，农村居民家庭更易遭遇导致相对贫困的不确定性因素的冲击。此外，城镇地区的贫困距在 2% 上下波动，而农村地区的贫困距在 10% 左右波动；城镇地区的平方贫困距指数始终保持在 1% 以内，而农村地区的平方贫困距指数均超过 3%。综合比较相对贫困发生率、贫困距和平方贫困距指数，表明农村地区的相对贫困问题相对于城镇地区而言范围更广、程度更深、强度更大。

5.2.4.2　变动原因分析

为探究经济增长、收入分配和贫困线变动对贫困变动的影响程度，根据式（5.17）至式（5.19），利用 Shapley 值方法进行分解，分解结果如表 5 - 5 所示。

表 5 - 5　　　　　　　　　2010 ~ 2018 年贫困变动原因分解结果　　　　　　单位:%

年份	地区	ΔP		ΔG		ΔD		ΔC	
		城镇	农村	城镇	农村	城镇	农村	城镇	农村
2010 ~ 2012	H	6.70	- 1.47	- 5.51	- 9.48	- 2.89	- 1.67	15.10	9.68
	PG	1.56	1.63	- 1.19	- 4.36	- 0.57	1.48	3.32	4.51
	SPG	0.37	1.70	- 0.31	- 2.47	- 0.14	1.63	0.82	2.54

续表

年份	地区	ΔP		ΔG		ΔD		ΔC	
		城镇	农村	城镇	农村	城镇	农村	城镇	农村
2012～2014	H	-4.43	1.16	-7.67	-5.62	1.96	-0.72	1.28	7.50
	PG	-0.83	0.42	-1.88	-2.62	0.66	-0.45	0.39	3.49
	SPG	-0.19	0.35	-0.51	-1.56	0.20	-0.16	0.11	2.08
2014～2016	H	-0.15	6.42	-5.55	-1.60	0.99	2.37	3.22	5.17
	PG	0.34	3.25	-1.32	-0.78	0.84	0.93	0.77	3.03
	SPG	0.15	1.90	-0.36	-0.51	0.31	0.31	0.20	0.72
2016～2018	H	0.59	2.42	-8.05	-5.08	-0.90	3.63	9.54	0.20
	PG	0.09	1.72	-2.10	-2.59	-0.30	2.34	2.49	1.97
	SPG	0.00	1.31	-0.64	-1.65	-0.11	1.71	0.75	1.26

（1）经济增长有利于促进降低相对贫困。总体而言，我国城乡居民的相对贫困状况由于经济的持续增长得到有效改善。表5-5数据分析结果表明，我国城镇地区经济增长对减少相对贫困发生率的贡献率由2010～2012年的5.51%增加到2016～2018年的8.05%，而农村地区的贡献率则由2010～2012年的9.48%下降到2016～2018年的5.08%，贫困距指数和平方贫困距指数均得到了不同程度的缓解。由此可见，除2010～2012年外，经济增长对城镇地区相对贫困的减贫效应整体上优于农村地区。主要原因在于城乡居民虽然都能从经济增长中受益，但城镇居民收入增幅大于农村居民，农村居民的相对贫困问题并未得到有效缓解。

（2）城镇居民收入分配变动有利于减缓相对贫困，而农村地区居民收入分配变动不利于减贫。以贫困发生率为例，城镇地区2010～2012年和2016～2018年收入分配变动对降低相对贫困发生率的贡献率分别为2.89%和0.90%，其余两个阶段的贡献率分别为-1.96%和-0.99%，这意味着城镇居民收入不平等程度降低总体上促进减少相对贫困；而农村地区收入分配变动对降低贫困发生率的贡献率在2010～2012年和2012～2014年两个阶段分别为1.67%和0.72%，此后2014～2016年和2016～2018年两个阶段分别为-2.37%和-3.63%，表明农村居民收入不平等程度上升抑制了相对贫困发生率的下降。上述结论表明，相对城镇地区而言，农村地区收入不平等情况比较严重，抑制了经济增长的减贫效应。

（3）经济增长引致的物价上涨拉升了相对贫困线，而相对贫困线的正向变动反过来又抑制了经济持续增长的减贫效应。表5-5数据表明，相对贫困线变动 ΔC 对相对贫困变动的影响大于0，表明相对贫困线的不断提升恶化了贫困指标（相对贫困发生率、贫困距和平方贫困距），贫困线的提升不利于缓解贫困。经济持续增长引致物价上涨并推升了居民的生活成本，从而也使得贫困线提升，而不断提升的相对贫困线使得更多低收入者陷入相对贫困并抑制经济增长的减贫效应。其中，城镇地区相对贫困线的提升对相对贫困的减贫抑制作用先降低后增加，以相对贫困发生率为例，2010~2012年贫困线提升对增加相对贫困发生率的贡献率为15.10%，2012~2014年急剧下降到1.28%，2016~2018年则增加至9.54%；而农村地区则逐年下降，由2010~2012年的9.68%下降到2016~2018年的0.20%。相比较而言，我国城镇地区经济增长和贫困线变动在2016~2018年对增加相对贫困的净效应为1.49%（=-8.05%+9.54%），即经济增长和生活成本推升的贫困线提升增加了相对贫困发生率；农村地区经济增长和贫困线提升在此期间对降低相对贫困的净效应为4.88%（=5.08%-0.2%），表明农村地区经济增长和生活成本推升的贫困线提升总体上降低了相对贫困发生率。显然，缓解我国城乡相对贫困应采取分类施策，对城镇地区而言，在促进经济持续增长的同时，应防止物价水平过快增长引致贫困线的提升抑制经济增长的减贫效应；对农村地区而言，应注重提升农村居民的科技文化水平和创新能力，从而促进农村地区经济持续增长并提升农村居民在经济增长过程中的获得感。

综合比较经济增长变动、收入分配结构变动和相对贫困线变动对相对贫困变动的影响，不难发现，城镇地区相对贫困指标的正向变动主要取决于相对贫困线的提升，农村地区相对贫困指标的正向变动则来源于贫困线的提升和收入分配不平等。具体而言，城镇地区经济增长和收入结构分配对于降低相对贫困的正效应小于相对贫困线提升抑制减贫的负效应,三者的合力使得贫困指标在 2010～2018 年正向变动,即相对贫困发生率增加、贫困程度加深;农村地区在 2010～2018 年,经济增长的减贫效应小于收入分配结构变动和贫困线提升抑制减贫的负效应,三者的合力使得相对贫困发生率和贫困程度相比城镇而言增加得更快,即贫困人口更多、贫困程度更深、贫困强度更大。因此,总体而言,在 2010～2018 年,我国城乡经济增长对贫困的减缓效应被持续扩大的收入差距以及经济增长引致的高生活成本所抵消,因此进一步增加了城乡地区的贫困广度、深度和强度。

5.3　本章小结

本章利用 2010～2018 年四个双数年份的 CFPS 数据,借助 ELES 模型分别测算了我国城乡地区的相对贫困线,通过比较收入、八大类消费支出和贫困线识别我国城乡地区的相对贫困特征,然后运用 FGT 指数测度城乡贫困程度,并用 Shapley 值分解方法分析贫困变动的原因,得出如下结论与建议。

根据 ELES 法测算的城乡相对贫困线结果明显高于城镇居民最低生活保障标准和官方绝对贫困线标准,说明以最低生活保障标准或当前政府部门设定的绝对贫困线标准测度相对贫困会低估我国城乡相对贫困问题。因此,为精准识别我国城乡相对贫困人口和相对贫困程度,应根据城乡居民消费实际需求制定相对贫困线标准。此外,由于城乡地区经济发展水平不均衡导致消费水平和生活成本存在较大差异,有必要结合城乡地区实际消费水平分别制定贫困线以便于精准识别相对贫困人口。

我国农村地区总体相对贫困程度要明显高于城镇地区,且具有不同的相对贫困特征。测度结果表明,我国城乡地区相对贫困广度、深度指标都比较高,而且农村地区相对城镇而言,相对贫困覆盖面更广,相对贫困程度更深,相对贫困强度更大,农村居民致贫可能性更高。城镇居民相对贫困特征以选择性相对贫困为主,因此,降低城镇居民相对贫困应扩大城镇居民医疗及社会保障范围，增加居民的安全感，避免过度储蓄。农村居民相对贫困特征以持久性相对贫困、暂时性相对贫困为主，减少我国农村地区相对贫困一方面在于不断促进农村经济发展、提高农村居民的收入水平；另一方面在于农村居民建立良好的医疗保障和社会保障体系以及为从事农业生产的农户提供生产性保险或其他应对风险的措施，帮助其抵御农业生产经营风险。

　　我国城镇相对贫困减贫的阻力主要在于经济增长引致的相对贫困线的提升，而农村地区相对贫困的减贫阻碍则来源于提升的相对贫困线和扩大的收入不平等性。经济增长在很大程度上改善了我国城乡地区的贫困状况，其减贫效应在城镇地区更为突出，但经济增长引致的物价上涨因素提升了相对贫困线，并抑制了减贫效应，收入分配不平等进一步降低了农村地区经济增长的减贫效应。因此，促进我国城乡地区持续增长的同时，尽可能稳定物价，避免高物价伤害低收入人群生活水平并抹杀经济增长的减贫效应。另外，提高城乡低收入群体收入和改善收入不平等性，均有利于提升经济增长的减贫效应。

第6章 政策性金融扶贫项目 减贫效应测度与评价[*]

为发挥政策性金融扶贫工作的重要作用，我国以国家开发银行和中国农业发展银行为主的政策性金融机构出台了一系列支持贫困地区农村发展的信贷政策和信贷产品，涉及的项目主要有易地扶贫搬迁、改善农村人居环境、农村路网、光伏扶贫、旅游扶贫、特色产业扶贫、网络扶贫和教育扶贫等。以中国农业发展银行扶贫开发项目为例，其在839个国家级贫困县设立扶贫金融事业部或派驻扶贫工作组，实现了贫困地区政策性金融服务机构全覆盖[①]。2016年累计投放精准扶贫贷款4883亿元，余额9012亿元，较年初增加3361亿元，增幅为59.5%[②]。其中，全年累计投放易地扶贫搬迁贷款1202亿元，余额1921亿元，支持搬迁项目624个，惠及414.2万建档立卡贫困人口；全年累计投放产业精准扶贫贷款1603亿元，年末余额3296亿元；全年累计投放基础设施精准扶贫贷款2026亿元，年末余额3796亿元[③]。扶贫事业事关国计民生，我们迫切地想知道政策性金融贷款项目扶贫效果，项目有没有提高贫困户收

---

　* 本章发表于《中国软科学》2018年第4期，论文题目为《政策性金融扶贫项目收入改进效果评价——以江西省为例》。

　① 资料来源于中国电子银行网，网址：https://zhuanti.cebnet.com.cn/20170928/102430517.html。

　② 资料来源于中国扶贫在线，网址：http://cn.chinagate.cn/povertyrelief/2017-01/25/content_40175714.htm。

　③ 资料来源于《农村金融时报》，网址：http://www.adbc.com.cn/n5/n17/c19013/content.html。

入，项目是否存在疏漏与不足之处。为了回答这些问题，以江西省国定贫困县为例，课题组调查和选取了有一定代表性的样本数据，从贫困地区可支配收入和结构性收入两个视角分析和评价了近几年政策性金融扶贫政策的实施效果。

6.1 政策性金融项目实施效果测度方法

6.1.1 倾向得分匹配（propensity score maching，PSM）模型

倾向得分匹配模型常常被用来评价各项扶贫政策的实施效果。王姮和汪三贵（2010）运用倾向得分核匹配及双重差分方法研究江西整村推进对人均收入、公厕、饮水、村务公开以及生态环境影响的评价；岳希明等（2010）利用倾向得分匹配模型评估了劳务输出与培训对贫困户家庭收入的影响情况；陈玉萍等（2010）分别采用最近邻匹配（nearest neighbor matching）和核匹配（kernel matching）方法分析了改良陆稻技术对我国山区农民收入影响情况；梁晓敏和汪三贵（2015）利用2010年贫困监测数据，使用倾向得分匹配法分析了低保补贴政策对农村低保人群的福利和消费支出结构影响；崔宝玉等（2016）和帅竞等（2017）分别采用核匹配方法分析了土地征用对失地农户收入的影响及联合国农业发展基金（IFAD）对农民人均收入的净效应。

借鉴上述研究者的分析思路，使用倾向得分方法和处理效应模型测度政策性金融扶贫项目对贫困村收入的影响，可定义收入的决定方程为：

$$Y_i = X'_i\beta + \alpha D_i + \varepsilon \tag{6.1}$$

其中，预测变量 Y_i 表示第 i 个建档立卡家庭的年收入（分别为可支配收入、务工收入、第一产业收入、第二和第三产业收入、总的补贴性收入和安居工程补贴收入），$i=1,2,\cdots,n$，n 为村民调查样本总数。X_i 为协

变量向量（包括建档立卡贫困人口数、享受低保政策人数、水稻种植面积、农业补贴额、住房面积、建档立卡贫困人口数与住房面积的乘积）；D_i 为处理变量，若该贫困村获得政策性金融扶贫项目支持则取值为 1，否则为 0，ε 为随机误差项。由于 Heckman 两阶段模型严重依赖模型设定的正确性，其两阶段估计量往往是无效的（Kennedy，2003）。此外，赫克曼和维特拉希尔（Heckman and Vytlacil，2007）研究表明，倾向得分匹配法由于不用假设误差项的分布形式和函数形式，也不用解释变量外生性，因而倾向得分法在处理干预效应时优于 Heckman 两阶段模型。鉴于上述原因，本章研究采用基于倾向得分匹配的处理效应模型分析政策性金融项目对农村贫困户收入的影响。

卢宾（Rubin，1978）与罗森豪姆和卢宾（Rosenhaum and Rubin，1983）提出利用反事实框架分析干预效应。式（6.2）和式（6.3）分别是受到政策性金融扶贫项目支持和未受到项目支持的乡村收入决定方程；式（6.4）和式（6.5）分别是如果享受项目扶持的乡村没有享受项目扶持以及没有享受项目扶持的乡村如果享受项目扶持的收入决定方程。

$$E(y_{1i}/D_i=1)=X'_{1i}\beta_1 \qquad (6.2)$$

$$E(y_{0i}/D_i=0)=X'_{0i}\beta_0 \qquad (6.3)$$

$$E(y_{0i}/D_i=1)=X'_{1i}\beta_0 \qquad (6.4)$$

$$E(y_{1i}/D_i=0)=X'_{0i}\beta_1 \qquad (6.5)$$

其中，y_{1i} 表示第 i 个参加项目家庭的收入，y_{0i} 表示第 i 个未参加项目家庭的收入。定义政策性金融扶贫项目实施区域的平均处理效应（average treatment effect of the treated，ATT）为：

$$ATT=E(y_{1i}/D_i=1)-E(y_{0i}/D_i=1)=E(y_{1i}-y_{0i}/D_i=1) \qquad (6.6)$$

若可忽略性假定成立，则可得到平均处理效应的一致性估计。

6.1.2 分位数线性回归模型

为测度政策性金融扶贫政策瞄准的精确性，假设条件分布 $Di/X(Di$

为因变量，表示可支配收入）的总体 q 分位数 Di_q 为自变量向量 X 的线性函数，构造如式（6.7）所示的线性模型为：

$$Di_q = X_i^{*\prime}\alpha_q \qquad (6.7)$$

其中，自变量向量 $X^{*\prime} = (1, JR, Jde, Jdn, Zm, Dbn, As)^\prime$，$\alpha_q$ 为对应于总体 q 分位数的线性函数系数向量。JR 为虚拟变量，取值为 1 时表示村民处于中国农业发展银行（以下简称农发行）金融扶贫项目实施区，为 0 则表示不处于项目实施区；Jdn 为贫困户建档立卡总人数；Jde 为虚拟变量 JR 与 Jdn 的乘积，是交互项；Zm 为各项补贴性收入总额；Dbn 为贫困家庭享受国家低保政策总人数，As 为农产品种植总面积。式（6.7）参数估计可以通过如下加权的最小绝对离差和法（weighted least absolute deviation，WLAD）进行估计。

$$\min_{\alpha_q} \sum_{i:Di \geq X_i^\prime \alpha_q}^n q \, | Di_q - X_i^\prime \alpha_q | + \sum_{i:Di < X_i^\prime \alpha_q}^n (1-q) \, | Di_q - X_i^\prime \alpha_q | \qquad (6.8)$$

通过对式（6.8）使用单纯形迭代方法求解，可以得到参数量为具有渐进性质的 m 估计量，并且其服从渐进正态分布（Cameron and Trivedi，2005）。

6.2 数据来源和描述性统计

江西省是著名革命老区，也是农业大省，地处我国中部地区。2006 ~ 2015 年，江西农业发展银行累计向江西省 54 个原中央苏区规划县投放各类贷款 1196 亿元，向 25 个扶贫重点县发放贷款 346 亿元，源源不断地为贫困地区经济社会发展注入了"血液"，形成了政策性金融扶贫的新常态①。

---

① 根据中国农业发展银行各年度报告数据整理，年度报告网址：http：//www.adbc.com.cn/n4/n13/ind ex.html。

　　鉴于江西地理位置相对具有代表性和江西政策性金融扶贫工作进展情况，课题小组于 2016 年第 4 季度对江西省四市、12 个县 295 个村 4525（有效样本 4486）户档建立卡家庭居民进行了抽样调查，调查的对象均为建档立卡的贫困户，其中农发行的政策性金融扶贫项目覆盖的村庄 109 个，不在农发行政策性金融扶贫项目覆盖区域的村庄 186 个。调查数据基本统计描述如表 6 - 1 所示。总体而言，政策性金融扶贫项目覆盖乡村家庭的可支配收入比没有享受过该政策的家庭平均高 9643 元，二者收入差距主要体现在务工收入、补贴性收入、第一产业收入及第二和第三产业收入等方面。其中，享受金融扶贫项目家庭的务工收入平均而言比没有享受政策的收入高 7866 元。然而，并不是享受政策性金融项目家庭的所有收入都高于没有享受政策的家庭。在补贴性收入方面，项目户比非项目户低 154 元，其中安居工程补贴低 199 元，农业补贴低 17 元；来自第一产业收入与第二和第三产业收入方面，项目扶持的家庭分别比没有享受该项目的家庭平均低 850 元和 314 元。

表 6 - 1　　　　　　　　　　　　　描述性统计

变量	总样本		项目户（Y）		非项目户（N）		差值 Y - N
	均值	标准差	均值	标准差	均值	标准差	均值
可支配收入	34377	18923	40391	16890	30748	19203	9643
务工收入	21637	12620	26648	11315	18782	12461	7866
补贴性收入	4173	4413	4076	5044	4230	4012	- 154
安居工程补贴	1475	2812	1349	2872	1548	2780	- 199
第一产业收入	5990	6013	5453	5262	6303	6406	- 850
第二和第三产业收入	1125	2933	929	2047	1243	3355	- 314
每户家庭建档立卡人数	3.41	0.94	3.58	0.87	3.3	0.96	0.28
享受低保政策人数	0.76	0.56	0.54	0.33	0.89	0.63	- 0.35
水稻种植面积	1.9	1.85	1.83	1.57	1.94	2	- 0.11
农业补贴额	426	343	415	362	432	332	- 17
住房面积	170	58	181	53	163	60	18

　　注：表中各指标数据均以家庭为单位测度。

6.3 政策实施效果评价

6.3.1 政策性金融扶贫项目总体实施效果评价

为反映实证数据结果的稳定性和保证数据分析结果的可靠性，研究分别采用多种分析方法对参与项目的样本数据和控制组的样本数据进行匹配。采用的方法有卡尺匹配（caliper matching）、局部线性回归匹配（local linear regression matching）、完全匹配（full matching）和核匹配（默认带宽 0.06）。图 6 - 1 反映了卡尺匹配方法共同取值范围（on support）图（其他方法得到类似的结果）。匹配结果表明，2798 个控制组样本中，273 个不属于共同支持域，2525 个样本属于共同支撑域，项目组全部 1688 个样本均属于共同支持域。这说明样本项目组和没有项目支持的控制组样本共同支持域基本相同，对政策性金融扶贫项目进行评价的平均处理效应模型是科学合理的。

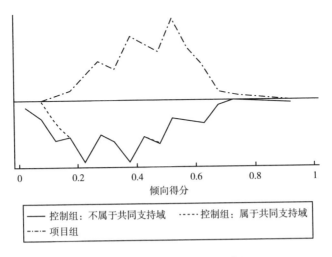

图 6 - 1 卡尺匹配共同取值范围

为考察倾向得分匹配是否较好地平衡了数据，我们对数据平衡效果进行了检验，检验结果如表 6-2 所示，其中 Jdd 为交互项，表示建档立卡的贫困人口数与住房面积的乘积，Ls 为调查对象家庭住房面积。表 6-2 平衡结果比较表明，相比匹配前，除变量耕地面积标准化偏差绝对值略微增加（增加 1.8%），其余变量标准化偏差都得到明显改善。检验结果同时表明，匹配后所有 t 检验结果均不拒绝项目组与非项目组无差异的原假设，说明采用的协变量在匹配后能很好地平衡项目组和控制组的差异。

表 6-2   数据平衡效果检验

协变量	匹配分组	均　值		偏差 (%)	T 检验	
		项目组	非项目组		t	P 值
Jdn	匹配前	3.6285	3.2918	37.6	2.97	0.003 ***
	匹配后	3.6285	3.4924	15.2	1.32	0.189
Jdd	匹配前	678.68	558.85	41.1	3.28	0.01 ***
	匹配后	676.68	662.07	5.1	0.38	0.703
Dbn	匹配前	0.55533	0.81233	-58.0	-4.44	0.000 ***
	匹配后	0.55533	0.51676	8.7	0.83	0.407
As	匹配前	1.8604	1.9047	-2.4	-0.19	0.848
	匹配后	1.8604	1.9368	-4.2	-0.34	0.737
Ls	匹配前	183.02	161.74	37.5	2.98	0.003 ***
	匹配后	183.02	184.01	-1.7	-0.13	0.894

注：*** $p < 0.01$。

表 6-3 给出了利用四种匹配方法估计的政策性金融扶贫项目对所属项目区贫困户收入的影响效果，模型估计结果基于共同支撑域条件，即享受政策性金融扶贫项目的乡村和未享受政策性金融扶贫项目乡村的人口特征具有基本相似的特征。分析结果表明，政策性金融扶贫项目对于改善贫困户的可支配收入、务工收入方面效果显著；而对贫困户第一产业收入、第二和第三产业收入、补贴收入和安居补贴收入效果并不显著。

表6-3 平均处理效应分析结果

收入类型	方法	ATT（差值）	标准差	t
可支配收入	卡尺匹配	4686.35 **	2455.88	1.91
	局部线性回归匹配	4826.35 *	3168.56	1.52
	完全匹配	6952.23 **	3168.56	2.19
	核匹配	4735.94 **	2440.81	1.94
务工收入	卡尺匹配	4953.07 ***	1578.13	3.14
	局部线性回归匹配	4681.57 **	1849.49	2.49
	完全匹配	6300.83 ***	1879.50	3.35
	核匹配	4967.75 ***	1569.20	3.17
第一产业收入	卡尺匹配	-1438.63 *	806.36	-1.78
	局部线性回归匹配	-1150.21	1060.57	-1.08
	完全匹配	-1384.94	1060.57	-0.36
	核匹配	-1438.32 *	801.07	-1.80
第二和第三产业收入	卡尺匹配	-651.44 *	394.12	-1.65
	局部线性回归匹配	-558.54 ***	756.73	-0.74
	完全匹配	-366.12	756.74	-0.48
	核匹配	-601.96 *	390.88	-1.54
总补贴	卡尺匹配	-140.60	607.72	-0.23
	局部线性回归匹配	-140.96	708.75	-0.20
	完全匹配	250.22	708.75	0.35
	核匹配	-138.66 *	604.99	-0.23
安居补贴	卡尺匹配	-159.58	334.72	-0.47
	局部线性回归匹配	-180.56	448.14	-0.4
	完全匹配	-45.64	448.14	-0.10
	核匹配	-149.75	333.06	-0.45

注：*** 、** 和 * 分别表示在1%、5%和10%的显著性水平上通过拒绝原假设的检验。

具体而言，政策性金融扶贫项目对于贫困家庭的可支配收入和务工收入存在显著的正向拉动效应。根据四种倾向得分法测度的结果表明，政策性金融扶贫项目促进可支配收入提高5300元，其中最明显的改进效应来自务工收入，平均而言，务工收入提高5226元，显然有利于促进项目区贫困居民大规模脱贫。此外，与贫困村干部的面谈数据表明，扶贫政策在改善了村民交通通信条件、发展产业的同时，也增加了村民外出就业的可能性，从而间接促进了居民外出务工并显著增加了务工收入。

数据结果同时表明，目前政策性金融扶贫项目并不能显著提高项目区扶贫对象的所有收入来源。基于四种倾向得分匹配方法的处理效应模型估计结果表明，项目户的第一产业经营收入与第二和第三产业的经营收入比非项目户平均低1353元和545元。这表明金融扶贫项目促使项目区家庭获得务工收入的机会增加，从而使得家庭调整劳务行为，造成来自第一产业的经营收入与第二和第三产业的经营收入显著下降。由于增加的务工收入大于减少的经营收入，对于项目区家庭而言，政策性金融扶贫项目仍促进可支配收入增加。此外，分析表明政策性金融扶贫项目对总补贴和安居补贴影响不显著，表6-1统计描述数据表明项目户与非项目户在农村总补贴收入与安居补贴收入方面相差不大。

上述实证分析结果表明，政策性金融扶贫项目有利于农村贫困家庭增加收入并促使村民调整收入结构。表6-4数据比较了项目户、非项目户、可支配收入低于贫困线的农村居民、可支配收入高于贫困线的农村居民、我国农村居民平均水平和城镇居民平均水平的可支配收入来源项目和结构。不难发现，近年来我国政府的一系列扶贫政策在提高了贫困家庭收入水平的同时，也改善了贫困家庭收入来源结构。表6-4数据表明，农村居民相对于城镇居民而言，普遍存在工资性收入比例过低和经营性收入比重过高的问题。近年国家出台的一系列扶贫政策显著提高了贫困居民的工资性收入比重，并降低了经营性收入比重，而政策性金融扶贫项目在这方面效果相对更为明显。

表6-4　　　　　项目组与非项目组居民人均收入及结构比较

指标	工资性收入	第一产业收入	第二、第三产业收入	转移性收入	财产性收入	经营性收入	可支配收入
项目村一般水平							
额度（元）	5847.8	1618.9	304.1	1253.8	266.5	1923	9291.1
比重（%）	62.9	17.4	3.3	13.5	2.9	20.7	—

续表

指标	工资性收入	第一产业收入	第二、第三产业收入	转移性收入	财产性收入	经营性收入	可支配收入
非项目村一般水平							
额度（元）	5076.2	1683.5	335.9	1172.2	42.5	2019.4	8310.3
比重（%）	61.1	20.3	4.0	14.1	0.5	24.3	—
贫困地区贫困线下农村居民							
额度（元）	860	—	—	542	26	586	2013
比重（%）	42.7	—	—	26.9	1.3	29.1	—
扶贫重点县农村居民							
额度（元）	2175	—	—	1517	81	2944	6717
比重（%）	32.4	—	—	22.6	1.2	43.8	—
全国农村居民平均水平							
额度（元）	4600.3	3545.5	958.1	2066.3	251.5	4503.6	11421.7
比重（%）	40.3	31.0	8.4	18.1	2.2	39.4	—
城镇居民平均水平							
额度（元）	19337.1	—	—	5339.7	3041.9	3476.1	31194.8
比重（%）	62.0	—	—	17.1	9.8	11.1	—

注：表中农村居民平均水平和城镇居民平均水平收入来源于《中国统计年鉴（2016）》，其中第一产业收入与第二和第三产业收入根据《中国农村统计年鉴（2009~2015）》估算得到，贫困地区贫困线下农村居民和扶贫重点县农村居民分组数据来源于《中国农村贫困监测报告（2016）》，其余数据均是课题组调查所得数据计算得到。

显然，目前的政策金融扶贫项目不仅有利于减缓城乡金融差异化发展步伐，而且有利于缩小城乡收入水平与收入结构差距。徐伟等（2011）研究表明，从事农业活动更多的家庭贫困脆弱性更高。本章研究表明，政策性金融扶贫有利于增加贫困家庭的务工收入并进一步调整其收入结构，这就意味着项目在调整家庭收入结构的同时帮助其降低了返贫的可能性。

6.3.2　不同收入阶层项目实施效果评价

大量研究表明，我国农村金融针对农村居民的服务常常是低效的（丁志国等，2011；叶志强等，2011）。为测度政策性金融扶贫项目可能存在的低效现象，在了解不同收入层次贫困家庭基本特征的基础上，采用分位数回归模型估计了扶贫项目及相关协变量对贫困居民收入的影响情况。不同贫困收入群体也可能具有不同的人口学特征和家庭情况，根据可支配收入将调查样本进行了分层处理，表6-4具体描述了分层后五类贫困家庭的基本特征。

（1）低收入群体特征分析。根据表6-5的分析结果可以发现，收入相对较低的家庭（可支配收入低于0.4分位数）补贴收入所占比重高于收入相对较高家庭（可支配收入高于0.4分位数）。其中，一个明显的差别是可支配收入低于0.2分位数家庭的总补贴收入占比为30%，而可支配收入高于0.8分位数的家庭这一比例仅为10%，这表明收入越低的家庭越依赖于各种补贴收入。同时，表6-5的数据结果还表明，收入相对较低的家庭还具有建档人数相对较少、享受低保人数相对较多、水稻种植面积较小和住房面积较小的特点。对样本数据进一步的分析表明，处于可支配收入0.4分位数以下区间的群体以孤寡老人五保户、家有重病患者、有残疾人或丧失主要劳动力的家庭为主。与此相对应的是，扶贫效果好、收入相对较高的家庭具有建档人数相对较多、享受低保人数相对较少、水稻种植面积较大和住房面积较大的特点。

表6-5　　　　　　　　不同收入层次家庭特征比较

统计量	可支配收入（元）	务工收入（元）	总补贴（元）	建档人数（人）	低保人数（人）	种植水稻面积（亩）	住房面积（平方米）
0.2分位数区间							
平均数	9132.1	5934.3	2735.9	2.9	1.0	1.3	104.6
最小值	5216.0	200	332.4	1	0	0	24
最大值	12646.3	23250	17253	7	4	12	231
标准差	1803.2	6624.1	2659.6	1.3	0.4	1.5	37.0
0.2~0.4分位数区间							
平均数	23664.0	14884.3	2925.4	3.4	0.7	1.4	172.7
最小值	12940	1109	244	2	0	0	55
最大值	30964	53580	10297.6	6	4	5	277
标准差	5050.8	7547.6	2204.6	0.8	0.5	0.9	51.3

续表

统计量	可支配收入（元）	务工收入（元）	总补贴（元）	建档人数（人）	低保人数（人）	种植水稻面积（亩）	住房面积（平方米）
0.4~0.6 分位数区间							
平均数	34943.7	21268.6	3207.4	3.4	0.6	1.8	185.8
最小值	31299	8220	292	1	0	0	101
最大值	38081	30685	10709	6	3	7	180
标准差	1946.4	5234.3	2642.9	0.7	0.4	1.3	38.7
0.6~0.8 分位数区间							
平均数	42740.3	25862.2	4241.3	3.6	0.7	2.1	191.2
最小值	38182	8826	290	1	0	0	87
最大值	48983	41113	14741	6	4	9	300
标准差	2767.1	6661.7	3621.5	0.8	0.5	1.5	46.9
高于 0.8 分位数区间							
平均数	61896.5	35874.8	7153.2	3.8	0.7	2.8	194.7
最小值	49137.3	6526.7	484	2	0	0	60
最大值	113427	67250	30500	7	4	18	385
标准差	13360.6	12449.7	6945.1	0.7	0.5	3.0	63.5

注：表中分位数区间根据可支配收入从小到大排列。

（2）不同收入水平影响因素分析。处理效应模型表明政策性金融扶贫项目对于改进农村贫困家庭收入和收入结构显著有效，然而其不能反映其他相关变量对政策效应的调节效应。鉴于此，构造如式（6.7）所示的分位数回归模型，一方面是为了测度其他相关变量对政策性金融扶贫项目的调节效果，另一方面也可以反映项目可能存在的瞄准偏差问题。

对式（6.7）所示的分位数线性模型采用单纯形迭代方法对其进行了估计，分别估计得到可支配收入的 0.2、0.4、0.6 和 0.8 分位数的结果如表 6-6 所示。计算结果不难看出，可支配收入在 0.2 分位数水平以下主要受家庭总补贴和水稻耕种面积影响，扶贫项目及其他因素对此时的收入不造成显著影响，计算结论与上述统计分组描述结论基本一致。表 6-6 结果同时表明，在控制其他变量的前提下，可支配收入在 0.4、0.6 和 0.8 分位数水平下受到政策性金融扶贫项目和交互项的显著影响，其中项目对收入促进效应明显，而交互效应对收入影响显著为负。显然，政策性金融扶贫项目对农村贫困家庭可支配收入的影响程度还取决于建档人数的调节效应，随着贫困家庭相对较富裕的建档人数增加，扶贫项目的边际效应逐步减小。对于部分建档立卡人数较多的家庭而言，有可能存在家庭其他特征带来的收入增长边际效应大于政策性金融扶贫项目的边际效应，例如，在可支配收入 0.8 分位数水平，贫困家庭建档人数平均超过 4.6 人时（29930.19/6489.495 = 4.6），政策性金融扶贫项目的边际效应显著为负，而在这一区间贫困家庭建档人数最多为 8 人，这就意味着此时扶贫项目对贫困户中部分建档人数较多的家庭而言是低效的。结合调查数据，我们发现此类家庭老年人和未成年人比例相对比较高，而成年劳动力比重相对较小。类似的情况在可支配收入为 0.6 及 0.4 分位数时也存在。

表 6 - 6　　　　　　　可支配收入为因变量分段回归结果

分位数	自变量	系数	标准差	P 值
0.2	JR	7659.803	12928.85	0.554
	Jdn	5068.337	3230.858	0.118
	Jde	160.045	3913.431	0.967
	Zm	1.949	0.408	0.000***
	Dbn	-4202.237	2872.128	0.145
	As	2226.782	1156.737	0.055*
0.4	JR	26261.18	13315.32	0.050**
	Jdn	9237.685	2642.472	0.001***
	Jde	-6116.91	3805.673	0.109
	Zm	1.663	0.312	0.000**
	Dbn	-3985.648	2799.54	0.156
	As	2791.377	623.196	0.000***
0.6	JR	36136.82	11304.22	0.002***
	Jdn	10838.73	1719.913	0.000***
	Jde	-8597.224	3203.526	0.008***
	Zm	1.774	0.300	0.000***
	Dbn	-3544.25	2217.32	0.111
	As	2318.193	536.713	0.000***

续表

分位数	自变量	系数	标准差	P 值
0.8	JR	29930.19	11648.44	0.011 ***
	Jdn	9293.608	2569.256	0.000 ***
	Jde	−6489.495	3246.716	0.047 **
	Zm	1.924	0.398	0.000 ***
	Dbn	−3023.409	3732.746	0.419
	As	1932.113	694.702	0.006

注：标准差根据自举法（Bootstrap）重复抽样 200 次得到；由于所有截距项统计意义不显著，故不在表中一一列出。* $p<0.1$，** $p<0.05$，*** $p<0.01$。

总体而言，分位数回归模型估计结果说明政策性金融扶贫项目对于贫困家庭可支配收入改进效果显著，但是也存在两个方面的不足：项目存在瞄准偏误问题，项目对收入特别低的贫困家庭收入改进效果并不显著；对于建档人数较多的家庭而言，项目可能并不会增加其收入，故而可能存在低效的问题。导致出现上述两个方面问题的原因可能在于政策性金融扶贫政策仍然存在"扶面不扶点，做大不做小"的问题，即一个项目往往覆盖一个地区，参与扶持和建设的易地搬迁、道路建设、光伏产业扶贫等覆盖面广泛的大型项目，并没有具体针对某一类型或某一特殊家庭的扶贫项目，这就不可避免地产生项目瞄准偏差问题。结合模型分析结果，有理由认为，为了提高政策性金融的瞄准精度和扶贫效率，今后项目应考虑向收入特别低的群体（如五保户，有重病患者、主要劳动力丧失和残疾人贫困家庭）和建档人数较多的家庭倾斜。

同时可以发现，无论在哪个收入分位数水平，农业种植收入对贫困家庭的可支配收入不仅影响显著，而且影响程度相对较大，这说明加大对农业产业的支持有利于改善所有不同分位数水平的贫困家庭可支配收入。显然，政策性金融扶贫项目扶持和发展农业产业不仅有利于提高贫困家庭收入，而且有利于改进扶贫效率和扶贫精准性。鉴于此，有理由认为，农村政策性金融扶贫应该由支持精准扶贫服务脱贫攻坚走向支持农业供给侧改革，促进农业产业融合，形成"五个全力服务"全面支农格局，从而支持我国农业、农村、农民消除贫困，全面建成小康社会。

6.4 本章小结

　　本章以中国农业银行江西省分行目前实施的政策性金融扶贫项目为例，结合江西省四市、12 个贫困县 295 个贫困村的 4486 户立档建卡贫困居民调查样本数据，利用倾向得分匹配法、平均处理效应模型和分位数回归模型研究表明，我国政策性金融扶贫项目的五大子类（易地搬迁扶贫、教育发展扶贫、光伏产业扶贫项目、农村路网扶贫建设项目和粮棉油收购保障资金）有利于大幅提高贫困居民家庭收入水平和改善收入结构；扶贫项目对不同收入类型贫困户影响程度不同，并且可能存在瞄准偏误。具体而言，研究结论和建议包括三个方面的内容。

　　政策性金融扶贫项目有利于提高农村贫困居民的可支配收入和外出务工收入水平。平均处理效应测度结果表明，政策性金融扶贫项目总体是有效的，可以帮助贫困户大幅提高可支配收入和外出务工收入水平。项目受益家庭相对于非项目家庭而言，平均可支配收入和外出务工收入分别显著提高 5300 元和 5226 元。分析结果还表明，扶贫项目在帮助贫困家庭提高可支配收入和外出务工收入的同时促使其调整收入获取方式并降低来自第一产业收入与第二和第三产业的经营性收入，从而使得收入结构与城市居民收入结构更加合理和具有增长可持续性。为保持农村贫困家庭收入持续增长和促进收入结构合理调整，政策性金融扶贫项目可以贯彻并长期实施。

　　分位数回归模型估计结果表明，政策性金融扶贫项目可能存在瞄准偏误和低效的问题。项目对于改进可支配收入在 0.2 分位数区间的特殊困难群体的效果有限。此外，对于贫困户中相对较富裕的家庭、建档人数过多的家庭项目对可支配收入的边际效应可能为负。为进一步改进政策性金融扶贫项目的精准度和效果，扶贫项目应当适当向收入较低的特殊困难家庭和建档人数较多家庭倾斜，提供一些具有针对性的金融产品或者服务项目。

　　政策性金融扶贫项目应强调农业项目的针对性。虽然政策性金融项目有利于促进贫困户可支配收入和外出务工收入水平增长，但其对改进贫困户的第一产业收入方面效果并不明显。因此，目前农村政策性金融扶贫项目还需在"农"字上下功夫。为提高政策性金融扶贫项目效率和增加贫困家庭收入，今后扶贫项目应更多关注农业生产、农业安全和农业销售等问题，从而促进项目改进农村贫困户收入可持续增长并且助力乡村振兴建设。

第7章 扶贫小额信贷减贫
效应测度与评价*

　　政策性金融扶贫项目通过金融项目的实施惠及一个地区的居民，扶贫对象较为宽泛，而扶贫小额信贷项目通过小额贷款支持个人产业发展，目的在于精准帮扶到人。小额信贷最初由诺贝尔和平奖得主尤努斯于 20 世纪 70 年代在孟加拉乡村银行（Grameen Bank，GB）推广并试行。孟加拉乡村银行小额信贷项目的服务对象为无土地或无财产的极端贫困人口（特别针对妇女）实施无抵押、无担保的运营模式。1995 年，世界银行"扶贫协商小组（CGAP）"成立，拓展了小额信贷的定义与功能，将其定义为"为低收入家庭提供金融服务，包括贷款、储蓄、保险和汇款服务"。迄今为止，小额信贷至少在 198 个发展中国家得到推广和应用。许多发展中国家根据本国的国情和特点，设计了服务于本国特定对象的小额信贷模式，如孟加拉国的 GB、BRDB 和 RD－12、印尼人民银行的村级信贷部（BRI-UD）模式，玻利维亚的社区援助基金（Finca）模式，印度农业农村发展银行的自助小组—银行（SHG-Bank）金融扶贫模式、泰国的农业合作金融模式、摩洛哥 Al Amana 的小额信贷以及菲律宾坎德兰银行推出的收入共享借贷（MAKITA Loan）等。

　　学习借鉴国外小额信贷模式，20 世纪 90 年代，中国开始试点小额信贷项目。起初，中国的小额信贷项目是以贫困村级互助资金形式存在

---

　　*　本章发表于《统计学报》2020 年第 2 期，论文题目为《中国扶贫小额信贷减贫增收效果评价》。

并由中国人民银行统筹实施，一般授信额度为 3000 元，农户一般申请额度为 500 ~ 800 元（熊德平，2005）。截至 2013 年底，全国范围内共有 2.1 万个贫困村开展互助资金试点，资金规模达 45.83 亿元，为贫困户发放贷款 48.19 亿元，入社的贫困户数量为 99 万人，相对于 8249 万的贫困人口而言，贫困户小额信贷获贷率仅为 1.2%[①]。显然，传统的小额信贷授信额度小、获贷率低，不能满足广大农村贫困居民需求。为扩大小额信贷受益面，充分发挥小额信贷减贫增收的功能，中国银监会、财政部、中国人民银行、中国保监会、国务院扶贫办等五部门于 2014 年联合出台了《关于创新发展扶贫小额信贷的指导意见》（以下简称《意见》）。根据《意见》部署，在全国范围实施扶贫小额信贷政策（为便于与国外小额信贷和中国传统的小额信贷项目区分，下文中提到的扶贫小额信贷特指根据 2014 年《意见》实施的小额信贷项目）。2017 年 8 月，为纠正扶贫小额信贷使用过程中可能出现信贷资金瞄准偏差的问题，五部门联合出台《关于促进扶贫小额信贷健康发展的通知》（以下简称《通知》），明确指出扶贫小额信贷是为建档立卡贫困户量身定制的金融精准扶贫产品，其政策要点是"5 万元以下、3 年期以内、免担保免抵押、基准利率放贷、财政贴息、县建风险补偿金"。为体现小额信贷资金使用精准、防止信贷资金滥用，以问题和需求为导向的特点，《通知》要求，银行业金融机构要将扶贫小额信贷精准用于贫困户发展生产或能有效带动贫困户致富脱贫的特色优势产业，不能用于建房、理财、购置家庭用品等非生产性支出，更不能将扶贫小额信贷打包用于政府融资平台、房地产开发、基础设施建设等。新的扶贫小额信贷政策自 2014 年出台以来，截至 2017 年底，累计放贷 4300 多亿元，1100 多万建档立卡贫困户获贷，获贷率达到 33%[②]。

我国出台的扶贫小额信贷相对于传统的小额信贷而言，不仅具有借贷利率低、一次性借贷时间长、借贷条件和还款要求宽松的优惠条件，

---

① 根据《中国农业年鉴》《中国扶贫》和《中国统计年鉴》中的数据计算整理得到。

② 资料来源于中国经济网，网址：http://www.ce.cn/xwzx/gnsz/gdxw/201803/07/t20180307_28384793.shtml。

而且具有用途要求明确的特点。我国新的扶贫小额信贷项目是否促进了贫困户减贫增收？是否产生了项目瞄准偏差？目前国内外学者对此缺乏科学、深入的研究。并且，即使对于传统的国内外小额信贷项目的减贫增收效果评价，目前也没有一个统一的结论。一些研究认为小额信贷有利于改善贫困家庭经济福利，即小额信贷是"贫困瞄准"的；也有一些学者认为小额信贷仅有利于"穷人中的富人"，而对于"穷人中的穷人"效果并不明显，即小额信贷是"错位瞄准"的。此外，还有一些学者认为小额信贷是"贫困中性"的，即小额信贷不能改善贫困家庭的经济福利，对于减贫增收并无显著效果。

本章研究目的主要在于根据针对贫困户调查收集的数据，利用科学的方法评价中国扶贫小额信贷的减贫增收效果，同时回答中国扶贫小额信贷项目是否是"真扶贫"和"扶真贫"。

7.1 扶贫小额信贷项目减贫效应测度方法

7.1.1 测度模型

大量的研究表明，农村居民家庭的收入主要由家庭生产资料和人口学特征决定。结合中国偏远地区农村贫困居民生产资料（如人均耕地面积）差异小和农村耕地流转成本低的特点，借鉴科勒曼（Coleman，1999）和拉结班希等（Rajbanshi et al.，2015）小额信贷项目评价的建模思想，考虑到农村贫困家庭收入主要由种养殖收入、外出务工收入和政府补贴收入结构，定义人均可支配收入（或人均种养殖收入）的决定方程为：

$$Y_i = X'_i \beta + \phi D_i + \mu_i \tag{7.1}$$

其中，预测变量 Y_i 表示第 i 个建档立卡家庭的人均可支配年收入（或人均种养殖收入）；X_i 为协变量向量，包括建档立卡贫困户家庭人口数、享受低保政策人口数、户主的教育程度和家庭慢性病人数，其中慢性病是指《农村贫困人口慢性疾病及重大疾病保障指导目录》中规定的 31 种常见慢性病；D_i 为处理变量，若贫困户获得扶贫小额项目支持则取值为 1，否则为 0；ε 为独立同分布的随机误差项。

　　贫困户是否借款取决于其对扶贫小额信贷产生的额外收入和借款成本的评估，如果因借贷产生的额外收入大于借贷成本，则其选择借款；否则，其不会借款。如果农户借款，那么观察到的平均收入为：

$$E(y_i \mid D_i = 1) = E(y_i \mid \phi_i \geq r_i) = X_i' \beta + \phi - r \qquad (7.2)$$

其中，ϕ_i 为第 i 个贫困户评估自己因获得扶贫小额信贷而带来的额外收益，如果小额信贷用于投资生产，ϕ_i 是关于产品的价格、生产要素价格和外出务工收入的函数；r_i 为其获得小额信贷产生的借贷成本（包括显性成本和隐性成本，显性成本主要为小额信贷借贷所产生的利息；隐性成本包括因借贷产生的跑腿成本和等待成本）。如果农户觉得其获得小额信贷产生的额外收入小于借款成本，则其不会选择贷款，此时观察到的农户的平均收入为：

$$E(y_i \mid D_i = 0) = E(y_i \mid \phi_i < r_i) = X_i' \beta' \qquad (7.3)$$

　　于是项目户和非项目户之间的平均收入差异为：

$$E(y_{1i} \mid D_i = 1) - E(y_{0i} \mid D_i = 0) = E(y_{1i} \mid \phi_i \geq r_i) -$$
$$E(y_{0i} \mid \phi_i < r_i) = X_i'(\beta - \beta') + \phi - r \qquad (7.4)$$

其中，y_{1i} 表示第 i 个参加扶贫小额信贷项目家庭的平均收入，y_{0i} 表示第 i 个未参加项目家庭的平均收入。扶贫小额信贷项目参与者的平均处理效应（average treatment effect on the treated，ATT）表示获得小额信贷项目农户的平均收入与其反事实（获得扶贫小额信贷的农户假设其没有获得小额信贷）情况下的收入差异，表达式为：

$$ATT = E(y_{1i} \mid D_i = 1) - E(y_{0i} \mid D_i = 1) = E(y_{1i} - y_{0i} \mid D_i = 1) = \phi - r$$
$$(7.5)$$

控制组（没有参加扶贫小额信贷项目的贫困户）的平均处理效应（average treatment effect on the untreated，ATU），表示没有获得扶贫小额信贷项目的贫困户的反事实收入与其实际的平均收入的差异，表达式为：

$$ATU = E(y_{1i} \mid D_i = 0) - E(y_{0i} \mid D_i = 1) \tag{7.6}$$

根据式（7.4）和式（7.5），得到选择偏差的计算式为：

$$E(y_{0i} \mid D_i = 1) - E(y_{0i} \mid D_i = 0) = [E(y_{1i} \mid D_i = 1) - E(y_{0i} \mid D_i = 0)] -$$
$$[E(y_{1i} \mid D_i = 1) - E(y_{0i} \mid D_i = 1)] = X_i'(\beta - \beta') \tag{7.7}$$

从式（7.7）不难看出，选择偏差产生的原因在于项目户的反事实收入与非项目户的收入的差异，该差异为协变量与参数 β 和 β' 差值的乘积。如果差异显著不为 0，说明有必要纠正不可观测变量引起的样本选择偏差。赫克曼（Heckman，1978，1979）认为，可以通过接受项目干预的预测概率的两阶段模型修正样本选择偏差，罗森鲍姆和卢宾（Rosenbaum and Rubin，1983）认为，可以通过倾向得分匹配法克服样本选择偏差问题，可忽略性假定成立时，可得到项目的平均处理效应的一致性估计。

7.1.2 敏感性分析

由于小额信贷项目实施过程中产生的项目投放偏差和自我选择偏差不可控制，项目的减贫增收效果的评价不可避免地会受到隐性偏差的影响。罗森鲍姆（Rosenbaum，2005）研究指出："各种观察研究在它们对隐性偏差的敏感性上表现明显不同，有一些对非常小的偏差就很敏感，而有一些对非常大的偏差也并不敏感"。因此，隐性偏差可能会影响项目的评价（Rosenbaum and Rubin，1983；Rosenbaum，2002），造成评价结果"失真"。倾向得分匹配法虽然可以降低某些特征变量，如教育程度、家庭人口数目、健康状况等引起的样本偏差，但其对心理偏好、内在激励和经营能力等不可观察变量可能引起的选择性偏差无能为力。研究的数据处理和分析在尽可能降低减少两类偏差的同时，利用敏感性分析评价小额信贷项目在存在隐性偏差的时候是否依然稳健有效，从而提升基于倾向得分匹配方法评价结果的可信度。

根据罗森鲍姆（Rosenbaum，2002，2010）提出的敏感性分析理论和实证内容，本章简要概括敏感性分析主要内容。假设两个不同的接受项目的单元 j 和 k 具有相同的协变量 X，但是具有不同的概率比（odds ratio，也称发生比），即 $X_j \neq X_k$，$\pi_j \neq \pi_k$，其中 $\pi = \log^{-1}(X'\beta)$，同时假设两个单元的概率比介于 $\dfrac{1}{\tau}$ 和 τ 之间，表达式如式（7.8）所示：

$$\frac{1}{\tau} \leqslant \frac{\dfrac{\pi_j}{1-\pi_j}}{\dfrac{\pi_k}{1-\pi_k}} = \frac{(1-\pi_k)\pi_j}{(1-\pi_j)\pi_k} \leqslant \tau \tag{7.8}$$

其中，$\tau \geqslant 1$。当 $\tau = 1$ 时，则有 $\pi_j = \pi_k$，即单元 j 和 k 倾向得分相同，此时不存在隐性偏差；但若 $\tau = 2$，$\pi_j = \pi_k$，$X_j = X_k$，则看上去相似的两个单元，单元 j 接受干预的概率比可能是单元 k 的两倍。罗森鲍姆（Rosenbaum，2005，2010）指出，当 τ 值越大，项目干预效应的敏感性越低；τ 值越小，干预效应的敏感性越高。一般情况下，可以声称 $\tau > 2$ 时的干预效应免除隐性偏差的影响，或者说项目干预效应的敏感性低。本章研究采用罗森鲍姆的建议，以 $\tau = 2$ 为临界值判断干预效应是否通过敏感性检验，模型和数据的分析结果均通过软件 STATA 14.0 实现。

7.2 数据来源和描述性统计

7.2.1 数据来源

由于中国扶贫小额信贷是在全国范围大面积的推广实施，准实验设计样本的方法不容易实施，因此，本章是基于大规模数据调查的事后研究。研究所分析的数据来自课题组 2018 年对中国 40 个贫困县 568 个贫困村 27261 户建档立卡贫困户进行的随机抽样调查，调查的贫困户建档立卡年涵盖的范围为 2013～2017 年。调查旨在了解贫困家庭生产生活改善的情况，重点关注小额信贷扶贫、产业扶贫的减贫增收效果，调查涉及的问题包括家庭的人口特征、衣食住行情况、医疗保障和卫生情况、产业帮扶和就业帮扶、小额信贷借贷情况和收入等。调查选取的贫困村或贫困户基本上属于地理位置相对偏僻的老少边穷地区、受其他信贷服务干扰的可能性相对较小，这有利于减少处理组和控制组样本在教育文化水平和技能上的差异性。

大量研究由于缺乏恰当的控制组而使得结论不能令人信服（Brau and Woller，2004），而课题组调查的样本都是经过严格筛查的建档立卡贫困户，这在一定程度上减少了项目组样本与控制组样本人口学及经济特征上的差异。扶贫小额信贷主要针对有贷款意愿、有就业创业潜质、技能素质和一定还款能力的建档立卡贫困户（低保户、五保户除外）且年龄符合承贷银行要求（一般不能超过 65 岁）。扶贫小额信贷的申请需要经过村民评议考核，虽然考核条件宽松，但是仍有理由认为获得扶贫小额信贷的贫困户是贫困户中的"佼佼者"。如果以项目户为处理组样本，而其余没有获得小额信贷的居民为控制组样本，则存在明显的样本选择偏差问题。因此，为了尽可能地使处理组样本与控制组样本在人口统计学方法一致、避免样本选择偏差问题，无论处理组样本还是控制组样本，均是经过村民评议考核通过符合小额信贷要求的贫困户。在数据处理上，选择那些回答了"符合小额信贷借贷条件，但是放弃了"的贫困户作为控制组样本，删除了其余没有获得扶贫小额信贷的样本。

考虑到中国政府于 2014 年底出台《意见》，2015 年前贫困户的生产计划已经产生，而非受小额信贷项目的影响，为避免已经实施的帮扶措施对项目的干扰引起的内生性问题，删除了 2015 年之前的申请户数据。由于小额信贷减贫增收效果可能在贷款获得后一段时间才能体现出来，故仅保留 2015 年的申请户数据，剔除人均收入大于 50000 元的异常样本，剔除务工收入、种养殖收入和政府补贴及亲友给钱等转移性收入信息缺失的样本数据，剔除疑似户贷企用的数据，最终选取的样本数据为

2015 年申请的建档立卡户 1842 户，其中项目户也仅限于该年获得扶贫小额信贷的贫困户 499 户，非项目户 1343 户。相对于其他评价中国扶贫小额信贷的研究而言，针对特定年份的贫困户的数据处理尽可能地减少了两类偏差的问题。虽然贫困是多维的，但收入仍是其核心内容（Sen，1982），本章的研究仍以收入为目标变量，考察小额信贷的减贫增收效果。

7.2.2　描述性统计

调查数据基本统计描述如表 7 - 1 所示。全样本数据统计描述表明，获得扶贫小额信贷的贫困户人均可支配收入比没有获得贷款的贫困户平均高 2843 元，人均种养殖收入高 2494 元，人均务工收入高 1404 元，人均转移性收入低 936 元；子样本的统计描述表明，对于一般贫困户（家中没有享受低保和五保的成员）而言，项目户的人均可支配收入比非项目户高 2453 元，人均种养殖收入高 2372 元，务工收入高 803 元，转移性收入低 489 元；低保贫困户中的项目户的人均可支配收入比非项目户高 3384 元，人均种养殖收入高 2540 元，务工收入高 1226 元，转移性收入低 456 元。由于贫困户中五保户样本较少，课题组专门对各地五保户进行了调查，调查样本数据分析表明项目户的人均可支配收入比非项目户低 203 元，人均种养殖收入低 215 元，务工收入高 438 元，转移性收入低 1905 元。其他变量则表明，项目户家庭人数、教育程度和有效劳动力人数（大于 16 岁小于 65 岁）人数略高于非项目户，而慢性病人数则略低于非项目户。

表 7 -1　　　　　　　　　　　　描述性统计

变量	总样本		项目户（Y）		非项目户（N）		差值 Y - N
	均值	标准差	均值	标准差	均值	标准差	均值
全部贫困户（已脱贫，1842 户，项目户 499 户，非项目 1343 户）							
可支配收入	9603	5491	11676	7000	8833	5297	2843
种养殖收入	2166	3490	3984	4603	1490	2676	2494

续表

变量	总样本		项目户（Y）		非项目户（N）		差值 Y-N
	均值	标准差	均值	标准差	均值	标准差	均值
全部贫困户（已脱贫，1842户，项目户499户，非项目户1343户）							
务工收入	4273	5395	5296	5866	3893	5160	1404
转移性收入	2670	2527	1989	1905	2925	2679	-936
家庭人数	3.08	1.56	3.79	1.40	2.82	1.54	0.97
教育程度	1.41	0.58	1.58	0.62	1.35	0.56	0.23
慢性病人数	0.68	0.73	0.53	0.68	0.73	0.74	-0.2
劳动力人数	1.59	1.67	2.25	1.00	1.34	1.79	0.91
一般贫困户926户（项目户312户，非项目户614户）							
可支配收入	10066	6341	11693	7400	9240	5555	2453
种养殖收入	2540	3629	4113	4785	1741	2521	2372
务工收入	5429	5773	5962	6315	5159	5463	803
转移性收入	1694	2188	1370	1632	1859	2408	-489
家庭人数	3.44	1.52	3.92	1.29	3.19	1.56	0.73
教育程度	1.48	0.59	1.63	0.64	1.40	0.55	0.23
慢性病人数	0.62	0.71	0.46	0.64	0.70	0.74	-0.24
劳动力人数	1.95	1.21	2.43	0.96	1.71	1.25	0.72
低保贫困户817户（项目户180户，非项目户637户）							
可支配收入	9102	5610	11741	6063	8357	5143	3384
种养殖收入	1915	3408	3896	4317	1356	2869	2540
务工收入	3330	4797	4285	4890	3059	4739	1226
转移性收入	3308	2229	2953	1817	3409	2324	-456
家庭人数	2.89	1.51	3.62	1.52	2.69	1.45	0.93
教育程度	1.35	0.57	1.48	0.57	1.32	0.56	0.16
慢性病人数	0.76	0.75	0.64	0.74	0.79	0.75	-0.15
劳动力人数	1.32	2.03	1.96	0.97	1.14	2.21	0.82
五保贫困户（99户，3.77%）（项目户7%，非项目户92%）							
可支配收入	9400	4181	9212	3617	9415	4238	-203
种养殖收入	721	1938	522	728	737	2039	-215
务工收入	1242	3347	1649	2464	1211	3413	438

变量	总样本		项目户（Y）		非项目户 （N）		差值 Y－N
	均值	标准差	均值	标准差	均值	标准差	均值
五保贫困户（99 户，3.77%）（项目户7%，非项目户92%）							
转移性收入	6537	2422	4767	2778	6672	2356	－1905
家庭人数	1.32	0.80	2.43	2.15	1.24	0.54	1.19
教育程度	1.22	0.49	1.43	0.53	1.21	0.48	0.22
慢性病人数	0.53	0.58	0.43	0.79	0.53	0.56	－0.1
劳动力人数	0.39	0.68	1.28	1.50	0.33	0.54	0.95

注：表中各指标数据均以家庭为单位测度，所有收入都为人均收入。教育程度：小学及以下记为1，初中为2，高中（含职校和中专）为3，大专及以上为4。

统计表明，对于所有贫困户而言，2017 年人均可支配收入均为 9603 元，远远高于国家贫困线标准 3335 元（以 2010 年的贫困线人均 2300 元每年为不变价）。项目户人均可支配收入和人均种养殖收入均明显高于非项目户，简单的统计描述似乎表明小额信贷项目有助于改善借贷者收入水平。同时表 7-1 数据表明，低保贫困户中的项目户和非项目户人均可支配收入和种养殖收入的差额均高于一般贫困户项目户和非项目户的差额，这在一定程度上反映扶贫小额信贷似乎更有利于促进低保贫困户减贫增收。

以一般贫困户为例，图 7-1 为人均可支配收入和人均种养殖收入核密度图。从人均可支配收入来看，获得小额信贷项目的贫困户在人均收入低于 10000 元时的比重低于非项目户，而在人均收入高于 10000 元时高于非项目户；从人均种养殖收入来看，项目户在收入低于 4000 元时的人数比重低于非项目户，而在收入高于 4000 元时明显高于非项目户。显然，核密度图大致表明样本数据中低收入群体没有获得小额信贷项目的农户的比重大，而相对较高收入群体中获得小额信贷的农户比重大，一定程度上表明项目有利于促进一般贫困户减贫增收。

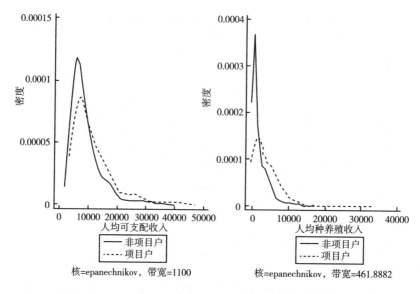

图 7 - 1　人均可支配收入和人均种养殖收入核密度图

7.3　政策实施效果评价

7.3.1　中国扶贫小额信贷项目

相对于其他发展中国家的小额信贷政策，中国扶贫小额信贷主要具有以下两个特点。

（1）借贷期限宽松、还款方式灵活。贷款期限较短的小额信贷虽然有利于降低借贷机构的贷款风险，但同时也降低了农户的借贷意愿、增加了因申请和等待放款的时间成本。一般而言，种养殖业从生产投入到产出需要半年以上的时间，短期借贷显然不利于农户利用借贷发展种养殖业。为了增加扶贫小额信贷的覆盖率，减少多次申请、多次借贷的成本，同时有利于借贷者将借贷资金用于农业生产，相比国内外其他小额信贷项目而言，中国扶贫小额信贷一次性贷款期限最长为 3 年，并且还款方式灵活，采用分期还本付息或分期还息到期还本的还款方式。因此，新的扶贫小额信贷有利于借款人制定中长期产业发展规划而不受短期还款压力的羁绊。

（2）用途指向明确。相比于传统小额信贷而言，中国扶贫小额信贷除了贷款利率低、一次性贷款期限长的优势外，还具有专款专用的特点。"精准扶贫、精准脱贫"的一个核心任务是将每一分钱用在刀刃上，促进高效脱贫。中国政府积极探索适合中国国情的扶贫措施，扶贫小额信贷便是其中一种。扶贫小额信贷具有专门指向性，具有专款专用的性质，是一种依靠外部补贴和外部担保的"特惠式"金融政策。按照《通知》要求，扶贫小额信贷用于促进贫困户增加收入、改善生产生活条件和提高自我发展能力的项目，主要包括林果业、畜牧业、中药材、小杂粮、设施园艺、乡村旅游业等特色产业，维修、加工、餐饮、小商店等服务业，销售、收购等工商业项目，以帮助有意愿、有能力的贫困户通过贷款实现自我发展。显然，扶贫小额信贷专款专用的要求一方面在于限制农户的套利行为，另一方面旨在帮助农户积累生产资产、促进持续稳定增收。

7.3.2　控制组和项目组样本数据匹配结果评价

为反映实证数据结果的稳定性和保证数据分析结果的可靠性，本章研究采用多种方法对参与项目的样本数据和控制组的样本数据进行匹配，采用的方法有局部线性回归匹配、卡尺匹配、完全匹配和核匹配（默认带宽为 0.06）。图 7 - 2 反映了全样本卡尺匹配方法共同取值范围（on support）图（其他方法得到类似的结果）。匹配结果表明 1343 个控制组样本中，2 个不属于共同支持域，1341 个属于共同支撑域，项目组全部 499 个样本均属于共同支持域，这说明项目组和非项目组样本共同支持域基本相同，对扶贫小额信贷项目进行评价的平均处理效应模型科学合理。对 926 户一般贫困户的匹配分析结果表明，614 户非项目户中有 613 户处于共同支持域中，1 户不属于共同支持域，所有 312 户项目户均处于共同支持域中；817 户低保贫困户的分析则表明，637 户非项目户有

578 户处于共同支持域中，59 户不属于共同支持域，所有 180 户项目户均处于共同支持域中。五保贫困户由于借贷户占比小，并且种养殖收入比重低，故没有对其进行进一步的匹配分析。

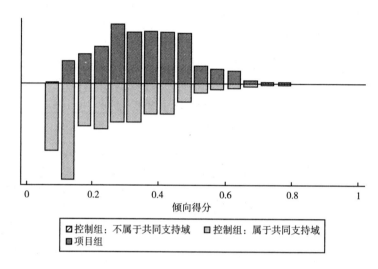

图 7-2　卡尺匹配共同取值范围

　　每一种匹配方法都可能存在局限性，譬如卡尺匹配以最佳匹配为目的时可能会造成样本损失（Parsons，2001），一般不存在适用一切情形的绝对好的方法。为考察倾向得分匹配法对可观测变量平衡效果的稳健性，采用局部线性回归匹配、卡尺匹配、完全匹配和核匹配等多种方法匹配数据，以局部线性回归匹配方法为例，检验结果如表 7-2 所示。通过比较不难表明，匹配前项目组和非项目组贫困户在教育程度、家庭人口数、慢性病人数和劳动力人数等方面差异显著，无论是全样本数据还是子样本数据，标准偏差幅度均在 15% 以上，这些差异可能导致混淆项目组和非项目在收入方面的差异。相比匹配前，所有变量标准化偏差绝对值都得到了明显改善，匹配后所有 T 检验结果均不拒绝项目组与控制组无差异的原假设，说明采用的特征变量在匹配后能很好地平衡项目组和控制组的差异。其余匹配方法得到的结论基本与表 7-2 基本一致，为节省篇幅，不在此一一列举。

表 7 - 2   数据平衡效果检验

协变量	匹配分组	均值		偏差（%）	T 检验（t 值）
		项目组	非项目组		
全样本（所有贫困户）					
教育程度	匹配前	1.5772	1.347	39.1	7.65 ***
	匹配后	1.5772	1.523	9.2	1.46
家庭人口数	匹配前	3.7916	2.8228	65.7	12.26 ***
	匹配后	3.7832	3.7782	1.4	0.23
慢性病人数	匹配前	0.5291	0.7327	− 28.6	− 5.38 ***
	匹配后	0.5238	0.4970	4.5	0.76
劳动力人数	匹配前	2.2485	1.3477	62.0	10.62 ***
	匹配后	2.2485	2.2485	0.0	− 0.00
子样本（一般贫困户）					
教育程度	匹配前	1.6378	1.3958	40.4	5.96 ***
	匹配后	1.6378	1.5897	8.0	1.00
家庭人口数	匹配前	3.9231	3.1971	50.6	7.06 ***
	匹配后	3.9231	3.859	4.5	0.63
慢性病人数	匹配前	0.4674	0.6987	− 33.9	− 4.76 ***
	匹配后	0.4674	0.4391	3.7	0.52
劳动力人数	匹配前	2.4327	1.7117	64.6	8.92 ***
	匹配后	2.4327	2.4231	0.9	0.13
子样本（低保贫困户）					
教育程度	匹配前	1.4778	1.3203	27.2	3.29 ***
	匹配后	1.4778	1.5278	− 8.8	− 0.79
家庭人口数	匹配前	3.6247	3.0265	38.3	13.66 ***
	匹配后	3.6247	3.6205	0.3	0.08
慢性病人数	匹配前	0.6331	0.7404	− 15.0	− 5.45 ***
	匹配后	0.6331	0.6157	2.4	0.71
劳动力人数	匹配前	1.8717	1.3442	44.6	15.31 ***
	匹配后	1.8717	1.8765	− 0.4	− 0.13

注：*** 、** 和 * 分别表示在 1%、5% 和 10% 的显著性水平上通过拒绝原假设的检验。

总体而言，表 7 - 2 计算结果表明，匹配前项目组和控制组在观测变量上均存在显著偏差，匹配后偏差大幅降低，显然，倾向得分匹配法明显降低了项目组和控制组观测变量的偏差，使得项目组和控制组的变量平衡，在一定程度上控制了显性的选择性偏差问题。

图7-3的左图和右图分别为项目户和非项目户匹配前和匹配后的倾向得分分布图。显然，匹配前获得扶贫小额信贷项目的贫困户与非项目户的倾向得分存在较大差异，倾向得分低于20%的非项目户明显高于项目户。这种差异表明使用非匹配的方法评价项目的作用可能导致误导性的结论。匹配后，项目户的倾向得分整体向右移动，项目户和非项目的倾向得分更接近，匹配平衡了项目户和非项目户样本。

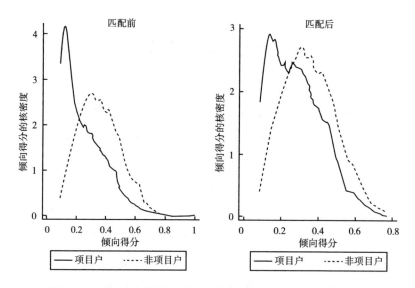

图7-3 项目户和非项目户匹配前后的倾向得分核密度图比较

7.3.3 平均处理效应结果评价

在平衡了项目组与控制组在协变量上的差异后，计算的扶贫小额信贷项目参与者与非项目户的平均处理效应结果如表7-3所示。计算结果表明，在0.05的显著性水平上，对所有贫困户（全样本）而言，扶贫小额信贷项目不仅显著改善了借贷者的可支配收入，而且显著提高了其种养殖收入。平均而言，项目户与其反事实的可支配收入比较，参加项目使其收入至少增加 1799 元。相对于人均可支配收入，人均种养殖收入增加更为明显，扶贫小额信贷使项目参加者至少增收 2319 元，这一额度占 2017 年国家贫困线标准 3335 元（以 2010 年 2300 元/年为不变价计算得到）的 70%。总体而言，扶贫小额信贷有利于促进贫困户减贫增收。

表 7-3　　　　　　　　　**平均处理效应结果**

收入类型	方法	ATT	标准差	ATU
全样本（所有贫困户）				
人均可支配收入	局部线性回归匹配	2072.96***	397.53	2757.20***
	卡尺匹配	1965.75***	365.79	2900.17***
	完全匹配	1798.65***	397.53	1534.29***
	核匹配	1966.93***	364.55	2550.17***
人均种养殖收入	局部线性回归匹配	2413.49***	241.40	2375.49***
	卡尺匹配	2367.61***	227.01	2585.99***
	完全匹配	2319.26***	241.40	1506.70***
	核匹配	2367.30***	226.50	2483.08***
人均务工收入	局部线性匹配	-457.98	352.02	60.46
子样本（一般贫困户）				
人均可支配收入	局部线性回归匹配	1773.34***	548.54	951.13***
	卡尺匹配	1750.62***	502.46	1318.55***
	完全匹配	2010.52***	548.54	1471.04***
	核匹配	1705.12***	500.16	1434.32***
人均种养殖收入	局部线性回归匹配	2265.05***	315.75	1512.77***
	卡尺匹配	2262.93***	298.72	1782.96***
	完全匹配	2314.29***	315.75	1654.04***
	核匹配	2255.65***	297.92	1826.18***
人均务工收入	局部线性回归匹配	-537.65	488.76	-499.53
子样本（低保贫困户）				
人均可支配收入	局部线性回归匹配	2801.28***	641.43	4033.80***
	卡尺匹配	2632.75***	540.97	3743.23***
	完全匹配	1704.49**	641.43	3692.11***
	核匹配	2685.85***	540.10	3732.75***

续表

收入类型	方法	ATT	标准差	ATU
子样本（低保贫困户）				
人均种养殖收入	局部线性回归匹配	2552. 39 ***	409. 17	3175. 99 ***
	卡尺匹配	2488. 85 ***	353. 62	2854. 05 ***
	完全匹配	2210. 86 ***	409. 17	2473. 28 ***
	核匹配	2502. 68 ***	353. 19	2860. 22 ***
人均务工收入	局部线性回归匹配	− 227. 51	533. 73	390. 04

注：$**p < 0.05$，$***p < 0.01$。

结果同时表明，扶贫小额信贷项目对一般贫困户和低保贫困户（子样本）都有效。扶贫小额信贷促进一般贫困户收入至少增加 1705 元（基于四种匹配方法处理效应的平均值），低保贫困户增收 1704 元；在人均种养殖收入方面，项目促进一般贫困户至少增收 2255 元，促进低保贫困户增收 2439 元。

比较四种基于倾向得分匹配法的处理效应结果表明，扶贫小额信贷项目对于经济相对困难的低保贫困户而言效果更明显。在收入增加的额度方面，四种方法中有三种方法表明项目对低保贫困户的效果额度大于一般贫困户。在可支配收入增加的程度方面，一般贫困户的可支配收入中大约 15% 来自项目增收效果，而低保贫困户这一比例为 20.9%；在种养殖收入方面，一般项目户的种养殖收入约 55% 源于项目增收效果，而低保贫困户这一比例则高达 63%。从收入来源结构看，低保贫困户种养殖收入占比高于一般贫困户，而务工收入占比低于一般贫困户，因此，项目对低保贫困户更有效。可能的原因在于低保贫困户家庭中有效劳动力文化水平较低、慢性病人多而外出务工人员相对较少，因此，务工收入比重相对较低而种养殖收入比重高，低保贫困户更加依赖于种养殖收入。

计算结果同时表明，项目户相对于控制户而言，务工收入改进效果在经济意义上不明显，在统计意义上也不显著。以基于局部线性回归匹配法的处理效应结果为例，对于一般贫困户，项目户的务工收入比没有获得小额信贷的农户低 538 元，在可支配收入中占比为 4.6%，项目影响的统计意义并不显著；对于低保贫困户，项目户比非项目户务工收入少 277 元，在可支配收入中占比仅为 2%，统计意义也不显著。显然，计算结果表明，在经济意义上，项目户减少的务工收入不足以抵消增加的种养殖收入；在统计意义上，项目户种养殖收入改进显著，而务工收入的减少并不显著。表 7-3 计算结果表明，对于非项目户的平均处理效应，得到与上述类似的结论。

其他计算结论表明，扶贫小额信贷对于五保贫困户而言，并无显著的收入增加效果。一个可能的原因在于五保户家庭以老年人为主，收入结构来源以转移性收入为主，项目对其收入改善空间相对有限。

7.3.4　敏感性分析结果评价

处理效应分析中反映的因果关系可能会受到隐性偏差的影响，为检验隐性偏差是否会显著影响干预效应，这就有必要对干预效应结果进行敏感性检验，敏感性检验结果如表 7-4 所示，不同 τ 值时 Wilcoxon 符号检验的最大和最小概率值，分别标识为 sig^+ 和 sig^-；同时列出了 Hodegs-Lehmann 点估计区间的下界和上界，分别标识为 CI^- 和 CI^+。以人均可支配收入为因变量的干预效应的敏感性检验表明，在 τ 值小于 2 时，无论是全样本还是子样本，符号检验的最大值均出现大于显著性水平 0.05 的情况，而 Hodegs-Lehmann 区间包含 0，这表明贫困户的可支配收入与扶贫小额信贷项目的因果关系不稳定，会受到隐性偏差影响。从表 7-1 中反映的贫困户收入结构看，务工收入所占份额明显高于种养殖收入，而转移性收入与种养殖收入比重接近。因此，影响务工收入或转移性收入的不可观测变量均可能间接影响项目对贫困户的可支配收入的影响。

表 7-4　　　　　　　　　　　敏感性检验结果

因变量	τ	sig^+	sig^-	CI^-	CI^+
全样本（所有贫困户）					
人均可支配收入	1	0	0	521.85	1575.96
	1.5	0.4372	0	-446.87	2751.77
	2	0.9950	0	-1058.54	3675.72
	2.1	0.9988	0	-1157.69	3852.22
	2.5	1	0	-1498.21	4483.7

续表

因变量	τ	sig^+	sig^-	CI^-	CI^+
全样本（所有贫困户）					
人均种养殖收入	1	0	0	1409.01	2032.74
	2	0	0	460.26	3327.15
	2.1	0	0	398.69	3425.43
	2.5	0.0004	0	193.81	3777.7
子样本（一般贫困户）					
人均可支配收入	1	0.0459	0	−93.55	1301.41
	1.5	0.9199	0	−1076.39	2587.92
	2	0.9999	0	−1693.61	3645.93
	2.1	1	0	−1794.54	3844.45
	2.5	1	0	−2141.65	4589.84
人均种养殖收入	1	0	0	1105.3	1884.19
	2	0.0021	0	167.54	3194.35
	2.1	0.0055	0	110.57	3300.95
	2.5	0.0843	0	−99.93	3681.92
子样本（低保贫困户）					
人均可支配收入	1	0	0	1085.48	2188.99
	1.8	0.0434	0	−98.09	4544.75
	1.9	0.0771	0	−211.67	4710.92
	2	0.1244	0	−320.46	4851.82
	2.5	0.5092	0	−751.82	5618.33
人均种养殖收入	1	0	0	1467.71	2564.14
	2	0	0	529.75	3936.25
	2.1	0.0001	0	470.90	4048.61
	2.5	0.0020	0	220.49	4435.16

针对处理效应分析中扶贫小额信贷项目对种养殖收入为因变量的干预效应的敏感性检验结果表明，只有在 τ 值大于 2 时，全样本或子样本符号检验的最大值才会出现大于 0.05 的情况，或者 Hodegs-Lehmann 区间包含 0 的结果，说明扶贫小额信贷项目对贫困户种养殖收入的干预稳定有效，其因果关系不易受隐性偏差影响。

　　针对一般贫困户子样本数据的敏感性分析结果表明，τ 值小于 2.5 时符号检验的最大值出现大于 0.05，或者 Hodege-Lehmann 区间包含 0 的结果；而对于低保贫困户样本数据而言，则需在 τ 值大于 2.5 时才出现上述情形。显然，扶贫小额信贷项目对于经济状况相对困难的低保贫困户增收效果更为稳健，且不易受隐性偏差的影响，在一定程度上支持了汉德克等（Khandker et al.，2005）认为小额信贷对极端贫困的群体比对一般贫困群体更有效的研究结论。

　　在减贫成效方面，对于一般贫困户而言，如果项目户可支配收入减去稳定增收的种植收入，将有 11.2% 的脱贫户返贫；而对于获得小额信贷项目的低保贫困户，则有 25.6% 的脱贫户返贫。显然，中国扶贫小额信贷项目不仅是"真扶贫"，而且是"扶真贫"。

7.4　本章小结

　　为促进贫困户脱贫增收，中国政府于 2014 年底出台《关于创新发展扶贫小额信贷的指导意见》，新的扶贫小额信贷项目相比于国外小额信贷项目和中国传统的小额信贷项目而言，具有借贷利息成本低、借贷期限长和用途指向明确等特点。利用课题组对中国 40 个贫困县的调查数据，基于贫困户的自我选择行为，采用倾向得分匹配法分析结果表明，项目组样本均处于共同支持域，非项目组中少数样本不处于共同支持域，特征变量较好地平衡了项目组和控制组样本数据中的可观测变量。然后，基于倾向得分匹配法的处理效应和敏感性分析的结果表明，新的扶贫小额信贷项目指向性明确，有利于稳定地促进贫困户增加种养殖收入，并且对低保贫困户效果依然稳健可靠。具体而言，研究得到三个方面的主要结论。

　　（1）扶贫小额信贷项目对借贷者的可支配收入改进效果显著但不稳健，对种养殖收入改进效果既显著又稳健。基于倾向得分匹配法的处理效应检验结果表明，在一定统计显著性水平下，扶贫小额信贷项目对所有贫困户的可支配收入和种养殖收入均有明显改善。进一步的敏感性分析检验结果则表明，扶贫小额信贷对借贷者的可支配收入改进效果可能遭受隐性偏差的影响，然而，针对种养殖收入的敏感性分析表明，扶贫小额信贷项目对种养殖收入改进效果稳健，不易遭受隐性偏差的影响。显然，中国扶贫小额信贷是"真扶贫"。同时也表明，用途要求明确的扶贫小额信贷对借贷者收入的改进效果具有严格的指向性，其在借贷者可支配收入改进方面可能因为隐性偏差的影响而表现为"贫困中性"的，但是在种养殖收入改进方面是"贫困瞄准"的。

（2）扶贫小额信贷项目对经济相对困难的低保贫困户增收效果更加明显。处理效应分析结果同时表明，无论在促进项目借贷者收入增加的额度方面，还是在收入增加的程度方面，扶贫小额信贷对经济状态相对比较困难的低保贫困户增收效果均好于一般贫困户。敏感性分析结果表明，项目对低保贫困户增收效果更稳定，更不容易遭受隐性偏差的影响。因此，检验结果在一定程度上表明扶贫小额信贷项目不是激励了"穷人中的富人"，而是激励了"穷人中的穷人"，既是"真扶贫"，也是"扶真贫"。

（3）务工收入"抵消效应"在经济意义上和统计意义上都不显著。对于一般贫困户，扶贫小额信贷项目虽然减少了项目者的务工收入，但收入降低的额度并不明显，并且统计意义上也不显著；对于低保贫困户，扶贫小额信贷项目影响程度相对较小，统计意义也不显著。

总体而言，中国扶贫经历了从"大水漫灌"到"精准滴灌"的过程，在扶贫开发进入"啃硬骨头"时期，扶贫小额信贷促进了贫困户种养殖收入增加，有利于积累生产性资产并保障其收入可持续增长，体现了"资金跟着穷人走""资金跟着项目走"的特点。显然，相比于"大水漫灌"式的政策性金融扶贫项目而言，扶贫小额信贷弥补了其不能让低收入者受益的缺陷。中国政府可以在总结扶贫小额信贷经验的基础上，继续探索有利于农民增收、农村产业发展的信贷项目，从而进一步发挥金融工具在促进农民持续增收、乡村振兴中的积极作用。

第8章　职业技能培训扶贫
效果测度与评价

20 世纪 90 年代，职业技能培训减贫工作开始在我国引发关注，随着我国农村扶贫工作的推进不断发展和壮大。总结中国职业技能培训工作历程，大致可以分为初始萌芽、迅速成长及蓬勃发展三个阶段。

第一阶段（1984～1993 年）：职业技能培训减贫初始萌芽阶段。党的十一届三中全会以后，我国农村贫困地区发展总体向好，但随着扶贫工作的深入，农村经济发展不平衡问题日益突出，持续投入扶贫资金却收效甚微，人们才真正开始意识到单纯依靠救济无法彻底改变贫困地区的落后面貌，必须依靠群众自己的力量才能得以长期发展。随后《关于帮助贫困地区尽快改变面貌的通知》指出，要加大贫困地区智力投入，将职业教育的重心放在农业上，加快组建与贫困地区建设相匹配的人才队伍，通过提高智力水平推动贫困地区快速发展。1985～1988 年，"星火""丰收""燎原"三大计划相继实行，将具有智力优势的职业技术引入农村，培养能够适应农村贫困地区需要的专业技术人才，促进农村贫困地区建设与发展。在此阶段，职业技能培训开始受到关注，虽然尚未形成针对职业技能培训减贫的具体实施方案，但已经开始进行积极有益的探索。

第二阶段（1994～2012 年）：职业技能培训减贫迅速成长阶段。1994 年，《国家八七扶贫攻坚计划》指出，应该对大部分中青年劳动力进行成人职业技术教育与训练，使其具备一两个具有实践性的技能。2001 年，《中国农村扶贫开发纲要》提出，有指向性地开展各类职业教育和短期培训帮助农民掌握先进技术,进而有效地提升贫困人口收入水平和改善贫困地区现状。2003 年,贫困地区开始广泛实施"雨露计划",以贫困地区的青壮年农民、退伍士兵以及贫困子女为对象,通过开展职业技能培训、创业培训以及农业实用技术培训等,帮助贫困家庭的劳动力学习特定技能以更好地把握就业机会。2004 年,中央"一号文件"进一步突出了对农村劳动力的职业技能培训,以及加快贫困和落后地区的劳动力转移。同年,农业部等六部门联合组织实施"阳光工程",以向非农产业、城镇地区转移 1000 万农村劳动力尤其是贫困地区劳动力为目标实施职业技能培训。这一阶段,国家众多政策文件中都强调了职业技能培训对于减贫的重要性,并实施了缓解贫困的大规模职业技能培训行动计划,技能扶贫的观念日渐深入人心。

第三阶段(2013～2020 年):职业技能培训减贫蓬勃发展阶段。2013 年,"精准扶贫"思想要求对具有培训意愿的贫困劳动力家庭全面摸底,时刻关注贫困劳动力的培训需求,并根据实际分类开展培训,以增强其在劳动力市场上的竞争力,同时提供附近就业和外出就业信息,通过提升贫困劳动力的内生发展动力达到可持续性减贫的目的。2015 年《中共中央 国务院关于打赢脱贫攻坚战的决定》提出,支持贫困地区建设县乡基层劳动就业和社会保障服务平台,引导和支持用人企业在贫困地区建立劳务培训基地,开展订单定向培训,建立和完善输出地与输入地劳务对接机制。2016 年,《关于切实做好就业扶贫工作的指导意见》特别强调,要"积极组织贫困劳动力参加劳动预备制培训、岗前培训、订单培训和岗位技能提升培训,提高培训的针对性和有效性";同年出台的《"十三五"脱贫攻坚规划》强调,要加强职业培训,尤其是贫困人口职业技能的培训。2019 年,《职业技能提升行动方案(2019～2021 年)》明确要加大贫困劳动力和贫困家庭子女技能扶贫工作力度,并在培训期间严格落实生活费补贴或相关补助等政策。

数据表明,2012～2019 年,我国共开展政府补贴性职业技能培训 14934.1 万人,其中,2019 年为 1877.1 万人。从不同培训类型看,2012～2018 年共开展就业技能培训 7263.5 万人,岗位技能提升培训 3933.7

万人，创业培训 1477.2 万人，其他培训 383 万人①。然而，由于农户资源禀赋差异以及受教育水平不同，对培训内容的理解能力也不一样，职业技能培训的减贫效果可能存在差异，因此，有必要全面评估职业技能培训的减贫成效，为后扶贫时期相对贫困治理和乡村振兴提高农村劳动力素质提供宝贵经验。此外对微观个体实际收益情况的检验与异质性分析，也有利于对症下药，寻找解决相对贫困的措施。虽然少数文献从个体经济维度出发探究了职业技能培训的减贫效应，但尚未全方位梳理与阐述职业技能培训多维减贫机制。对此，本章研究试图基于现有职业技能培训政策优势和实践活动，从微观角度厘清职业技能培训多维减贫的直接与间接作用机制，考察职业技能培训和多维相对贫困之间的内在联系，并进一步评估职业技能培训的多维减贫效应及其异质性。

8.1　职业技能培训多维减贫机制分析

职业技能培训作为人力资本投资的主要方式之一，在政府干预下以准公共品的形式予以呈现，并积极引导农村劳动力理性参与，这不但有助于提升劳动力的实用技能、改善收入水平，还有利于挖掘内生动力、改变思想观念和缓解多维度农村贫困。当前，直接研究职业技能培训多维减贫机制和路径的文献较少，对此本章主要借鉴其他人力资本的相关研究成果，从多维视角厘清职业技能培训的直接与间接减贫作用机制，探讨职业技能培训实现多维减贫的可能性并提出相应的研究假设。

8.1.1　职业技能培训多维减贫直接作用机制分析

职业技能培训既能扶贫，又能扶志（智），其减贫的外部表现为职

---

① 根据 2012 ~ 2018 年各年度的《人力资源和社会保障事业发展统计公报》中的数据计算整理得到。

业技能培训有利于农户获取知识与技能，既可以学习农业生产技术、改变传统农业模式、减轻劳动强度，也可以促使劳动力转移就业、提高工资性收入；职业技能培训减贫的内在激励在于为农户增强内生动力、获得感与认知水平。

（1）职业技能培训与收入提升。职业技能培训这一形式的人力资本投资能够提高劳动力的综合素质（Schultz，1961），并且培训的成效最终将在收入上得以体现（陈浩，2008）。一方面，劳动力通过接受职业技能培训，学习更加适合社会就业所需要的相关技能，进而提高职位晋升的可能性并提升收入水平。另一方面，通过职业技能培训提升农户生产技术技能，以现场观摩或亲身实践的方式熟悉技术方法的应用，帮助农户借助新的要素提高生产效率和改善生产效果，进而获得更高的收入。

此外，由于科学技术的飞速发展，劳动力市场标准也是与日俱增，农户可借由职业技能培训熟练掌握与时俱进的技术、方法以及工具等，为向更高层级的产业转移、向更有发展前景的岗位调换以及获取更高的收益打下基础。

（2）职业技能培训与就业促进。农户往往存在受教育程度不高、文化素养有限的问题，相比于其他受教育程度更高、综合素质更强的劳动力而言，显然无法在劳动力市场中获得存在感和优势地位，这对农户的职业选择以及向高端职业流动造成了阻碍。而职业技能培训有利于促进农户就业过程中与受教育程度的可替代性（任国强，2004）。具体而言，职业技能培训对就业的影响主要体现在三个方面：第一，接受职业技能培训能够帮助寻求就业机会。职业技能培训的时长虽然不及普通教育，但是可以在一定程度上弥补普通教育缺失在就业选择上的劣势，从而应对当前较为迫切的就业形势。第二，接受职业技能培训显著增强就业的稳定性。当遭遇裁员危机时，没有技能傍身的纯体力劳动者毫无疑问将会首先面临失业，而对拥有一技之长的劳动力影响较小（于雁洁，2016）。第三，接受职业技能培训增加职业层次和地位提升的可能性。人力资本积累程度过低的职业很难实现职业层次的流动，而人力资本的积累对职业层次和地位提升的影响主要是来自职业技能的提高

（王超恩等，2013）。

上述研究表明，参与职业技能培训可以增加知识储备，提升劳动力的技能水平和就业能力，很大程度上带来就业机会的增加，同时也可以增强就业的稳定性以及职业层次和地位提升的可能性（田北海，2013；王超恩和符平，2013）。

（3）职业技能培训与教育提升。农户往往由于家庭经济和资源的限制导致受教育程度较低，职业技能培训作为一种特殊形式的教育，其本身就具备教育的功能，而通过参与职业技能培训能积累知识和技术，有利于帮助农村农民提高自身人力资本的存量和质量（王建，2017）。因此，在接受培训的过程中，农村居民在认知能力、信息能力等综合素质方面都有提升。此外，接受职业技能培训对于斩断贫困代际传递更重要的意义在于促使农民意识到对其子女进行教育投资的必要性。

（4）职业技能培训与健康维护。对于接受职业技能培训的劳动者本身而言，职业发展的自由度更大，有助于避免从事损害身体健康的高危职业并降低过度疲惫的可能性（郭凤鸣和牟林，2019），而过度劳动既会损害劳动力的身体健康，还会严重影响其精神状态（郭凤鸣和曲俊雪，2016），因此，参与职业技能培训有利于提升获得者的获得感，主要体现在两个方面：一方面有利于减轻参与者的工作强度；另一方面有利于改善工作环境并有利于身体健康。

（5）职业技能培训与心理调节。劳动力通过参与职业技能培训后可以接触到其他培训的劳动力和教授知识与技能的专业人员，在职业技能培训的过程中，尤其是对于政府主导的职业技能培训，可以加强劳动力与专业人员之间以及劳动力与劳动力之间的相互合作（罗明忠等，2020），这实际上有助于建立广泛的社会网络资本。因而，职业技能培训扶贫是"志智双扶"思想在我国农村工作中的具体体现。

另外，依据马斯洛需求层次理论和奥尔德弗 ERG 需要理论，人的需求具有层次性，在低层次需求基本得到满足后，会进一步追求高层次需求。就职业技能培训而言，其能提高农民的需求层次，同时也能提升农民的满足感。此外，职业技能培训使得参与者就业前景更加明朗、收入更加可观，对美好生活更加向往。同时，思想和观念眼光更加开阔，有助于提升幸福感、获得感以及安全感（雷竞，2019）。

此外，职业技能培训还可以改善二级劳动力的综合素质，缩小其与一级劳动力的收入差距，具有推动劳动力市场一体化和促进社会公平的重要意义。目前，农村劳动力的受教育水平与产业发展需求仍然存在差距。通过职业技能培训将农村劳动力转换成有效的人力资源，推动农村劳动力由以劳动力谋生存转向以人力资本谋幸福发展，在一定程度上缓解劳动力教育不公平现象（张毓龙和刘超捷，2020）。

8.1.2 职业技能培训多维减贫间接作用机制分析

（1）劳动力转移就业的中介效应。职业技能培训能够通过增加就业机会、增强就业的稳定性以及提升职业层次，进而直接促进劳动力转移就业，依托劳动力转移就业发挥其间接减贫效应。具体而言，体现在三个方面：一是降低收入不平等主要依赖于劳动力向非农转移所得工资性收入（陈宏伟等，2020）。二是利用劳动力转移就业获得的收入改善生产技术、减轻劳动负担、增加教育和医疗保健的投入以及提升幸福感等；家庭留守人员可以利用转移就业的收入购买生产资料（钱龙和钱文荣，2018），改善生产技术，减轻劳动负担，使得留守成员有更多的时间享受闲暇、增加主观幸福感。三是劳动力进入城市就业，可以享受到城市规模所带来的人力资本外部性（夏怡然和陆铭，2019）；城市的人力资本水平较高，进入城市的劳动者可以获得更多的就业机会、更好的学习机会、更高的工资水平，同时可以发挥外出劳动力的带动作用吸引更多农村劳动力流入，使劳动力享受到城市经济和知识的溢出效应，从而达到提升农村人力资本水平的目的。

（2）家庭主观社会地位认同的中介效应。社会地位往往是由特定人群的职业、威望以及社会网络等多方面因素共同决定的，它受到多种因素的影响，在我国经济社会环境面临转型的背景下，获得社会地位日渐依赖于个体自身因素，越来越强调个体的能力和学历，因此，有利于提升个人职业技能水平的培训对提升个人社会地位的影响不容忽视。

接受职业技能培训能够获得职业技术鉴定和职业资格证书，技能培训成效突出的学员还会得到奖励和表彰，这会提高劳动力个体自我的认可度和自信心，同时会对个体的认知程度、人际交往以及就业方向等各个方面产生积极影响。另外，参与职业技能培训不但有助于获得高薪或社会认可度高的工作，而且有助于提升父母对子女教育的投资，从而提升家庭未来社会地位（张亮和杭斌，2018）。显然，农户在寻求技能提升的过程中，不仅对个人和家庭的社会地位有影响，而且有望促进子女实现阶层跨越。而社会地位的提升有利于提升贫困家庭与劳动力获取资源的能力，增强其脱贫的信心与动力；社会地位越高，所拥有的或者所能控制的资源数量越多、质量越高，当家庭遇到重大风险时能够及时化解（史恒通等，2019）。另外，社会地位的提升不但有助于贫困人口自身的脱贫致富能力的提升，同时社会地位越高产生的辐射带动作用越强（高帅，2015；申广军和张川川，2016），因而成为转变农户家庭贫困状况的重要途径之一。

8.1.3　研究假设

综上所述，职业技能培训可以通过直接或间接的方式缓解农户家庭收入、就业、教育、健康、心理等各维度贫困状况，如图8-1所示。因此，基于国内外研究提出四点假设。

假设1：参与职业技能培训有利于改善农户家庭的收入、就业、教育、健康、心理等多维相对贫困状况。

假设2：适度的职业技能培训强度下，参与职业技能培训有助于缓解多维相对贫困；而过高的职业技能培训强度下，则会抑制多维减贫效应。

假设3：职业技能培训的减贫效应存在地区和家庭异质性。

假设4：劳动力转移就业是影响职业技能培训多维减贫效应的中介变量，同时也是假设2成立的潜在原因。

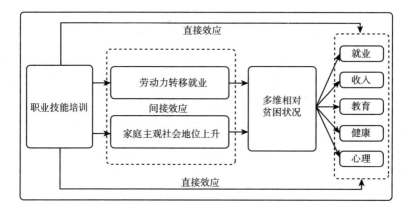

图 8 - 1   职业技能培训与心理调节的作用关系

8.2   测 度 方 法

8.2.1   项目实施效果评价

首先采用倾向得分匹配方法和处理效应模型评价职业技能培训项目实施效果，结果变量 Y_{1i} 表示农户家庭 i 接受职业技能培训时的多维相对贫困剥夺得分，Y_{0i} 表示接受职业技能培训的农户家庭 i 假设其未接受职业技能培训时的多维相对贫困剥夺得分。

为评价职业技能培训项目的多维减贫效果，需测度参与者的平均处理效应，由于参与者的反事实剥夺得分不能直接测度，需要通过倾向得分匹配方法估计得到。具体而言，本章研究运用 PSM 方法测度反事实多维剥夺得分包括三个步骤。

第一，构建农户家庭 i 接受职业技能培训的决策方程，并运用 Probit 模型测算出农户家庭 i 接受职业技能培训的条件概率 P；第二，利用多种匹配方法为每个接受职业技能培训的家庭样本匹配未接受职业技能培训的家庭样本，作为家庭 i 的反事实结果，以保证结果的稳健性；第三，根据协变量 X 在项目组与非项目组之间的标准化偏差的大小检验匹配结果，若小于 20%，则表示匹配成功，可以认为匹配成功的项目组与非项目组间的所有其他影响因素不存在系统差异，仅仅在是否接受职业技能培训 T 这一核心变量上存在差异。此时，多维相对贫困剥夺得分的差异就可认为是由 T 引起的，从而得到职业技能培训 ATT 的净效应。

由于 PSM 方法只能够用于评估 0 - 1 型单决策变量的平均处理效应，无法用于测算多元变量或连续变量的平均处理效应。因此，希拉诺和因本斯（Hirano and Imbens，2004）提出用于处理多元变量或者连续型变量的广义倾向得分匹配法（GPSM）。鉴于此，将运用广义倾向得分匹配法分析职业技能培训强度对农户家庭多维相对贫困的影响。

对于第 i 户农户，$\{Y_i(t)\}_{t \in T}$ 表示该农户在处理变量 T 的不同取值时与之一一对应的多维相对贫困剥夺得分，将其定义为个体的"剂量反应"函数，则"平均剂量反应"函数可表示为 $\mu(t) = E[Y_i(t)]$。此时，处理变量 T 不同取值所对应的"平均剂量反应"函数值之差为处理强度变化所带来的减贫效应。

设 $r(t,x)$ 为给定协变量 X 的情况下关于处理变量 T 的条件密度函数：

$$r(t,x) = f_{T \mid X}(t,x) \tag{8.1}$$

则广义倾向得分 $R = r(T,X)$，表示控制协变量 X 时，处理变量 T 取值为 $t(t \in T)$ 的概率。广义倾向得分匹配具有与倾向得分匹配类似的平衡特性，$r(t,x)$ 值相同的样本，处理变量 T 的概率不再依赖于协变量 X，即 $X \perp I(T=t) \mid r(t,x)$，可用于检验项目组与非项目组之间各特征变量的标准化偏差的大小以验证结论的可靠性。

对于给定的协变量 X，每一个处理变量取值 t 都有：

$$f_T\{t \mid r(t,X), S(t)\} = f_T\{t \mid r(t,X)\} \tag{8.2}$$

式（8.2）表明经过广义倾向得分匹配后，任一处理变量的取值 t 与都与其相对应的结果变量 $Y(t)$ 相互独立，因而可以用于消除与协变量相关的任何偏差。

基于上述相关定义和定理，分四个步骤实现 GPSM 评估。

第一，根据协变量 X 估算处理强度 T 的条件概率密度。研究采用接受职业技能培训人数占家庭劳动力人口的比率表示职业技能培训强度，该变量的取值落在 $[0,1]$ 区间，且严重左偏，存在一定量的 0 值，不符合正态分布的假设前提。为了解决这个问题，借助芭芭拉和马科（Barbara and Marco，2014）提出的 Fractional Logit 模型修正密度函数进行估算。

对于农户样本 i，给定协变量 X 的情况下处理变量 T 的条件期望值为 $E(T_i | X_i) = f(X_i\beta)$，对所有的 $X_i\beta \in R$，有 $0 \leqslant F(X_i\beta) \leqslant 1$，从而保证 T_i 的拟合值在区间 $[0,1]$ 中。若函数 $F(\cdot)$ 是服从 Logistic 分布的累积分布函数，则其可具体表示为：

$$F(X_i\beta) \equiv \Lambda(X_i\beta) \equiv \frac{\exp(X_i\beta)}{1 + \exp(X_i\beta)} \tag{8.3}$$

对于服从伯努利分布的非线性方程，利用准最大似然估计对其进行最大化处理后如式（8.4）所示：

$$L(\beta) \equiv T_i\Lambda(X_i\beta) + (1 - T_i)[1 - \Lambda(X_i\beta)] \tag{8.4}$$

根据式（8.4）可估计出第 i 个观测样本广义倾向得分，如表达式（8.5）所示：

$$\hat{R}_i = (\Lambda X_i\hat{\beta})^{T_i} \times [(1 - \Lambda X_i\hat{\beta})]^{(1-T_i)} \tag{8.5}$$

第二，根据处理强度 T_i 和得分值 $\hat{R}_i$ 构造多维相对贫困剥夺得分的条件期望模型：

$$E(Y_i | T_i, \hat{R}_i) = \alpha_0 + \alpha_1 T_i + \alpha_2 T_i^2 + \alpha_3\hat{R}_i + \alpha_4\hat{R}_i^2 + \alpha_5 T_i\hat{R} \tag{8.6}$$

第三，将上述条件期望模型中有偏的处理变量 T_i 替换为具体处理变量值 t，将得分值 $\hat{R}_i$ 替换为得分值估计式 $\hat{r}$，可得到如式（8.7）所示的"平均剂量反应"函数，将步长设置为 0.01，即 $t = 0, 0.01, 0.02, \cdots, 0.99, 1$。

$$\mu(t,\hat{r}) = \hat{E}(Y_i \mid T_i = t, \hat{R}_i = \hat{r})$$

$$= \sum_{i=1}^{N} \left[\hat{\alpha}_0 + \hat{\alpha}_1 t + \alpha_2 t^2 + \hat{\alpha}_3 \hat{r}(t, X_i) + \hat{\alpha}_4 \hat{r}(t, X_i)^2 + \hat{\alpha}_5 t\hat{r}(t, X_i) \right]$$

$$(8.7)$$

第四，根据设定的相关参数，计算不同职业技能培训强度下的处理效应，即不同职业技能培训强度下为农户家庭多维贫困剥夺得分的期望与其反事实多维贫困剥夺得分的期望差值。

$$TE = u(t) - u(0)$$

8.2.2　项目干预机制评价

中介效应模型常用于测度间接效应，传统中介效应分析假定处理变量 T 和中介变量 M 具有外生性（Imai et al.，2010）。然而，当 T 或 M 为内生变量时，传统的中介效应模型不再适用。特别是，有些情况下处理变量和中介变量都是内生的，部分方法为处理变量和中介变量分别寻找一个工具变量（Frölich and Huber，2017；Jun et al.，2012），但此时测算的难度和误差都会增加。针对上述问题，迪佩尔等（Dippel et al.，2020）开发了基于工具变量的因果中介分析方法，允许使用单个工具变量估计中介变量对被解释变量的因果效应。该中介效应模型的测算主要分两个阶段进行，具体表达式如式（8.8）和式（8.9）所示。

第一阶段：　　　　$M_i = \gamma_{M_i}^{Z_i} \times Z_i + \gamma_{M_i}^{T_i} \times T_i + \varepsilon_{T_i}$　　　　（8.8）

第二阶段：　　　　$Y_i = \beta_{Y_i}^{M_i} \times \hat{M}_i + \beta_{Y_i}^{T_i} \times T_i + \varepsilon_{Y_i}$　　　　（8.9）

其中，T_i 表示农户家庭 i 是否接受职业技能培训（或者接受职业技能培训的强度）；M 为中介变量，表示农户家庭外出就业劳动力人数在家庭总劳动力人数中的占比；Z_i 为工具变量，表示农户家庭 i 所在社区的外出就业劳动力人数在该社区全部劳动力人数中的比重。显然，工具变量与农户家庭劳动力外出就业人数的比重相关，而与农户家庭的多维相对贫

困剥夺得分（或者与农户是否为处于多维相对贫困状态）无直接关系，

理论上符合工具变量的要求。$\hat{M}$ 是第一阶段 M 的估计值，Y_i 表示农户家庭 i 接受职业技能培训时（或特定职业技能培训强度下的）多维相对贫困剥夺得分。此时，$\beta_{Y_i}^M$ 的取值即为所重点关注的间接效应系数值。

根据上述方法测度中介效应模型中的相关系数，包括总效应、直接效应和间接效应的系数。中介效应模型中间接效应测度结果的具体含义体现在两个方面：若直接效应与间接效应系数的符号相同，则间接效应表现为"中间效应"；若系数方向相反，则间接效应表现为"遮掩效应"。此外，该模型还检验了中介效应模型中是否存在弱工具变量的问题。

8.2.3 数据来源和描述性统计

（1）数据来源。本章研究采用中国劳动力动态调查（China Labor-force Dynamic Survey，CLDS）数据，该数据库以 15～64 岁年龄范围内的劳动力为主要追踪调查对象，从劳动力个体、家庭及所在社区三个层面出发，并于 2011 年在广东省进行了试调查，2012 年选取全国 29 个省、自治区、直辖市开始基线调查，截至目前已经完成并公布 2014 年和 2016 年两轮追踪调查数据。本章研究选取 2016 年的数据进行实证分析，一方面，2016 年的数据相较于 2012 年和 2014 年数据时效性更强；另一方面，2016 年数据所包含的关键信息更为全面。数据预处理过程如下：①研究对象为农村家庭，故仅保留农村地区样本；②利用家庭编码和社区编码将家庭数据库、劳动力数据库以及社区数据库进行匹配，并剔除存在明显错误的样本；③该数据库部分数据缺失较为严重，若直接删除缺失值则无法保证足够的样本量，因而在选取相关变量时也将样本的大小作为重要考虑因素；④研究关注的是家庭而非个体情况，因此，相关指标取值在整理各家庭成员指标取值的基础上进行加总后获得。经过整理后，得到 3235 个样本家庭构成的数据，其中项目户 454 户，非项目户 2781 户。

构建的多维相对贫困指标如表 8-1 所示，关于收入、就业、教育和健康等指标的解释见第 2 章的表述。此外，为反映社会生活环境对多维相对贫困测度的重要性，体现美好生活的状态，研究构建了心理维度，该维度主要选取了对他人的信任感、生活幸福感和社会公平感等三个指标：对他人的信任感反映社会网络关系，对他人信任度越高，与他人合作的愿望越高，社会网络关系越强大，减贫的可能性越大；生活幸福感为对当前生活状态的主观判断，生活的幸福度越高，表明当前获得感越高；社会公平感反映居民对教育、医疗、公共设施资源和参与公共事务权利中是否享有平等权利的判断。

表 8-1   多维相对贫困维度、指标以及剥夺临界值的设定

维度	指标	剥夺临界值	权重
收入	家庭等价收入	家庭等价收入低于人均收入的 50%	1/5
就业	失业比例	家庭无成员长期失业占比低于 100%	1/5
教育	人均受教育年限	家庭成员人均受教育程度低于 9 年	1/5
健康	健康打分	劳动力健康打分（1~5 分）均小于 3	1/10
	身体质量指数（BMI）	劳动力 BMI 值（体重/身高^2）小于 18.5	1/10
心理	对他人的信任感	不同意或非常不同意多数人可信任	1/15
	生活幸福感	对生活幸福感打分（1~5 分）均小于 3	1/15
	社会公平感	对社会公平感打分（1~5 分）均小于 3	1/15

表 8-2 为项目户和非项目户各维度指标初步分析的结果。对比项目户与非项目户各指标差异之后不难发现，相对于项目户而言，非项目户家庭的多维相对贫困形势更为严峻。具体而言，除了家庭无成员长期失业占比和对他人的信任感两个指标之外，项目户在其他维度上的相对贫困发生率均明显低于非项目户。其中，项目组与非项目组在无家庭成员长期失业占比、BIM 指数、生活幸福感、社会公平感等指标的相对贫困发生率上差距不大，而在人均等价收入、平均受教育年限上差异明显。在人均等价收入比较方面，项目户的相对贫困发生率为 30.40%，非项目户为 43.37%，项目户比非项目户低 12.91%；在受教育年限比较方面，项目户的相对贫困发生率为 7.49%，非项目户为 19.92%，项目户比非项目户低 12.43%。通过简单对比发现，接受职业技能培训似乎能够改善农户家庭各项指标

上的相对贫困发生率，但这一结论有待后文进一步检验。

表 8 - 2 农户单维相对贫困发生率比较

维度	指标	相对贫困发生率		
		全部样本	项目户	非项目户
经济	家庭人均等价收入	0.4155	0.3040	0.4337
就业	无家庭成员长期失业占比	0.2946	0.2952	0.2945
教育	平均受教育年限	0.1685	0.0749	0.1992
健康	健康水平打分	0.1629	0.1079	0.1719
	身体质量指数（BIM）	0.0754	0.0749	0.0755
心理	对他人的信任感	0.1951	0.2313	0.1891
	生活幸福感	0.0652	0.0617	0.0658
	社会公平感	0.2034	0.1982	0.2042

（2）模型的变量选择及相关定义。表 8 - 3 为模型中的被解释变量、核心解释变量和控制（协）变量。

表 8 - 3 变量及变量说明

变量类型		定义	变量说明和赋值
被解释变量		农户家庭总剥夺得分	多维相对贫困总剥夺得分
核心解释变量		是否接受职业技能培训	家庭成员参与技术培训或接受由政府提供的职业技能培训（1＝是；0＝否）
		接受职业技能培训占比	接受职业技能培训人数占总人口的比重
控制变量	个体特征	户主性别	户主的性别（男＝1，女＝0）
		户主年龄	户主的年龄（岁）
		户主婚姻状况	1＝已婚；0＝未婚
	家庭特征	人口规模	家庭人口数（人）
		抚养比	15 岁以下和 65 岁以上人口比例（%）
		承包耕地面积	家庭承包的耕地面积（亩）
	地区特征	距离远近	到县城的距离（千米）
		村庄地势	1＝平原或丘陵；0＝山区
		地理位置	是否大中等城市的郊区（1＝是，0＝否）
		地理区域	东部＝1，其他＝0；中部＝1，其他＝0 西部＝1，其他＝0

被解释变量：由于缓解多维相对贫困的主要目的在于了解多维相对贫困的致贫原因以及探寻缓解多维相对贫困的措施，其最终成效将会在剥夺得分的大小变化上得以体现。因此，本章研究将农户家庭多维相对贫困总剥夺得分选作被解释变量。

核心解释变量有两个：一是以家庭中是否有人接受职业技能（术）培训表示农户家庭接受职业技能培训状况的变量，若有则赋值为 1，否则赋值为 0；二是以接受职业技能培训人数占家庭劳动力的比重表征农户家庭接受职业技能培训强度的变量。

控制（协）变量：考虑到其他变量可能也会影响农户家庭贫困状况，参考黄德林等（2014）和阳玉香（2017）等的研究，选取如表 8 - 3 所示的控制变量。其中，个体特征变量包括性别、年龄以及婚姻状况。由于家庭户主最了解家庭状况并能够在家庭事务中起主导作用，因而选取反映家庭户主特征的变量为个体特征变量。家庭特征变量包括人口规模、家庭抚养比和家庭人均耕地面积。地区特征变量包括农户家庭到县城的距离等、所在村庄地势和地理位置等。此外，由于当前我国区域发展仍然存在不平衡的现象，故设置了反映区域发展不平衡的地理区域变量。

8.3　项目测度结果及评价

8.3.1　内生性问题

农户是否接受职业技能培训的决策是"自选择"的，农户综合各种情况决定是否接受职业技能培训。由于相对富裕的农户更能承担接受职业技能培训的时间成本与风险，因而更有可能接受职业技能培训；能力相对强的农户可能对技能水平更为看重，或者总是寻求机会不断提升自己，也更加愿意接受职业技能培训。而本身能力突出的农户，其自身的多维相对贫困状态可能本来就较弱（潘丹，2014），因此，在评估职业技能培训的多维减贫效应时，有必要考虑由农户自选择问题所产生的选择性偏差，否则可能导致错误的政策评价结论。另外，农户是否接受职业技能培训还会受到不可观测因素的影响，如农户自身的进取精神和能力等（宁光杰和尹迪，2012；王海港等，2009）。上述不可观测因素往往同农户的多维相对贫困状态相关，如果简单地将其视作遗漏变量纳入误差项中，会造成内生性问题，最终估计的结果可能出现偏差。基于上述考虑，拟采用倾向得分匹配（PSM）模型和广义倾向得分匹配（GPSM）模型评价职业技能培训项目和参与项目的强度评价农户家庭多维相对贫困的影响。

8.3.2 职业技能培训项目的减贫效果

对参与职业技能培训和对没有参与项目的农户共同取值范围分析表明，3235 个样本户中，3202 个样本在共同取值范围内，项目户有 2 个在共同取值范围外，非项目户有 31 个在共同取值范围外。显然，倾向得分匹配时保留了大量样本，匹配效果良好。

为了确保 PSM 方法避免显性偏差，还需对处理效应模型的协变量进行平衡性检验，即检验采用倾向得分匹配方法后的样本项目组与非项目组的协变量 X 之间是否还存在显著性差异，具体结果如表 8 - 4 所示。

表 8 - 4　　　　　　　　　　平衡性检验结果

变量	样本状态	均值		标准偏误（%）	标准偏误绝对值降低（%）	t 值	p 值
		项目户	非项目户				
户主性别	匹配前	0.8877	0.8590	8.6	93.0	1.64	0.100
	匹配后	0.8872	0.8852	0.6		0.09	0.925
户主年龄	匹配前	47.36	49.39	-19.4	88.0	-3.79	0.000
	匹配后	47.43	47.67	-2.3		-0.35	0.724
户主婚姻	匹配前	0.963	0.921	17.7	98.8	3.14	0.002
	匹配后	0.962	0.962	0.2		0.04	0.970
抚养比	匹配前	0.352	0.352	0.1	14.0	0.02	0.982
	匹配后	0.352	0.352	-0.1		-0.02	0.987
人均耕地面积	匹配前	2.83	2.18	3.8	51.8	-0.92	0.356
	匹配后	2.84	2.53	1.9		0.27	0.790

续表

变量	样本状态	均值		标准偏误（%）	标准偏误绝对值降低（%）	t 值	p 值
		项目户	非项目户				
距离远近	匹配前	0.7511	0.7731	−5.2	91.7	−1.03	0.302
	匹配后	0.7522	0.7504	0.4		0.06	0.950
村庄地势	匹配前	5.70	6.81	−15.7	97.2	−2.94	0.003
	匹配后	5.72	5.75	−0.4		−0.08	0.937
地理位置	匹配前	0.1189	0.0644	19.0	68.9	4.18	0.000
	匹配后	0.1150	0.0981	5.9		0.83	0.409

表 8 - 4 的匹配结果表明，匹配后所有变量的标准化偏误均在 10% 以内，t 统计量检验结果均不拒绝项目户与非项目户无显著差异的原假设；相比于匹配前，匹配后所有变量的标准偏差均有所减小，因此，经 PSM 法匹配后的结果较好地平衡了数据。

（1）职业技能培训项目的平均处理效应。表 8 - 5 显示的是职业技能培训项目对农户多维相对贫困剥夺得分的平均处理效应结果。总体而言，职业技能培训有助于减缓农户家庭的多维相对贫困，职业技能培训使农户家庭多维相对贫困剥夺得分在 1% 的显著性水平上平均降低 0.04 分。分维度看，职业技能培训在收入、就业、教育、健康、心理五个维度均能显著降低贫困，其中，对收入维度的减贫作用最大，对教育和就业的影响相对较弱，但对健康和心理减贫的作用虽然显著但不明显。核匹配和卡尺匹配两种匹配方法分别进行原始标准误和 Bootstrap 标准误下 500 次抽样结果仍然保持稳健。

表 8 - 5　　　　　　　　　　多维减贫处理效应估计结果

匹配方法	剥夺得分	收入	就业	教育	健康	心理
原始标准误下						
核匹配	−0.0430 ***	−0.0156 ***	−0.0073 **	−0.0142 ***	−0.0040 ***	−0.0056 ***
	（−5.09）	（−4.00）	（−2.02）	（−6.15）	（−2.43）	（−3.24）
卡尺匹配	−0.0435 ***	−0.0158 ***	−0.0071 **	−0.0145 ***	−0.0041 ***	−0.0055 ***
	（−5.16）	（−4.07）	（−1.98）	（−6.27）	（−2.49）	（−3.22）

续表

匹配方法	剥夺得分	收入	就业	教育	健康	心理
Bootstrap 标准误下						
核匹配	− 0.0451 *** [0.000]	− 0.0164 *** [0.000]	− 0.0073 ** [0.041]	− 0.0148 *** [0.000]	− 0.0044 *** [0.006]	− 0.0057 *** [0.001]
卡尺匹配	− 0.0439 *** [0.000]	− 0.0159 *** [0.000]	− 0.0072 ** [0.047]	− 0.0146 *** [0.000]	− 0.0042 *** [0.007]	− 0.0057 *** [0.000]

注：核匹配、卡尺匹配以及局部线性回归匹配的宽带均设置为 0.05；（ ）内为 t 检验值，[ ] 内为 p 值；*、**、*** 分别表示在10%、5%、1%的显著性水平上通过检验。

（2）职业技能培训项目对农户多维相对贫困的平均处理效应的异质性分析。表 8 − 6 为职业技能培训项目对农户多维相对贫困剥夺得分的平均处理效应表明，项目的减贫作用在家庭层面和区域层面方面存在异质性。

表 8 − 6　　　　　　　　　多维减贫处理效应异质性检验结果

分类依据	类别	剥夺得分	分类依据	类别	剥夺得分
贫困状况[+]	非多维相对贫困户	− 0.0118 ** (− 1.97)	区域分布	东部	− 0.0574 *** (− 5.71)
	一般多维相对贫困户	− 0.0286 *** (− 3.88)		中部	− 0.0253 (− 1.23)
	极端多维相对贫困户	− 0.0179 (− 0.93)		西部	− 0.0181 (− 0.97)

注：（ ）内为 t 检验值，*、**、*** 分别表示在10%、5%、1%的显著性水平上通过检验。
[+]　$0 \leqslant MPI < 1/3$ 为非多维相对贫困户，$1/3 < MPI \leqslant 1$ 为非多维相对贫困户。若进一步细分则当 $1/3 < MPI < 1/2$ 时，为一般多维相对贫困户；当 $MPI \geqslant 1/2$ 时，为极端多维相对贫困户。

从家庭贫困状况看，参与职业技能培训使非贫困户家庭剥夺得分显著下降 0.0118 分，贫困户剥夺得分显著下降 0.0286 分，极端多维相对贫困户下降 0.0179 分但并不显著。由此可见，职业技能培训对于缓解一般多维相对贫困户家庭剥夺得分的效果要优于非多维贫困户，但对缓解极端多维相对贫困户的贫困状况相对较差。这一研究结论与章贵军和欧阳敏华（2018）以及平卫英等（2020）的结论基本一致，提升技能对缓解极端多维相对贫困户作用相对有限。极端贫困户在各个维度上被剥夺得较为严重,即使接受了职业技能培训,但受制于教育水平、健康状况以及社会关系等各方面的不足,最终仍然无法在劳动力市场上获得优势地位,因而难以发挥职业技能培训应有的作用。

分区域看,职业技能培训使得东部地区农户家庭的多维相对贫困剥夺得分显著下降 0.0574 分;中部和西部地区的平均处理效应分别下降 0.0253 分和 0.0181 分,但均不显著。由此可见,职业技能培训能有效缓解东部地区农户家庭的多维相对贫困,但对中、西部地区无显著影响。东部地区相比中西部地区,具有丰富的人力和物质资源优势,这有助于开展职业技能培训扶贫。更为重要的是,早在 2005 年,劳动保障部就在北京、上海、苏州、宁波等东部地区实施了"国家高技能人才东部地区培训工程",建立了一套关于职业、技术以及方法的全新体系,有力地支持了东部地区技能扶贫工作。

8.3.3　职业技能培训项目参与强度的减贫效果

(1)数据平衡匹配检验结果。为评估职业技能培训项目强度的减贫效果,首先要检验协变量的倾向得分值是否较好地平衡了数据。并且,还需要进一步对总体样本进行分区间匹配。由于职业技能培训强度在 [0,1] 区间上集中分布在零值一侧,本章研究尝试选取处理强度 0.33 作为分割点,将总体样本划分为两个区间,每一区间内部再根据倾向得分的大小平均划分为 4 小段。平衡匹配检验结果表明,匹配前项目户与非项目户在年龄、婚姻、到县城的距离、城市地理位置等协变量上均存在显著的统计差异。而匹配后的两组数据分析结果表明,协变量在经过 GPSM 法匹配后在项目组和非项目组之间均无显著区别。鉴于篇幅限制,检验结果不在此列出。

(2)职业技能培训强度的效果分析。Fractional Logit 模型回归结果表明,家庭户主年龄对于职业技能培训强度存在显著的负效应,户主性别和婚姻均与职业技能培训强度呈正相关关系,但这一关系并不显著;家庭抚养比负向影响职业技能培训强度,说明家庭的抚养负担越重,职业技能培训的强度越小，可能是抚养负担重的家庭更需要解决眼前的困难，缺乏投资于职业技能培训所需的时间和资金；家庭耕地面积在 10% 的显著性水平上与职业技能培训强度之间存在正向的关系，表明随着农业生产技术的普及，农户更愿意通过参与培训获取农业相关知识与技术，从而提高农业生产的效率和质量；职业技能培训强度随着农户所在村居距县城距离的增加而降低，表示农户所在村居距离县城越远，职业技能培训的强度越低；村庄地势系数为负，但不显著；所在村居位于大中城市郊区，则职业技能培训强度高，大中城市经济条件好、就业机会多、交通发达，无论是直接影响还是溢出效应的影响都有利于增加大城市郊区农户参与职业技能培训的强度。

图 8-2 (a)、(b) 分别是多维相对贫困剥夺得分的平均剂量反应函数图及其相对应的平均处理效应函数图。图中两条虚线所形成的区间为所对应函数关系的 95% 置信区间。从图 8-2 (a) 不难发现，职业技能培训强度与农户多维相对贫困之间呈现 "U" 型关系，农户家庭多维相对贫困随着培训强度的增加呈现先下降后上升的趋势，即当职业技能培训强度低于拐点值 0.85 时，随着职业技能培训强度的提高，农户多维相对贫困不断下降；然而，当家庭职业技能培训强度高于拐点值时，农户多维相对贫困会随着培训强度的提高而增加。这说明农户家庭职业技能培训强度能够在一定程度上改善农户的多维相对贫困，但存在最优职业技能培训强度，并非职业技能培训强度越高就越有益于缓解农户的多维相对贫困。

图 8-2 (b) 反映在不同强度下，接受职业技能培训家庭相对于其反事实情况时多维相对贫困得分的差值随着职业技能培训强度增加的变化情况。从图中可以看出，职业技能培训强度与农户家庭多维相对贫困之间并非呈现简单的线性关系。农户家庭培训强度取值以 0.35 为界限可分为两个区域，前半部分为有效区域，该区域农户家庭培训强度的处理效应为负值，在该区域参加职业技能培训能够缓解多维相对贫困，增加职业技能培训强度有助于提高减贫效果；后半部分为减贫无效区域，该区域农户家庭培训强度的处理效应则由零逐渐变为正

值，该区域参加技能培训不但不能缓解多维相对贫困，还可能导致更
为严重的多维相对贫困，此时额外增加职业技能培训强度所带来的边
际净效益低于将该劳动力资源作为他用的边际净效益。因此，为节省
扶贫资金，提高扶贫效率，在职业技能培训方面不应该盲目投入，在
职业技能培训的减贫效应达到饱和时，政府或机构应适当考虑其他减
贫增收措施。

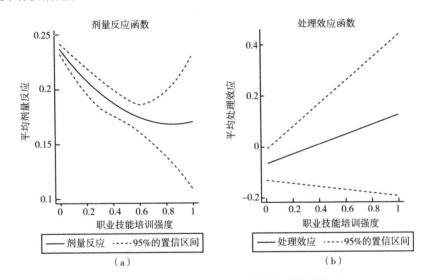

图 8 - 2　职业技能培训强度与多维相对贫困关系

　　由此，假设 2 得到验证，在适度的职业技能培训强度下，参与职业技
能培训会有助于缓解多维相对贫困；过高的职业技能培训强度则会抑制多
维减贫效应。研究进一步发现，图 8 - 2（a）中的拐点位于图 8 - 2（b）
临界点的右侧，意味着职业技能培训强度在临界点与拐点之间的这一区域
内仍然能发挥多维减贫作用。临界点之前是绝对有效区域，在该区域内，
增加职业培训强度有利于缓解农户家庭多维相对贫困。然而，在临界点
与拐点之间（0.35～0.85）的区域，如果想要提高职业技能培训的减贫
效果，政府需要付出更大的代价，比如提高职业技能培训科技含量和加
大职业技能培训的补贴力度，实现图 8 - 2（a）中的拐点和图 8 - 2（b）
中的临界点重合。

8.3.4 职业技能培训的中介效应分析

（1）劳动力转移关于职业技能培训项目的间接减贫效应。表8－7为劳动力转移关于职业技能培训项目对于多维减贫的间接效应分析结果。回归系数检验结果表明，两个第一阶段相应的 F 统计量值分别为63.769和30.996，均大于临界值10，不存在弱工具变量的问题。

表8－7   劳动力转移的多维减贫中介效应估计结果

类别	系数	标准误	P 值	95%的置信区间	
				下界值	上界值
总效应	−0.2998	0.0712	0.000	−0.4394	−0.1603
直接效应	−0.0242	0.0112	0.031	−0.0463	−0.0022
间接效应	−0.2756	0.0968	0.004	−0.4654	−0.0858

对于多维相对贫困剥夺得分而言，总效应回归系数检验结果表明，参与职业技能培训促进农户家庭多维相对贫困剥夺得分平均减少0.2998个单位。具体而言，直接效应回归系数检验结果表明，农户家庭通过参与职业技能培训使得多维相对贫困的剥夺得分减少0.0242个单位；职业技能培训对多维相对贫困剥夺得分的间接效应统计检验结果表明，中介效应显著，表明农户家庭通过参与职业技能培训促进劳动力转移，最终使得多维相对贫困剥夺得分减少0.0242个单位。直接效应和间接效应的作用方向相同，间接效应解释了91.91%的总效应，劳动力转移在职业技能培训的多维减贫效应中发挥了"部分中介效应"，即相对贫困的缓解主要得益于劳动力的转移。研究结论与罗良清和平卫英（2020）的研究发现一致，同时，本书研究还发现劳动力转移带来的减贫效益受益于大规模的职业技能培训。

（2）劳动力转移关于职业技能培训强度减贫的间接效应。表8－8为劳动力转移关于职业技能培训强度对于多维减贫的间接效应分析结果。此时，第一阶段 F 统计量值分别为53.864和31.081，并且，也不存在弱工具变量问题。

表 8 – 8　　　劳动力转移在职业技能培训强度多维减贫中介效应的估计结果

类别	系数	标准误	P 值	95％的置信区间	
				下界值	上界值
总效应	– 0. 7716	0. 1859	0. 000	– 1. 1359	– 0. 4073
直接效应	– 0. 0744	0. 0266	0. 005	– 0. 1264	– 0. 0223
间接效应	– 0. 6972	0. 2490	0. 005	– 0. 1853	– 0. 2091

对于多维相对贫困剥夺得分而言，回归结果表明参与职业技能培训使得农户家庭多维相对贫困剥夺得分平均减少 0. 772 单位。具体而言，职业技能培训对减贫的直接效应检验结果表明，农户家庭通过参与职业技能培训使得多维相对贫困剥夺得分减少 0. 074 单位；职业技能培训对多维相对贫困剥夺得分的间接效应检验结果表明，中介效应显著成立，农户家庭通过参与职业技能培训促进劳动力转移，最终使得多维相对贫困剥夺得分减少 0. 6972 单位。直接效应和间接效应的作用方向相同，间接效应解释了 90. 36％ 的总效应，因此，劳动力转移在职业技能培训强度多维减贫效应中同样发挥了"部分中介效应"。

根据劳动力转移所发挥的部分中介效应，之所以出现职业技能培训强度对于缓解多维相对贫困可能存在的"U"型效果，可能的原因在于接受职业技能培训会促进劳动力转移。职业技能培训强度较小时，流失的劳动力也少，劳动力通过转移就业获取收入以改善家庭多维相对贫困状况；而当职业技能培训强度较大时，流失的劳动力增加，造成大量留守老人和儿童的生活水平得不到有效保障（韩佳丽等，2017；连玉君，2015），总体上加剧了家庭的多维相对贫困状况。上述分析表明，职业技能培训并不是解决农村多维相对贫困的万能药，缓解我国农村居民多维相对贫困状况还得结合其他扶贫措施。

8. 3. 5　稳健性检验

为检验上述结果的稳健性，将被解释变量替换成农户家庭是否为多维相对贫困户的二值变量，再分别以农户是否参与职业技能培训和参与职业技能培训的强度为解释变量，分析劳动力转移作为中介变量模型的稳健性，计算结果如表8-9所示。不难看到，虽然回归系数数值与表8-7和表8-8差异明显，但是统计检验结果基本一致。因此，可以认为劳动力转移在于职业技能培训促进缓解多维相对贫困过程中存在"部分中介效应"，表明表8-7和表8-8计算结果相对比较稳健。

表8-9　　　　　　　　多维相对贫困户的中介效应估计结果

类别	系数	标准误	P值	95%的置信区间	
				下界值	上界值
劳动力转移对于职业技能培训项目参与的多维减贫的中介效应					
总效应	−0.6507	0.1770	0.000	−0.9976	−0.3037
直接效应	−0.0579	0.0278	0.038	−0.1124	−0.0033
间接效应	−0.5928	0.2291	0.010	−1.0419	−0.1437
劳动力转移对于职业技能培训强度多维减贫的中介效应					
总效应	−1.6744	0.4619	0.000	−2.5797	−0.7691
直接效应	−0.1533	0.0661	0.020	−0.2829	−0.0237
间接效应	−1.5212	0.5933	0.010	−2.6840	−0.3583

8.4　本章小结

"十三五"时期，我国脱贫攻坚成果举世瞩目，为促进人的全面发展和社会全面进步奠定了坚实的基础。劳动力素质的提升是农村地区全面发展的核心要素，职业技能培训作为改进劳动力素质的重要方式，对于巩固脱贫攻坚成果、缓解相对贫困和乡村振兴起着至关重要的作用。本章研究试图评估职业技能培训的多维减贫效应，为后贫困时代乡村振兴过程建设中减小相对贫困，促进人的全面发展和社会发展探寻方法和措施。目前，传统的研究并未利用微观数据分析科学评价我国职业培训的减贫效果，也未阐述职业技能培训的减贫机制。基于2016年的中国劳动力动态调查（CLDS）数据，研究分别利用倾向得分匹配（PSM）法、广义倾向得分匹配（GPSM）法分析职业技能培训的多维减贫效果，然后利用中介效应模型分析职业技能培训对于缓解多维相对贫困的机制。本章研究主要得到如下结论与建议。

农村职业技能培训能显著缓解多维相对贫困，但是职业技能培训与多维相对贫困存在"U"型关系。我国农村职业技能培训能够显著缓解农户家庭多维相对贫困状况，且对教育维度的减贫作用最大，对收入和就业的影响次之，对健康和心理减贫的作用虽然显著但较为微弱。职业技能培训强度与农户多维相对贫困之间呈现"U"型关系，表明职业技能培训能够一定程度上缓解多维相对贫困，但是职业技能培训并不能全面解决农村多维相对贫困问题。因此，农村职业技能培训应把握好职业技能培训和劳动力转移政策的强度，应对职业技能培训效果建立动态监测机制，经常性地调查和评估职业技能培训效果，及时掌握市场劳动力需求动向，迅速有效地将市场技工需求和职业技能培训项目相结合，并在实施过程中依据实际情况具体调整、不断优化和完善职业技能培训内容，从而不断拓展职业技能培训减贫的有效区间，缩小减贫的无效区间。

农村职业技能培训对于缓解多维相对贫困存在异质性。职业技能培训的多维减贫效应存在地区异质性，呈现出明显的东高、西低、中部居中的特征；职业技能培训对于多维相对贫困户剥夺得分的影响存在家庭异质性，表现出项目对于缓解一般贫困户的减贫效果显著强于非贫困户和深度贫困户。中国区域发展不平衡的短板在短时间内很难补齐，2020年以后仍需继续以欠发达片区为单元倾斜性地投入各种资源，以实现区域互联互通和整体性开发（汪三贵，2020）。东部地区在拥有得天独厚的资源优势之下，应主动发挥辐射带动作用，积极为中西部地区提供人员援助和技术交流，积极促进资源共享。与此同时，中西部地区应积极主动地对接东部对口帮扶城市，既要向其借鉴培训经验和技术，又要推进培训人员转移和就业安置，最大限度地发挥职业技能培训减贫作用。

劳动力转移在职业技能培训项目的多维减贫效应中发挥部分中介效应。实证研究结论表明，劳动力转移在职业技能培训项目的多维减贫过程中发挥了部分中介作用。考虑中介效应后，职业技能培训的多维减贫效应明显增强。进一步地分析发现，劳动力转移在职业技能培训强度的多维减贫过程中之间也起到了"部分中介作用"。考虑到劳动力转移有利于增强职业技能培训的减贫效果，说明参与职业技能培训通过促使劳动力转移就业作用于收入、教育、心理等各个方面，进而缓解农户家庭多维相对贫困。这意味着，今后农村工作还应继续深入开展农村职业技能培训，不断促进科技下乡，缩小城乡居民收入差距和科技文化水平的差距，不断增加农村居民在乡村振兴过程中的获得感。职业技能培训应针对低收入群体差异化的扶持政策、建立城乡一体化的职业技能培训体制、关注欠发达地区的农村居民科技文化水平，缓解农村地区、城乡、区域之间科技文化投入不均衡和技能水平不均衡的情况。一方面，促进提升农村居民科技文化水平，不断提升农村劳动人口素质和促进劳动力人口外出就业；另一方面，应发展壮大乡村产业，为愿意为农村发展做贡献的劳动力创造就业机会。

此外，还应不断加大农村公共产品投入，缩小城乡在教育、医疗、交通通信和社会保障服务等各方面的差异，弥补职业技能培训发展的短板。2020 年后，要防止扶贫碎片化，援助政策也应以教育、医疗、养老、就业为基础，以缩小收入差距为主要目的，辅以特殊人群的帮扶政策，促进城乡基本公共服务均等化解决城市和农村的贫困问题（孙久文和夏添，2019；汪晨等，2020）。

第 9 章 "脱贫攻坚"期间的 减贫弹性测度[*]

进入 21 世纪以来，中国的减贫成就引起国内外学者的广泛关注。虽然一般性数据支持中国快速的经济增长与贫困下降有关，如汪三贵（2018）对比分析中国 1978～2016 年的人均 GDP 与贫困发生率的关系后指出，改革开放后经济增长率与贫困发生率呈现负相关关系，人均 GDP 增长越高，贫困发生率下降就越快。然而，大量研究同时表明，中国经济增长的同时也导致收入不平等持续扩大，并且扩大的不平等性阻碍经济增长的减贫效应，如果不注重收入分配，即使经济持续增长，恶化的收入分配也会侵蚀经济增长带来的减贫成绩（林伯强，2003）。此后，陈立中（2007）测度和比较 1998～2003 年中国农村不同收入水平和不平等条件下贫困的收入增长偏弹性后认为，当收入不平等性保持不变时，收入增长的减贫效应会加强；收入越不平等，经济增长的减贫能力越弱。瑞沃林和陈少华（Ravallion and Chen，2007）利用中国农村住户调查数据和城镇住户调查数据（1980～2001）测度结果表明，中国经济增长有利于大幅促进减贫，而此期间的不平等增加则抑制了减贫。阮敬和詹敬（2010）利用 Shapley 分解方法分城镇和农村分析经济增长的亲贫效应后发现，1988～2007 年贫困群体分享经济增长的收益低于非贫困群体，分配效应削弱了经济增长对农村贫困居民的收入拉动作用而对城镇贫困基

　　* 本章发表于《统计学报》2021 年第 4 期，论文题目为《"脱贫攻坚"下的减贫弹性：测度方法与区域比较》，中国人民大学报刊资料《统计与精算》2022 年第 1 期全文转载。

本无影响。江克忠和刘生龙（2017）研究表明，虽然经济增长有利于中国农村减贫，然而，当经济增长到一定程度时，经济增长的减贫弹性下降，而收入分配的减贫弹性增加；罗良清和平卫英（2020）利用CHNS1991~2015年的数据研究表明，收入不平等使得贫困群体从经济增长中得到的份额逐渐减少从而不利于减贫。

考虑到中国人多地广，东部沿海地区的减贫特点可能与其他地区不同。陈飞和卢建词（2014）对中国东部和中西部减贫效应的分析表明，中国经济增长降低了贫困人口的比例，但是收入不平等降低了减贫速度并压缩低收入群体的收入份额，并且中西部地区收入不平等对减贫的抑制作用更大。陈宗胜和文雯（Chen and Wen，2020）进一步支持了上述中国学者的研究结论，其针对中国不同地区的减贫效果后指出，收入不平等程度越高的地区，减贫的困难程度越大；若经济增长有利于穷人，即使是一般水平的经济增长也能实现高效减贫。

国内外研究表明，经济增长并不一定促进减贫，仅仅有利于少数人财富增加的经济增长由于扩大了贫富差距可能阻碍减贫的进程，只有改进大多数人福利状态并缩小贫富差距的经济增长才能促进高效率减贫。因此，真正实现高效率减贫，不仅要促进经济增长，更要了解区域经济内的贫困特点，以及制定统筹经济增长和缩小贫富差距的收入分配政策，从而促进高效率减贫。在不平等程度增加使经济增长的减贫效应下降的情况下，实施更加有针对性的扶贫政策就显得更加重要（汪三贵，2008）。因此，脱贫攻坚时期，中国政府采取了精准扶贫、精准脱贫的策略，为了探究脱贫攻坚期间经济增长和不平等性变化的减贫贡献，借鉴布吉尼翁（Bourguignon，2003，2004）的研究，本章对经济增长和收入分配的减贫弹性进行测度和比较。研究的意义在于，考虑到中国区域经济发展不平衡和减贫是一个动态的过程，构建动态面板模型计算经济增长和收入分配的减贫弹性更利于反映经济现实；同时，考虑经济增长和收入分配的空间溢出效应，根据测度结果客观评价中国的脱贫攻坚经验，以期为世界其他发展中国家促进高效率减贫提供经验。

9.1 测度模型

9.1.1 模型理论介绍

减贫弹性常用于反映经济增长或收入不平等下降的减贫效果，经济增长的减贫弹性表示人均 GDP（或人均收入）增加 1 个百分点造成贫困发生率下降的百分比数；收入不平等变动的减贫弹性为衡量收入不平等程度的指标，如基尼系数降低一个百分点使得贫困发生率下降的百分比数。因此，为测度减贫弹性必须先计算贫困发生率。令 t 时刻的贫困发生率 H_t 表示收入 Y_t 低于绝对贫困线 z 的人口比例。如果将个人收入看作随机变量，则贫困发生率 H_t 的计算结果理论上等于个人 Y_t 收入低于贫困线的概率，如式（9.1）所示。

$$H_t = P(Y_t < z) \equiv F_t(z) \tag{9.1}$$

其中，$F_t(z)$ 为收入的分布函数，假设个人收入为对数正态分布时，则贫困发生率可表示为：

$$H_t = \Phi\left(\frac{\log(z/\bar{y}_t)}{\sigma_t} + \frac{1}{2}\sigma_t \right) \tag{9.2}$$

其中，$\Phi(\cdot)$ 是标准正态分布的累积分布函数，z 为收入贫困线，σ_t 是收入对数的标准差。

利用基尼系数度量收入分配不平等程度，将时刻 t 时的基尼系数记为 G_t，其计算表达式如式（9.3）所示。

$$G_t = 2\Phi\left(\frac{\sigma_t}{\sqrt{2}} \right) - 1 \tag{9.3}$$

根据弹性的定义，结合表达式（9.2），不难得出经济增长的减贫弹性和收入不平等变动（也称收入分配）的减贫弹性，分别如式（9.4）和式（9.5）所示（Epaulard，2003）。

$$\varepsilon_{\bar{y}}^{H} = \frac{dH_t}{d\bar{y}_t}\frac{\bar{y}_t}{H_t} \equiv -\frac{1}{\sigma_t}\frac{\phi_t\left(\dfrac{\log(z/\bar{y}_t)}{\sigma_t} + \dfrac{1}{2}\sigma_t\right)}{\varPhi_t\left(\dfrac{\log(z/\bar{y}_t)}{\sigma_t} + \dfrac{1}{2}\sigma_t\right)} \tag{9.4}$$

$$\varepsilon_{G}^{H} = \varepsilon_{\sigma}^{H}\frac{d\sigma_t}{dG_t}\frac{G_t}{\sigma_t} = \frac{dH_t}{d\sigma_t}\frac{\sigma_t}{H_t}\frac{d\sigma_t}{dG_t}\frac{G_t}{\sigma_t} = \frac{\phi_t\left(\dfrac{\log(z/\bar{y}_t)}{\sigma_t} + \dfrac{1}{2}\sigma_t\right)}{\varPhi_t\left(\dfrac{\log(z/\bar{y}_t)}{\sigma_t} + \dfrac{1}{2}\sigma_t\right)}\left(\dfrac{-\log(z/\bar{y}_t)}{\sigma_t} + \dfrac{1}{2}\sigma_t\right)$$

$$\tag{9.5}$$

其中，$\varepsilon_{\bar{y}}^{H}$ 为经济增长的减贫弹性，ε_{G}^{H} 为收入分配的减贫弹性。由式（9.4）不难看出，经济增长的减贫弹性 $\varepsilon_{\bar{y}}^{H}$ 总是非正的；而收入不平等的减贫弹性 ε_{G}^{H} 可能大于 0，也可能小于或等于 0。埃博拉尔（Epaulard，2003）证明，如果一国的平均收入水平不是处于特别低的水平，即平均收入水平 $\bar{y}_t > z \cdot e^{-\frac{1}{2}\sigma_t^2}$ 时，收入不平等的减贫弹性都大于 0。通过将贫困发生率对时间 t 求一阶导数，可以将贫困发生率的变化分解为收入变化与收入分配两个部分，如式（9.6）所示。

$$\frac{dH_t}{dt} = \frac{dH_t}{d\bar{y}_t}\frac{d\bar{y}_t}{dt} + \frac{dH_t}{dG_t}\frac{dG_t}{dt} \tag{9.6}$$

对式（9.6）进行整理，并代入经济增长和收入分配弹性，得到如式（9.7）所示的表达式：

$$\frac{dH_t}{dt} = \varepsilon_{\bar{y}}^{H}\frac{d\bar{y}_t}{dt}\frac{H_t}{\bar{y}_t} + \varepsilon_{G}^{H}\frac{dG_t}{dt}\frac{H_t}{G_t} \tag{9.7}$$

结合式（9.4）、式（9.5）和式（9.7），不难看出，当一国收入达到一定水平时，经济增长有利于减贫；而收入不平等程度增加，即基尼系数的增加则会使贫困增加。但在极度贫困的地区，收入不平等程度的增加也可能使得贫困减少。

9.1.2 模型估计方法

卡尔维奇和维斯克尔（Kalwij and Verschoor，2004）最先在模型中引入反映地区初始经济水平和初始不平等程度的变量构建面板计量模型估计经济增长和收入不平等的减贫效应，其模型如式（9.8）所示。

$$\Delta \log H_{it} = \alpha + \left[\beta_1 + \beta_2 \log G_{it-1} + \beta_3 \log(z/\bar{y}_{it-1}) \right] \Delta \log \bar{y}_{it}$$
$$+ \left[\beta_4 + \beta_5 \log G_{it-1} + \beta_6 \log(z/\bar{y}_{it-1}) \right] \Delta \log G_{it}$$
$$+ \gamma_1 \log G_{it-1} + \gamma_2 \log(z/\bar{y}_{it-1}) + \eta_i + \lambda_t + \mu_{it} \tag{9.8}$$

其中，$z/\bar{y}_{it-1}$ 为地区的初始发展水平，G_{it-1} 为地区的初始不平等程度，η_i 和 λ_t 分别为空间和时间固定效应。显然，该模型得到的经济增长减贫弹性的表达式为 $\beta_1 + \beta_2 \log G_{it-1} + \beta_3 \log(z/\bar{y}_{it-1})$，收入分配的减贫弹性为 $\beta_4 + \beta_5 \log G_{it-1} + \beta_6 \log(z/\bar{y}_{it-1})$。

阿劳约等（Araujo et al.，2017）认为，贫困的变化是动态持续的，上一期贫困的变化会影响下一期贫困的变化，应在模型中考虑滞后性因素。鉴于上述考虑，建立动态面板模型，如式（9.9）所示。

$$\Delta \log H_{it} = \alpha_0 + \alpha_1 \Delta \log H_{it-1} + \left[\beta_1 + \beta_2 \log G_{it-1} + \beta_3 \log(z/\bar{y}_{it-1}) \right] \Delta \log \bar{y}_{it}$$
$$+ \left[\beta_4 + \beta_5 \log G_{it-1} + \beta_6 \log(z/\bar{y}_{it-1}) \right] \Delta \log G_{it}$$
$$+ \gamma_1 \log G_{it-1} + \gamma_2 \log(z/\bar{y}_{it-1}) + \eta_i + \mu_{it} \tag{9.9}$$

其中，η_i 为空间固定效应，通过该模型中得到的经济增长减贫弹性为 $\beta_1 + \beta_2 \log G_{it-1} + \beta_3 \log(z/\bar{y}_{it-1})$，收入分配的减贫弹性为 $\beta_4 + \beta_5 \log G_{it-1} + \beta_6 \log(z/\bar{y}_{it-1})$。

同一个国家中各地区贫困的变化可能受到自身过去贫困变化的影响，也有可能受其他地区经济增长或减贫行为的影响。因此，忽略贫困变化所伴随的空间相关性可能会造成模型设定错误，测度的减贫弹性也会产生偏误。鉴于此，在模型（9.9）的基础上进行调整，选用考虑各地区经济活动空间相关性的空间计量模型测度经济增长和收入不平等的减贫弹性。我国东部经济条件比较好的省份，由于前期经济发展基础好，脱贫攻坚时期减贫空间有限、贫困发生率波动较小，如果采用模型（9.9）的形式估计参数，将出现大量因变量近似为 0 的样本数据，从而导致东部地区参数估计产生较大偏误。因此，为估计各地区样本参数，便于横向比较各区域的减贫效果，通过测度经济增长或收入不平等对减贫的半弹性（自变量取对数，因变量不取对数）对此进行比较。

以往对空间计量模型的应用主要集中于只包含空间因变量滞后项的空间自回归 SAR 模型和只包含空间误差项自相关的空间误差 SEM 模型（李婧等，2010）。然而，空间效应的传导可能同时发生于因变量的空间滞后以及随机冲击所造成的误差项变化，勒萨日和佩斯（Lesage and Pace，2009）构建了综合考虑上述两种空间传导机制的空间杜宾模型（又称空间交互模型，SDM 模型）和空间交叉模型（SAC 模型）。

鉴于不同类型的空间计量模型所揭示的经济含义有所差别，为了获取拟合效果最优的空间计量模型，并考察模型参数估计结果的稳健性，研究按照 FE（个体固定效应模型）→SAR 和 SEM→SAC→SDM 这一路径对模型进行设定和检验，建立如下所示的空间计量模型。其中，所用 SDM 模型如式（9.10）所示。

$$\Delta H_{it} = \alpha_1 \Delta H_{it-1} + \alpha_2 W \Delta H_{it-1} + \rho W \Delta H_{it}$$
$$+ \left[\beta_1 + \beta_2 \log G_{it-1} + \beta_3 \log(z/\bar{y}_{it-1}) + \theta_1 W + \theta_2 W \log G_{it-1} \right.$$
$$\left. + \theta_3 W \log(z/\bar{y}_{it-1}) \right] \Delta \log \bar{y}_{it} + \left[\beta_4 + \beta_5 \log G_{it-1} + \beta_6 \log(z/\bar{y}_{it-1}) \right.$$
$$\left. + \theta_4 W + \theta_5 W \log G_{it-1} + \theta_6 W \log(z/\bar{y}_{it-1}) \right] \Delta \log G_{it}$$
$$+ (\gamma_1 + \theta_7) \log G_{it-1} + (\gamma_2 + \theta_8) \log(z/\bar{y}_{it-1}) + \eta_i + \lambda_t + \mu_{it} \qquad (9.10)$$

该 SDM 模型既包含了贫困发生率的一阶滞后项，也包含了时间和空间的双向固定效应。其中，W 表示所用数据对应的标准化后的空间权重矩阵，当 $\alpha_1 = 0$ 且 $\alpha_2 = 0$ 时，该模型为静态空间杜宾模型；当 $\alpha_1 \neq 0$ 且 $\alpha_2 = 0$ 时，为动态时间滞后杜宾模型；当 $\alpha_1 = 0$ 且 $\alpha_2 \neq 0$ 时，为动态空间滞后杜宾模型；当 $\alpha_1 \neq 0$ 且 $\alpha_2 \neq 0$ 时，为动态时空滞后杜宾模型。从该模型中推导得到经济增长的减贫半弹性，如式（9.11）所示。

$$\beta_1 + \beta_2 \log G_{it-1} + \beta_3 \log(z/\bar{y}_{it-1}) + \theta_1 W + \theta_2 W \log G_{it-1} + \theta_3 W \log(z/\bar{y}_{it-1})$$

$$(9.11)$$

收入分配的减贫半弹性计算如式（9.12）所示。

$$\beta_4 + \beta_5 \log G_{it-1} + \beta_6 \log(z/\bar{y}_{it-1}) + \theta_4 W + \theta_5 W \log G_{it-1} + \theta_6 W \log(z/\bar{y}_{it-1})$$

$$(9.12)$$

9.2   数据统计描述

本节所使用的数据为 2010～2018 年双数年份的中国家庭追踪调查（China Family Panel Studies，CFPS）数据。经 2010 年基线调查界定出来的所有基线家庭成员及其今后的血缘/领养子女将作为 CFPS 的基因成员，成为永久追踪对象。研究数据删除缺失值和收入低于 1% 分位数和高于 99% 分位数的异常数据，删除部分收入低于 10% 分位数而食品衣着支出高于 50% 分位数的异常数据。由于部分省份调查的样本数据相对较少，所以也进行了删除处理，最终选择每年不少于 10000 户家庭构成的面板数据。按照中国四大经济区域将所选样本划分为四大地区，其中，东部地区包括北京、天津、河北、上海、江苏、浙江、福建、山东、广东等省市；东北地区包括辽宁、吉林、黑龙江三省份；中部地区包括山西、安徽、江西、河南、湖北、湖南等省份；西部地区包括广西、重庆、四川、贵州、云南、陕西、甘肃等省区市。

本章研究将家庭人均收入低于国家所划定的绝对贫困线标准的家庭人口归为贫困人口。由于国家贫困线的制定标准以人均年收入 2300 元/年（2010 年不变价），因此使用消费者价格指数将所使用的收入数据调整为以 2010 年为不变价格进行计算。各省的家庭人均收入由家庭总收入除以家庭总人口数计算得到，记为 $\bar{y}_{it}$。使用基尼系数（Gini）作为测量不平等程度的工具，根据所提取的家庭人均收入数据计算得到，记为 G_{it}。样本数据统计描述如表 9－1 所示。从全国来看，东部地区收入最高，西部地区收入最低；2018 年相对于 2010 年收入大幅增长，其中西部地区增速最快，东北部地区增速最慢；2018 年相对于 2010 年贫困发生率大幅下降，其中西部地区下降最快，东北地区贫困程度略有上升，其他地区均有不同程度的下降。同时不难发现，全国整体和东北地区收入增长的同时，收入不平等状况有所加深，而东部地区、西部地区和中部地区的收入不平等状况则有所缓解。

表 9－1   描述统计表

地区	样本量（户）	年份	平均收入（元）	贫困发生率（%）	基尼系数	
					数值	变动
东部地区	4286	2010	9510.606	5.8	0.382	－2.6%
	3371	2018	13320.830	0.6	0.372	
东北地区	2133	2010	9032.193	6.5	0.397	3.3%
	1571	2018	12287.920	1.9	0.410	
中部地区	3049	2010	6974.602	7.2	0.402	－1.7%
	2654	2018	10500.840	1.5	0.395	
西部地区	3520	2010	5417.945	16.7	0.440	－3.9%
	3193	2018	8884.615	2.7	0.423	
全国	12988	2010	7589.137	8.4	0.420	8.1%
	10789	2018	11036.680	1.6	0.454	

表 9－1 数据同时表明，虽然全国样本数据计算的基尼系数增加，但东部地区、中部地区和西部地区收入不平等性呈现一定程度下降，其中西部地区基尼系数降幅最明显，东部地区其次。根据瑞沃林和陈少华（Ravallion and Chen，2007）的研究，表明脱贫攻坚期间中国政府脱贫攻坚的扶贫策略不仅在于促进经济增长减贫，而且在于针对性地降低区域不平等性并促进减贫，通过经济增长和减贫互动促进高效率脱贫。为探寻脱贫攻坚期间中国政府减贫经验，显然有必要建立相应模型深入细致地分析脱贫攻坚期间经济增长和收入不平等性对各地的减贫贡献。

9.3 静态模型测度分析

表9－2为主要变量符号及相关定义，其中 ΔH_{it} 为被解释变量，其余的变量均为主要解释变量。其中，初始不平等程度和初始发展水平变量的定义借鉴了卡尔维奇和维斯克尔（Kalwij and Verschoor，2004）的做法。为便于变量表示，正文中将表9－2中对贫困变化、收入变化、不平等程度的变化、初始不平等程度与初始发展水平这五个关键变量分别由表9－2中这五个符号表示。

表9－2 　　　　　　　　　　关键变量选择及定义

变量名称	变量符号	变量定义
贫困变化	ΔH_{it}	当期贫困发生率与上期的一阶差分
收入变化	$\Delta \log y_{it}$	收入取对数后取一阶差分，反映经济发展水平变化
不平等程度的变化	$\Delta \log G_{it}$	当期基尼系数取对数后与上期的一阶差分
初始不平等程度	$\log G_{it-1}$	上一期的基尼系数取对数
初始发展水平	$\log(z/y_{it-1})$	贫困线与上一期的收入之比取对数

根据前面阐述的模型设定和估计的方法，表9－3为5个静态模型对应变量系数估计的结果。不难发现，$\Delta \log y_{it}$ 和 $\Delta \log G_{it}$ 项的系数均显著不为0，估计的系数符合经济学含义：$\Delta \log y_{it}$ 前的系数为正，表明经济增长促进了减贫；$\Delta \log G_{it}$ 项的系数为负则表明降低不平等有利于减贫。$\Delta \log y_{it}$ 和 $\Delta \log G_{it-1}$ 的交互项为负表明，经济增长和初始收入不平等的交互作用促进了减贫，同时也表明经济增长对于减贫的正向作用大于收入不平等增加对减贫的负向作用。总体而言，经济增长和部分地区收入不平等缓解的共同作用促进了减贫。SEM 模型和 SDM 模型的空间误差系数和空间自回归系数在 0.05 的显著水平上通过检验，表明存在空间自回归效应。比较 SEM 模型和 SDM 拟合效果对数似然统计量 Log-L 发现，SDM 模型具有更好的拟合效果。因此，后续的分析选择空间杜宾模型更合理。贫困是动态持续的（Araujo et al.，2017），而以上模型均未考虑动态效

应的情况，估计的结果不能反映真实经济情况。因此，有必要将所选择的空间杜宾模型添加贫困变化的滞后项，在考虑动态效应的条件下进行进一步的研究。

表9-3　　　　　　　　　　静态模型回归结果

变量	(1) FE	(2) SAR	(3) SEM	(4) SAC	(5) SDM
$\Delta\log y_{it}$	-0.966*** (0.2799)	-0.9932*** (0.2655)	-0.8720*** (0.2613)	-1.1846*** (0.3172)	-1.3640*** (0.3373)
$\Delta\log y_{it}\times\log G_{it-1}$	-0.7513 (0.4766)	-0.7426* (0.3935)	-0.5769 (0.4413)	-1.0226** (0.4381)	-1.3375*** (0.4555)
$\Delta\log y_{it}\times\log(z/y_{it-1})$	-0.0866 (0.1489)	-0.1043 (0.1243)	-0.1115 (0.1685)	-0.0473 (0.1118)	0.0122 (0.1221)
$\Delta\log G_{it}$	0.7369*** (0.2294)	0.7301*** (0.2304)	0.7615*** (0.2377)	0.7642*** (0.2294)	0.8415*** (0.2255)
$\Delta\log G_{it}\times\log G_{it-1}$	0.3563 (0.5036)	0.3584 (0.4375)	0.4167 (0.4238)	0.4549 (0.4659)	0.6386 (0.4265)
$\Delta\log G_{it}\times\log(z/y_{it-1})$	0.1209 (0.1779)	0.1145 (0.1223)	0.0968 (0.1155)	0.0960 (0.1366)	0.0572 (0.1373)
$\log G_{it-1}$	0.0492 (0.1121)	0.0457 (0.1379)	0.0129 (0.1343)	0.0650 (0.1253)	0.0636 (0.1293)
$\log(z/y_{it-1})$	-0.0213 (0.0848)	-0.0126 (0.0692)	0.0318 (0.0596)	0.0366 (0.0768)	0.0266 (0.0699)
Cons	0.0627 (0.1166)				
Spatial					
rho		-0.2524 (0.2617)		-0.1435 (0.2159)	-1.2703*** (0.2800)
lambda			0.6568*** (0.2029)	-0.9207** (0.4340)	
sigma2_e		0.0004*** (0.0001)	0.0005*** (0.0001)	0.0005*** (0.0001)	0.0003*** (0.0001)

变量	(1)	(2)	(3)	(4)	(5)
	FE	SAR	SEM	SAC	SDM
Wx					
$\Delta\log y_{it}$		−0.9909 *** (0.2755)		−1.1777 *** (0.3270)	−1.2181 *** (0.3133)
$\Delta\log y_{it} \times \log G_{it-1}$		−0.7452 * (0.3956)		−1.0198 ** (0.4428)	−1.1818 *** (0.4215)
$\Delta\log y_{it} \times \log(z/y_{it-1})$		−0.0982 (0.1207)		−0.0413 (0.1083)	0.0052 (0.1450)
$\Delta\log G_{it}$		0.7264 *** (0.2340)		0.7584 *** (0.2318)	0.7704 *** (0.2427)
$\Delta\log G_{it} \times \log G_{it-1}$		0.3549 (0.4464)		0.4540 (0.4778)	0.5318 (0.4654)
$\Delta\log G_{it} \times \log(z/y_{it-1})$		0.1156 (0.1246)		0.0949 (0.1399)	0.0610 (0.1388)
$\log G_{it-1}$		0.0383 (0.1355)		0.0577 (0.1218)	0.0741 (0.1381)
$\log(z/y_{it-1})$		−0.0112 (0.0659)		0.0387 (0.0749)	−0.0115 (0.0638)
log-L	243.9930	244.7566	233.1759	246.8397	253.5633

注：（）内为参数估计量对应的样本标准差，＊、＊＊、＊＊＊分别表示在10%、5%、1%的显著性水平上通过检验。

9.4 动态模型测度

9.4.1 空间减贫效应比较

表9-4中动态空间杜宾模型的回归结果表明，对数似然统计量log-L表明，同时加入时空滞后变量的时空滞后模型拟合效果更好。其中，空

间自回归系数检验结果 rho 显著为正，表明在考虑了动态效应后，邻近省份减贫成效会促进本地区减贫。ΔH_{it-1} 和 $W \times \Delta H_{it-1}$ 前的系数并不显著，表明中国减贫之路的动态效应并不十分显著，前一年的减贫对当期的减贫效应影响不大。$\log(z/y_{it-1})$ 前系数显著为负，表明初始发展水平显著促进减贫，初始发展水平越好的地区，减贫效应越大。$\Delta \log G_{it} \times \log(z/y_{it-1})$ 项的系数显著为正，表明不平等程度的改变与初始发展水平的交互作用不利于缓解贫困，表明不平等对减贫的抑制作用大于初始发展水平的减贫作用。

表 9 - 4 　　　　　　　　　　动态空间杜宾模型回归结果

变量	(6) 时间滞后模型	(7) 空间滞后模型	(8) 时空滞后模型
ΔH_{it-1}	- 0.0494 (0.0537)		- 0.0502 (0.0544)
$W \times \Delta H_{it-1}$		0.0143 (0.3386)	- 0.0308 (0.3316)
$\Delta \log y_{it}$	- 0.5119 ** (0.2272)	- 0.5037 ** (0.2369)	- 0.5086 ** (0.2291)
$\Delta \log y_{it} \times \log G_{it-1}$	- 0.2615 (0.4461)	- 0.1722 (0.4526)	- 0.2604 (0.4465)
$\Delta \log y_{it} \times \log(z/y_{it-1})$	- 0.0265 (0.1416)	- 0.0641 (0.1411)	- 0.0255 (0.1423)
$\Delta \log G_{it}$	1.0786 *** (0.1838)	1.1075 *** (0.1919)	1.0747 *** (0.1887)
$\Delta \log G_{it} \times \log G_{it-1}$	0.2593 (0.3814)	0.2625 (0.3982)	0.2638 (0.3845)
$\Delta \log G_{it} \times \log(z/y_{it-1})$	0.3625 ** (0.1566)	0.3800 ** (0.1668)	0.3582 ** (0.1630)
$\log G_{it-1}$	0.0733 (0.0642)	0.0552 (0.0637)	0.0730 (0.0643)
$\log(z/y_{it-1})$	- 0.0605 *** (0.0231)	- 0.0552 ** (0.0232)	- 0.0605 *** (0.0231)

续表

变量	(6) 时间滞后模型	(7) 空间滞后模型	(8) 时空滞后模型
Wx			
$\Delta \log y_{it}$	-3.9833 *** (1.3157)	-4.2613 *** (1.3236)	-3.9864 *** (1.3178)
$\Delta \log y_{it} \times \log G_{it-1}$	-5.8442 ** (2.6096)	-6.1648 ** (2.7770)	-5.9062 ** (2.6946)
$\Delta \log y_{it} \times \log(z/y_{it-1})$	0.8924 (0.8674)	0.8972 (0.9446)	0.9196 (0.9128)
$\Delta \log G_{it}$	1.4924 (1.4059)	1.4313 (1.6636)	1.4162 (1.6085)
$\Delta \log G_{it} \times \log G_{it-1}$	-1.9806 (2.3278)	-2.1728 (2.4157)	-1.9567 (2.3441)
$\Delta \log G_{it} \times \log(z/y_{it-1})$	1.9250 * (1.0194)	2.0032 * (1.1834)	1.8733 (1.1540)
$\log G_{it-1}$	0.8352 ** (0.3519)	0.8410 ** (0.3696)	0.8405 ** (0.3568)
$\log(z/y_{it-1})$	-0.2032 (0.1322)	-0.1880 (0.1373)	-0.2049 (0.1338)
Spatial			
rho	1.0333 ** (0.4687)	0.9835 ** (0.4784)	1.0375 ** (0.4773)
sigma2_e	0.0003 *** (0.0000)	0.0003 *** (0.0000)	0.0003 *** (0.0000)
R^2	0.7151	0.6636	0.7187
AIC	-3.7e+02	-3.7e+02	-3.7e+02
log-L	205.0049	202.8088	205.0071

注：( ) 内为参数估计量对应的样本标准差，*、**、*** 分别表示在 10%、5%、1% 的显著性水平上通过检验。

由于在空间计量模型中，回归系数同时包含了直接影响和反馈效应；并且，解释变量空间滞后项的系数也会对反馈效应造成影响。因此，单纯观察回归系数不能全面反映减贫机制，需要进一步将空间溢出效应分解为直接效应和间接效应。徐春华（2016）研究表明，对于空间杜宾模型的回归系数应从直接效应、间接效应及总效应层面来解释。因此，将考虑空间杜宾模型的长期与短期的直接效应、间接效应与总效应，并以此估计经济增长与收入分配的减贫弹性。

勒萨日和佩斯（Lesage and Pace，2009）认为，直接效应表示一个地区的自变量对其因变量的影响；间接效应表示一个地区的自变量对与其存在空间关联的邻近区域因变量的影响，而总效应则是直接效应与间接效应之和。表 9 - 5 是动态空间杜宾模型中各变量直接效应、间接效应和总效应的估计结果。变量 $\Delta \log y_{it}$ 长期效应和短期效应的检验结果显示，其长期与短期的间接效应为负值且在 0.05 的显著性水平上均通过检验，表明经济增长的空间溢出效应对减少贫困有着显著的促进作用。改革开放之初，中国政府推行"先富带动后富"的方针政策，课题研究的结论证实了该方针的正确性，即先富裕起来的省份对邻近的省份减贫增收具有统计意义上的显著促进作用。《国家八七扶贫攻坚计划》建立的东西部扶贫协作和对口支援的扶贫机制，在脱贫攻坚期间进一步贯彻实施，逐步形成了东西部扶贫协作和对口支援从单向援助向双向合作共赢转变的局面，成为中国贫困治理的一条独特经验（王小林和张晓颖，2021）。而 $\Delta \log y_{it} \times \log G_{it-1}$ 长期与短期的间接效应都显著为负，进一步表明脱贫攻坚期间东西部协作共赢的效果，说明即使在初始不平等水平较高的地区，经济增长仍然具有显著的空间溢出效应。$\log(z/y_{it-1})$ 长期效应和短期的直接效应均显著为负，表明初始经济发展水平越高经济增长的直接效应越大，越有利于本省减贫增收。

表 9 - 5　　　　　动态空间杜宾模型的长期、短期效应比较

变量名	长期效应			短期效应		
	直接效应	间接效应	总效应	直接效应	间接效应	总效应
$\Delta \log y_{it}$	- 0.289 (0.194)	- 1.915 ** (0.804)	- 2.204 *** (0.853)	- 0.302 (0.205)	- 2.001 *** (0.857)	- 2.302 ** (0.909)
$\Delta \log y_{it} \times \log G_{it-1}$	0.062 (0.411)	- 3.102 * (1.642)	- 3.040 * (1.688)	0.070 (0.433)	- 3.248 * (1.741)	- 3.178 * (1.790)

续表

变量名	长期效应			短期效应		
	直接效应	间接效应	总效应	直接效应	间接效应	总效应
$\Delta \log y_{it} \times \log(z/y_{it-1})$	-0.073 (0.136)	0.515 (0.517)	0.443 (0.515)	-0.077 (0.143)	0.540 (0.545)	0.463 (0.543)
$\Delta \log G_{it}$	1.022*** (0.160)	0.224 (0.847)	1.246 (0.887)	1.074*** (0.168)	0.226 (0.891)	1.300 (0.932)
$\Delta \log G_{it} \times \log G_{it-1}$	0.377 (0.346)	-1.247 (1.262)	-0.869 (1.369)	0.399 (0.364)	-1.309 (1.327)	-0.910 (1.439)
$\Delta \log G_{it} \times \log(z/y_{it-1})$	0.265** (0.135)	0.863 (0.640)	1.128 (0.692)	0.278* (0.142)	0.901 (0.677)	1.179 (0.732)
$\log G_{it-1}$	0.030 (0.062)	0.439* (0.228)	0.469** (0.235)	0.031 (0.065)	0.460* (0.243)	0.490* (0.251)
$\log(z/y_{it-1})$	-0.051** (0.021)	-0.085 (0.078)	-0.136* (0.081)	-0.054** (0.022)	-0.089 (0.082)	-0.143* (0.085)

注：（）内为参数估计量对应的样本标准差，＊、＊＊、＊＊＊分别表示在10%、5%、1%的显著性水平上通过检验。

变量 $\Delta \log G_{it}$ 和 $\Delta \log G_{it} \times \log(z/y_{it-1})$ 无论是长期效应还是短期效应的检验结果表明，仅有直接效应是显著的，表明邻近省份本期收入及上期收入分配不平等性的改变并不影响本省减贫，即当前收入不平等性的调整不具有显著的空间溢出效应；而变量 $\log G_{it-1}$ 在 0.1 的显著性水平上，无论是长期还是短期效应，仅有间接效应是显著的，说明邻近地区的初始不平等水平，即上一期的收入不平等对当期本地区的减贫有一定的影响。$\Delta \log y_{it} \times \log G_{it-1}$ 长期效应和短期效应显著为负表明，经济增长和不平等的交互效应对减贫具有显著的正向空间溢出效应，即表明初始的地区不平等程度会影响下一期经济增长的减贫效应。综合上述两项分析表明，尽管不平等变化不存在直接的空间溢出效应，但是经济增长过程中造成的收入差距加大会抑制本地区的减贫速度，同时，由于 $\Delta \log y_{it} \times \log G_{it-1}$ 的间接效应系数为负，因此表明本地区和邻近地区的不平等程度增加对本地区的经济增长减贫效应有一定的促进作用，原因可能与中国持续的高速经济增长有关。由于收入水平相对较低地区不平等程度同样较高，因此经济增长的减贫效用更大，致使高速经济增长引致的不平等性并未影响到经济增长的减贫效果，因此，脱贫攻坚期间的高速经济增长确实有助于本地区以及邻近地区的减贫。同时，收入不平等的长期与短期的直接效应均显著为正，说明缓解收入不平等是经济增速放缓后减贫的一个重大难题。

9.4.2 稳健性检验

为了进一步说明结果的合理性，需要对分析结果进行稳健性分析，借鉴刘成坤和赵昕东（2018）的做法，替换空间权重矩阵，使用标准化后的地理距离矩阵，进行稳健性检验，回归结果如表 9 - 6 所示。

表 9 - 6　　　　　替换空间权重矩阵的稳健性检验回归结果

变量	(6)	(7)	(8)
	时间滞后模型	空间滞后模型	时空滞后模型
ΔH_{it-1}	-0.0668 (0.0545)		-0.0723 (0.0548)
$W \times \Delta H_{it-1}$		-0.1292 (0.2348)	-0.1634 (0.2280)
$\Delta \log y_{it}$	-0.1624 (0.2134)	-0.1155 (0.2197)	-0.1542 (0.2126)
$\Delta \log y_{it} \times \log G_{it-1}$	0.5154 (0.4597)	0.6712 (0.4559)	0.4872 (0.4590)
$\Delta \log y_{it} \times \log(z/y_{it-1})$	-0.2546 * (0.1532)	-0.3041 ** (0.1517)	-0.2339 (0.1551)
$\Delta \log G_{it}$	1.0951 *** (0.1707)	1.1389 *** (0.1724)	1.0673 *** (0.1746)
$\Delta \log G_{it} \times \log G_{it-1}$	0.3226 (0.3675)	0.3790 (0.3801)	0.3369 (0.3660)
$\Delta \log G_{it} \times \log(z/y_{it-1})$	0.2969 ** (0.1424)	0.2973 ** (0.1495)	0.2771 * (0.1443)

续表

变量	(6) 时间滞后模型	(7) 空间滞后模型	(8) 时空滞后模型
$\log G_{it-1}$	-0.0366 (0.0709)	-0.0661 (0.0684)	-0.0302 (0.0711)
$\log(z/y_{it-1})$	-0.0235 (0.0244)	-0.0166 (0.0244)	-0.0265 (0.0246)
Wx			
$\Delta\log y_{it}$	-0.4812 (0.9603)	-0.7170 (0.9871)	-0.5405 (0.9579)
$\Delta\log y_{it}\times\log G_{it-1}$	0.5982 (2.0583)	0.0637 (2.2518)	0.0953 (2.1606)
$\Delta\log y_{it}\times\log(z/y_{it-1})$	-0.4576 (0.6113)	-0.3141 (0.7141)	-0.2247 (0.6895)
$\Delta\log G_{it}$	2.6758 *** (0.9116)	2.7104 *** (0.9602)	2.5354 *** (0.9361)
$\Delta\log G_{it}\times\log G_{it-1}$	0.9824 (1.7169)	1.1209 (1.7848)	1.0688 (1.7120)
$\Delta\log G_{it}\times\log(z/y_{it-1})$	1.0972 (0.7982)	1.0389 (0.8485)	0.9711 (0.8165)
$\log G_{it-1}$	-0.1890 (0.2740)	-0.1309 (0.3173)	-0.0871 (0.3067)
$\log(z/y_{it-1})$	0.0177 (0.0968)	0.0035 (0.1154)	-0.0261 (0.1133)
$Spatial$			
rho	0.5852 * (0.3256)	0.6615 * (0.3428)	0.6699 ** (0.3380)
$sigma2\_e$	0.0003 *** (0.0000)	0.0003 *** (0.0000)	0.0003 *** (0.0000)
R^2	0.7151	0.6636	0.7187
AIC	-3.1e+02	-3.0e+02	-3.1e+02
log-L	205.1071	202.2293	205.2867

注:( )内为参数估计量对应的样本标准差,*、**、*** 分别表示在10%、5%、1%的显著性水平上通过检验。

表9-6的回归结果表明，关键变量 $\Delta \log y_{it}$ 和 $\Delta \log G_{it}$ 的系数与表9-4的动态SDM模型相比，正负号均未发生改变，空间自回归系数 rho 同样显著为正，并且模型大多数变量的系数符号都与使用空间近邻矩阵的回归结果高度一致，因此可以判断所选择的动态 SDM 模型结果稳健。

9.4.3 不同区域减贫弹性比较

减贫的总效应在模型中表示所有影响因素对贫困变化总的影响。为反映总的影响效果，通过将长期总效应代入式（9.11）和式（9.12），计算经济增长与收入分配的平均减贫的半弹性，结果如表9-7所示。

表9-7 减贫弹性估计结果

省份	经济增长	收入分配
东部地区		
北京	-0.121	0.158
天津	-0.294	0.238
河北	-0.286	0.425
上海	-0.094	0.200
江苏	-0.318	0.297
浙江	-0.303	0.261
福建	-0.318	0.402
山东	-0.407	0.377
广东	-0.474	0.347
平均	-0.291	0.301
东北部地区		
辽宁	-0.454	0.318
吉林	-0.224	0.385
黑龙江	-0.255	0.350
平均	-0.311	0.351

省份	经济增长	收入分配
中部地区		
安徽	− 0.329	0.352
江西	− 0.127	0.429
山西	− 0.356	0.417
河南	− 0.245	0.431
湖北	− 0.282	0.307
湖南	− 0.553	0.301
平均	− 0.315	0.373
西部地区		
广西	− 0.319	0.459
重庆	− 0.465	0.369
四川	− 0.538	0.437
贵州	− 0.560	0.452
云南	− 0.358	0.441
陕西	− 0.410	0.380
甘肃	− 0.339	0.456
平均	− 0.427	0.428

表 9 - 7 数据结果表明，西部地区经济增长的减贫效益和不平等性增加的致贫效应均高于东部地区，越富裕的省份收入增长与收入分配的减贫弹性的绝对值也会越小，其中北京和上海经济增长的减贫弹性的绝对值分别为 0.12 和 0.09，表明初始收入较高的省份减贫空间小，经济增长和调整收入分配对减贫的影响也会相对较小。

对比东部地区、东北部地区、中部地区和西部地区的两种弹性的绝对值发现，经济增长平均减贫弹性的绝对值要低于收入分配的减贫效应，表明提高中国减贫效率应该优先考虑调节收入不平等的政策，加强对经济发展相对比较滞后地区进行扶持。

纵向对比收入分配的减贫弹性，平均而言，西部地区的绝对值是 0.428，明显高于其他地区，同时西部地区经济增长减贫弹性的绝对值也高于其他地区，表明要促进中国大规模减贫，无论是通过经济增长还是收入分配调整，都应该对西部地区进行大力扶持。

通过观察表 9-5 中的长期效应和短期效应，发现收入分配对减贫只有显著的直接效应，而经济增长的减贫效应只有间接效应显著为负，说明经济增长除了对减贫有直接作用外，还能够有助于推动邻近省份的脱贫进程，对实现共同富裕有着重要作用。因此，在重点关注各省份不平等问题的同时，应首先保持经济可持续增长；其次，在维持稳定的经济增长的同时，通过减缓不平等促进大规模减贫。

9.5 本章小结

基于 2010~2018 年双数年份的 CFPS 数据，构建动态空间杜宾模型对我国脱贫攻坚期间的经济增长和收入分配的减贫弹性进行了测度。结果表明，减贫效应存在显著的空间相关性。从经济增长和收入分配的长期、短期效应上看，直接的经济增长并未显著促进本地减贫，但显著推动邻近地区的减贫；收入分配不平等显著抑制本地减贫，而空间溢出效应不显著；初始经济发展水平显著促进了本地的减贫，初始不平等水平显著抑制了邻近地区的减贫进程。此外，在初始经济不平等程度较高的地区，经济增长的空间溢出效应更加明显；在初始经济发展水平高的地区，收入不平等对减贫的抑制作用更为显著。

从各地区经济增长与收入分配的减贫弹性测度结果看，可以得出以下结论。

第一，依照中国四大经济区域将所选样本划分为东部、东北、中部和西部地区四大地区，其经济增长的减贫弹性依次降低，收入分配的减贫弹性依次升高。同时，通过对减贫弹性绝对值的比较发现，西部地区两种减贫弹性的绝对值均显著高于其他地区，表明目前西部仍处于发展水平较差且不平等程度较大的状态。后扶贫时期，为稳定脱贫攻坚成果和减小相对贫困，无论是在经济增长还是收入分配调整方面，政府都应该对西部地区进行大力扶持。

　　第二，对比两种减贫弹性的绝对值大小发现，经济增长平均减贫弹性的绝对值始终要低于收入分配的减贫效应，表明促进中国减贫效应最大化应该优先考虑调节收入不平等的政策，即加强对经济发展相对比较滞后的地区进行扶持。

　　第三，经济增长有着显著的空间溢出效应，有助于推动邻近省份的脱贫进程，对实现共同富裕有着重要作用。因此，为促进减贫增收，各省应重点关注省内经济不平等情况，同时保持经济在一定水平内可持续增长。

第10章 精准扶贫案例评价 *

2014 年底公布的数据表明，我国共有贫困县 832 个，其中大部分集中在老少边穷的西部省份，云南、西藏、四川、贵州、甘肃、陕西、青海、广西和新疆等西部省份共有贫困县 515 个，占比 62%①。2020 年所有贫困县摘帽，我国脱贫工作取得了史无前例的胜利，而西部地区尤为不易。

脱贫攻坚这些年，西部地区农村居民生活究竟发生了变化？政府做了什么，是怎样做的？

为反映贫困县脱贫攻坚过程，揭示脱贫路径，课题组于 2017～2020 年深入西部地区农户家中调查搜集数据资料。本章以 2019 年初西部地区地理位置相对比较偏僻的某国家级贫困县为例，力图回答上述三个问题。调查数据涉及的西部某国家级贫困县建档立卡贫困户的样本量 886 户，非建档立卡户的样本量 828 户，共实地调查 1714 户。调查农户涉及的行政村 34 个，其中，贫困村 28 个，占 82.35%；非贫困村 6 个，占 17.65%。调查问卷涉及农村居民"两不愁三保障"方面的问题，也涉及基础设施的建设和对乡村干部看法的内容。本章内容主要包括五个方面：一是调查县基本情况介绍；二是政府工作安排部署介绍；三是调查数据统计分析；四是脱贫攻坚路径分析；五是脱贫攻坚成功经验总结。

---

* 本章除实地调查数据外，部分案例及数据资料来自政府网站发布的公告及新闻。

① 资料来源于国务院扶贫开发领导小组办公室，网址：http：//nrra. gov. cn/art/2014/12/23/art_343_981. html。

10.1　M 县贫情简介

10.1.1　基本县情

M 县位于四川东北部川陕两省交界处，集贫困地区、革命老区和生态富集区于一县，全县面积 3389.5 平方公里，辖 48 个乡镇、520 个村、114 个社区，总人口 66.01 万人，其中 2014 年底农业户籍人口 555623 人。2014 年精准识别贫困人口 24065 户 88348 人，贫困发生率达 15.9%。全县地形地貌复杂，基础设施薄弱，土地资源短缺，自然灾害频发，贫困程度较深。

2014 年全县人均 GDP 为 15849 元，仅为全省平均水平的 45%；农村居民人均纯收入为 6918 元，为全省平均水平的 77%；86 个行政村不通公路，25.59 万亩农田得不到有效灌溉，375 个村无标准化卫生室；21077 户农户存在饮水无保障，406 户未通生活用电，1.07 万户重病、重残和特别困难家庭"三类特殊困难群众"，属于典型的连片贫困和深度贫困地区。

10.1.2　脱贫制约因素

（1）地形地貌复杂，交通出行不便。M 县山高坡陡，沟壑纵横，"一眼望见屋，走路走得哭"是 M 县地形地貌的确切写照。崇山峻岭、交通闭塞，一直是制约 M 县发展的瓶颈，直到 2010 年前后，M 县至汉中的出川要道，还只是一条 5 米宽的盘山土路。蜀道之难行，生存之艰难，当地群众有着切身体会。因此，应当把破解蜀道之难的"卡脖子"困境作为脱贫攻坚的根本前提。

（2）自然灾害频发，人民生命财产屡受重创。M 县地处米仓山南麓，素有"九山半水半分田"的说法，属于地质灾害易发区，尤其是 5·12 汶川特大地震使全县地质环境条件进一步恶化，造成了大量的次生地质灾害隐患，同时人民群众的生命财产因此遭受了重大损失：全县

48 个乡镇全面受灾,受灾人口达 44.6 万人(死亡 2 人,受伤 91 人),直接经济损失 6.27 亿元。5.12 地震对 M 县脱贫攻坚重要影响表现在三个方面:一是人民群众身心遭受重创,幸存群众心理康复难度大;二是生产生活资料受损严重,农田水利和林地受损面大,恢复较为困难;三是地震造成大量伤残人员,其他间接影响无法估量,脱贫任务艰巨。

(3)劳动力缺失,就业形势严峻。M 县属于落后偏远山区,是一个典型的农业县,长期受自然经济条件的影响发展比较落后,教育文化水平的提升也受到制约。目前 M 县的主要农村劳动力都出生于 20 世纪 50～80 年代,总体上劳动力素质较低,缺乏劳动技能。其次,农业产业化发展程度低,降低了对劳动力的需求,大大限制了当地农村劳动力的充分就业。统计显示,2010 年 M 县农村劳动力在本县就业人数为 22.92 万人,其中第一产业有 16.27 万人,第二产业有 2.34 万人,第三产业有 4.31 万人。M 县农村劳动力的就业渠道仍以农业为主,从事第一产业生产活动作为农村劳动力就业主体的传统就业格局并未改变。此外,外出务工已成为拓展农村劳动力就业的重要渠道,外出务工就业人数占全全县总劳动力的 24.27%。虽然近年来政府制定了许多政策保障农村劳动力的转移,但是无论在政策执行的广度上还是力度上都不能满足大量劳动力的就业需求。

(4)水资源短缺,生产生活艰难。M 县地处大巴山区,大部分地区属于喀斯特地貌,存在严重的"季节性缺水""工程性缺水"和"季节性洪涝"问题。据统计,1959～2012 年,M 县发生过重度干旱 81 次。直到 2014 年还有省定旱山村 185 个、缺水村 236 个,超过 20 多万人饮水不安全。当时许多村庄坐落于海拔比较高的山区,主要通过人工挑水或者通过水库管道饮水,同时又由于青壮年劳动力普遍外出务工,丰水季节在家的人口少,而春节前后的枯水季人口众多,饮水问题格外严峻。饮水和灌溉问题严重制约着当地老百姓的脱贫增收。

10.1.3 贫困人口分布与构成

(1)贫困人口分布。M 县下辖 48 个乡镇,2014 年精准识别贫困人口 24065 户 88348 人，贫困发生率达 15.9%，远高于该省县级行政区平均贫困发生率。其中，贫困村 156 个，行政村 520 个；贫困村贫困人口有 33524 人，占比 38%，非贫困村贫困人口 54824 人，占比 62%。2014年 M 县各乡镇的贫困人口分布情况，从地域分布来看，贫困人口主要集中在 M 县中部和南部片区。人口大镇贫困人口也相对较多，5 个人口大镇均超过 3000 人。其中西南片区 13 个乡镇 30325 人，占 34%；中南片区 12 个乡镇 22081 人，占 25%；东部片区 9 个乡镇 6711 人，占 8%。

（2）贫困人口构成。从致贫原因来看，如图 10 - 1 所示，因病致贫有 10592 户，占比 44.2%；缺技术有 3218 户，占比 13.4%；因残致贫有 2919 户，占比 12.1%；缺资金有 2609 户，占比 10.8%；因学致贫有 2264 户，占比 9.4%；其他原因致贫有 2463 户，占比 10%。

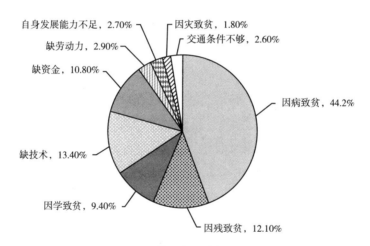

图 10 - 1　贫困人口致贫原因构成

从贫困人口年龄结构来看，16 岁以下 11688 人，占比 13%；16 ~ 60岁 55977 人，占比 64%；60 岁以上 20683 人，占比 23%。从劳动力状况来看，普通劳动力 50411 人，占比 57%；技能劳动力 1113 人，占比1%；丧失劳动力 1591 人，占比 2%；无劳动力 35233 人，占比 40%。从受教育结构来看，其中文盲半文盲 9696 人，占比 15%；小学文化程度29244 人，占比 44%；初中文化程度 21426 人，占比 33%；高中文化程度 3795 人，占比 6%；大专及以上文化程度 1044 人，占比 2%。

10.2　政府脱贫攻坚安排部署

10.2.1　科学谋划脱贫攻坚思路

M 县人民政府深刻学习领会习近平总书记关于"精准扶贫、精准脱贫"系列重要讲话精神，在脱贫攻坚决策部署上全县上下制订了"12345"攻坚思路。具体为以下 5 个方面的内容。

"1"是指 M 县要求全县各级部门咬定"2018 年全县脱贫摘帽"的大目标。脱贫攻坚期间，该县紧盯 2018 年全县摘帽，细化分解县摘帽总体攻坚任务和年度村"销号"、户脱贫任务，集中一切力量、整合一切要素、聚集一切资源，全面决战脱贫攻坚战。

"2"是指通过"双组长"强化全面领导。成立由县委书记、县长任双组长的脱贫攻坚领导小组，专门组建综合协调组、基础设施建设组、产业培育推进组、社会事业发展组、四好村创建组、考核督导组 6 个小组，分工分线加大组织领导和督查指导。

"3"是指实施"三三"分类攻坚方案。M 县实施"三三"分类攻坚包括"三攻坚""三对标"和"三同步"的分类攻坚方案。其中，脱贫村"三巩固"包括巩固产业抓提升、巩固设施抓管护、巩固新村抓治理，防止脱贫不稳定。贫困村"三对标"包括对标村"一低五有"、对标户"一超六有"、对标四好村创建防止脱贫不精准。非贫困村"三同步"包括同步建强产业、同步补齐短板、同步帮扶奔康，防止脱贫不均衡。

"4"是指通过"四清单"压实攻坚责任。结合国家的方针政策，为便于操作，M 县出台《脱贫攻坚考核方法》和《县摘帽战役问责办法》，构建起"乡镇主责、行业主管、部门主帮、村社主抓"的责任体系，22 个专项牵头部门负责各专项扶贫工作，全面开展驻村帮扶、结对帮扶，层层签订责任书、立下军令状。

"5"是指构建"五战区"统筹全域推进。根据区域基础条件和攻坚重点不同，将全县划分为五个战区，由县人大、政协主要领导和县委、政府分管领导、常务副县长分别任战区指挥长，全权指挥"分区作战"，制定作战图、时间表，将县"摘帽"工作任务量化分解到各县级挂联领导、行业主管部门、帮扶单位、乡镇，严格"定点、定人、定时、定责"，每月分战区召开一次现场推进会、一次分析研判会、一轮考核评比。

10.2.2　"四个精准"检查落实要求

（1）对象精准。按照省市复核"八个比对"和"六个不纳入"的要求，建立"村内最穷"和"群众公认"两条底线识别方法，先后开展 2 次精准识别"回头看"和 4 次扶贫动态调整，全面核查贫困群众，并组织县纪委监委、审计、检察、扶贫等单位组成专案调查组，对争议较大的疑似贫困户进行专门调查，逐一筛选甄别，确保扶贫对象更加精准，最终锁定 2013 年底全县贫困人口 24065 户 88348 人。

（2）项目精准。建立"村级申报、乡镇初审、部门审查、县级审定"项目申报程序，采取自下而上，自上而下的"三上三下"方式，按照"保基本、缺啥补啥"原则，提前分年度科学编制了 156 个贫困村、360 个非贫困村、5 个农村社区脱贫攻坚项目规划和《M 县 2018 年贫困县脱贫摘帽实施方案》，科学建立了脱贫攻坚"保基本项目库"。

（3）措施精准。坚持靶向聚焦、精准发力，采取因村因户因人施策的措施，针对每户致贫原因、资源条件、劳动力状况，户户调查摸底、人人规划落实，科学制定"五个一批"帮扶规划，全面落实各项扶贫政策，实现精准脱贫。实施"三三"分类攻坚，脱贫村"三巩固"，贫困村"三对标"和非贫困村"三同步"。

（4）痕迹精准。M 县对照国家和省级档案规范要求，按照"乡镇、村、户不重复"和"便于查找"的工作原则，细化制定脱贫攻坚"两式一化"档案模板，规范管理各级脱贫软件档案资料。专门制定《关于规范村级脱贫攻坚机构设置和室内上墙内容》，统一规范设置三室（卫生室、文化室、脱贫攻坚作战室）、一校（农民夜校）、一站（便民服务代办站)、一点（电商点）、一社（专业合作社）、一公司（集体资产管理公司），旨在全面有效解决村级脱贫攻坚机构杂乱无序。

10.2.3 通过补齐"五个短板"确保脱贫质量

（1）全面补齐产业发展短板。突出"生态绿色，富硒，有机"的特色优势，按照"县有支柱产业，乡有主导产业，村有特色产业，户有增收项目"的总体布局，完善黄羊"两核四带"，核桃"三园五片"，茶叶"一核两带三中心"，金银花"一核五线"和优质粮油"一园四带"五大特色产业，鼓励引导农民依托五大主导产业大力发展以小种植、小养殖、小加工、小经营为主的"四小产业"。

（2）全面补齐住房安全短板。统筹利用易地扶贫搬迁、危旧房改造、土地增减挂钩和地质灾害避让扶贫搬迁政策，按照"全面覆盖全面推进"的要求，坚持"实事求是、应改尽改、资金严管、违规追责"的原则，突出"一加二改三配套"改造重点顺序，创新"三四五步法"，统筹实施、全域推进，切实保障农村住房安全。

（3）全面补齐基础配套短板。聚焦道路、水利、生活用电等重点领域，按照统一规划、统一标准、统一建设和统一管护原则，用好社会资本。突出政府引导和群众主体两手发力、突出项目配套和社会参与两条腿走路、突出机制创新和载体创新两面并重，让群众监督实行，持续扩大基础设施建设投资。

（4）全面补齐公共服务短板。提升公共服务质量和水平，既有利于加强社会政策兜底保障，在发展中保障和改善民生，又有利于扩大公共服务有效供给并促进完善公共服务供给结构。M县统筹布局卫生、文化、科技、信息等资源，创新吸纳社会力量，加快推进农村公共服务均等化。

（5）全面补齐政策保障短板。一是在基本医疗保障上，建立基本医疗保险、医疗扶助基金、卫生扶贫救助基金、大病医疗补充保险、扶贫保、"顶梁柱"公益保险层层保障。二是在义务教育保障上，落实"六长责任"，强化控辍保学。三是在低保政策落实上，严格"本人申请、入户调查、民主评议、三榜公示、审核审批"的低保评定程序，坚持应扶尽扶，应保尽保。在低保家庭按政策人均补差的基础上，实行分类施策，对重病 70 岁以上老人、在校大学生和家庭条件相对比较困难的儿童，增加保障金额，减轻家庭生活压力。

10.2.4 通过"五点创新"衔接乡村振兴

M 县为谋划长远规划，巩固脱贫攻坚成果并衔接乡村振兴，制订了"五点创新"计划。

（1）创新留守儿童"童伴计划"。通过"一个人、一个家、一条纽带"的模式，建立留守儿童监护网络，保障留守儿童权益。一个人是指"童伴妈妈"（爱心妈妈），专门负责本村留守儿童权益保护和关爱陪伴服务。"一个家"是指"童伴之家"（爱心小屋），配齐儿童玩教具、体育器材、儿童书籍等物资，定期开放和组织关爱主题活动，构建农村儿童关爱活动阵地。"一条纽带"是指构建县、乡、村三级项目联动机制，融合各个儿童福利政策和权益保护职能部门的职责，落实属地管辖责任，形成有效直达儿童身边的服务网络。

（2）创新道德银行社会治理机制。创新以"道德积分、文明加分、满意度得分"为主要内容的家庭道德积分激励机制，通过"议"定行为标准、"评"树正反标杆、"晒"扬新风正气、"奖"惠模范典型等方式，在 156 个贫困村建立道德银行，全面引导村民养成好习惯，形成好风气，探索提升乡村道德治理水平。

（3）创新扶贫产业利益联结机制。推行"多方合作"模式，将企业、银行、政府、农户等各方紧密联结在一起；推行"订单种养"模式，保底价回收农产品，给予农户最大的保障；推行"借畜还畜"模式，将种畜借给适合的养殖户，实现滚动发展；推行"大户 + 贫困户"模式，实现小农生产与现代农业有机衔接；推行股权量化，给贫困户、所有农户、村集体各配股 1/3，使贫困户"双轮持股、二次分红"，从而尽量保障农户收入，巩固脱贫攻坚成果。

（4）创新易地扶贫搬迁机制。出台易地扶贫搬迁"五档"差异化补助政策，创新"三不三搬三为主、三靠三进""搬迁＋旅游""搬迁＋园区""搬迁＋盘活""搬迁＋劳务"安置方式。通过创新搬迁机制，一方面，解决一方水土养不活一方人的问题；另一方面，促进搬迁户可持续增收，保障安居乐业。

（5）创新驱动绿色发展理念。M县深刻认识到"绿水青山就是金山银山"的重要性，努力发展绿色产业，将生态优势转化成经济优势，推动绿色发展理念深入人心。近年来，精心打造的国家5A级旅游景区已通过省级考核验收，成功举办省红叶生态旅游节等活动。M县依托生态优势，大力发展旅游业，已成为省旅游经济增长最快的县区，让贫困户在安居乐业中收获生态发展红利。

10.3　调查数据统计分析

10.3.1　全县整体风貌改进情况

（1）整体经济情况。调查数据表明，至2018年，通过5年全力攻坚，M县各项政策、工作、责任到位，农村居民"两不愁三保障"基本得到解决，贫困人口显著减少，人民生产生活水平显著改善，农村基础设施显著提升，农业产业稳定发展，全县社会经济和各项事业发展取得显著成效。

2018年，M县实现地区生产总值133.5亿元，比上年增长7.7%，总量是2014年建档立卡时的1.28倍；人均地区生产总值20224.2元，较2014年增加4376元，平均年增长8.3%；固定资产投资224亿元，增长10.3%；社会消费品零售总额51.97亿元，增长11.8%；一般公共财政预算收入为7.6亿元，同口径增长0.5%；城镇居民人均可支配收入达到30846元，增长8.8%；农村居民人均可支配收入达11998元，同比增长9.8%，增幅高于全省1.2个百分点，高于全国水平1.9个百分点，被省委、省政府授予县域经济发展先进县。

（2）基础设施建设情况。自脱贫攻坚至 2018 年中，M 县的公共服务设施得到巨大改善，具体体现在以下四个方面。

第一，公路实现村村通。2014 年 M 县 516 个村中有 86 个行政村不通公路。目前全县的通车里程达到 5400 多公里，农村公路达到 4100 多公里，累计硬化农村公路 2700 多公里，实现了乡镇、行政村公路通达率 100%，通组路的硬化率达到了 70% 以上。M 县交通基础设施的极大改善推动该县从闭塞山区转变为省区域内开放的桥头堡，成为川陕渝互联互通的重要连接地，创造了 M 县决胜脱贫攻坚、全面乡村振兴的根本性基础条件。

第二，安全饮水有保障。2014 年之前全县有 21077 户农户饮水无保障，25.59 万亩农田得不到有效灌溉。经过五年的脱贫攻坚，累计完成投资 7.7 亿元，新建千吨万人集中供水工程 8 处，管网延伸工程 551 处，分散供水工程 313 处，全面解决了 48 个乡镇 516 个村 45.83 万农村人口安全饮水问题，其中有贫困人口 6.9 万人。

第三，用电全覆盖。2014 年时全县仍有 406 户家庭未通电。截至 2018 年底，全域推进小水电供区移交，加快城区配网、小城镇中心村、村村通动力电、机井通电及小水电供区电网建设与改造，完成 48 个乡镇 432 个村、94 个社区配电网改造，其中贫困村 118 个，实现农村生活用电得到全面保障。

第四，全面补齐公共服务短板。统筹布局卫生、文化、科技、信息等资源，加快推进农村公共服务均等化。新（改）建 24 个、规范 24 个乡镇便民服务中心，48 个乡镇标准中心校和乡镇卫生院全面达标；516 个村卫生室已完成新、改、扩建工作，均配备所需医疗设备和 1 名以上合格医生，达标率 100%。新建标准文化室 516 个，实现行政村 100% 全覆盖。大力实施"宽带乡村"工程和电信普遍服务试点项目，全县所有行政村实现通信网络覆盖。

总体而言，表 10-1 数据表明，M 县各项基础设施完成良好，除自有住房率略低于全国平均标准外，其他指标均高于全国水平。不难看出，

2014～2018 年 M 县基础设施发生了巨大变化, 其中变化最明显的是宽带网络覆盖率、供水保障率、集中供水率、农村垃圾集中处理覆盖率和乡镇垃圾集中处理覆盖率, 已基本实现 100% 覆盖率。

表 10 - 1   M 县基本公共服务指标   单位:%

指标	2014 年 M 县基本公共服务指标	2018 年 M 县基本公共服务指标	全国平均标准
通村硬化路率	83.5	100	99.30
安全用电覆盖率	98.13	100	99.70
宽带网络覆盖率	12	100	88
自有住房率	95.4	96.4	99.50
供水保障率	57.53	100	89.60
集中供水率	65.13	100	91.30
农村垃圾集中处理覆盖率	30	100	73.90
乡镇垃圾集中处理覆盖率	70	100	91.30
基本养老保险参保率	100	100	90.00
基本医疗保险参保率	97	99.7	95.00

10.3.2　各项政策保障情况

（1）安全住房挪穷窝。统筹利用易地扶贫搬迁、危旧房改造、土地增减挂钩和地质灾害避让搬迁政策, 全面保障群众住房安全。2014 年以来, 全域实施农村 C、D 级危房改造 30699 户; 易地搬迁 8422 户 31087 人, 全县 217 个集中安置点全部完工; 地质灾害避险搬迁 6153 户; 建成土地增减挂钩项目安置点 361 个, 安置了 5468 户。

调查数据表明, 2014 年以来受访的建档立卡户中有 268 户 (30.2%) 享受过危房改造政策, 其中, 补贴到位的比例为 98.9%, 危房改造已完工且通过验收的农户占比 99.6%。受访的建档立卡户中有 401 户 (45.3%) 建档立卡户享受过易地扶贫搬迁政策, 所占比例较高, 其中, 尚未入住的有 0 户, 占比 0%; 因其他尚未入住的 1 人。搬迁后农户生产生活的改善情况如图 10 - 2 所示。

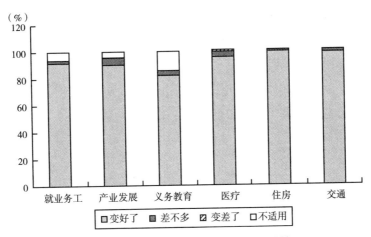

图 10 – 2　易地搬迁后农户生产生活改善情况

可以看出，易地搬迁后在生产生活的各个方面都给人们带来了较多便利，尤其是住房和交通方面。但在孩子上学方面，可能新的聚居点离学校较远，让 14.25% 的受访群众觉得改善状况不适用。

（2）基本医疗保健全面落实到位。在基本医疗保障上，M 县为 8.9 万贫困群众全额代缴个人医保参保费用 2933.4 万元，贫困人口县内住院个人合规支出控制在 10% 以内。筹集医疗扶助基金 2267.6 余万元、卫生扶贫救助基金始终保持在 500 万元以上规模。累计发放医疗扶助和卫生救助基金 2585.37 余万元，惠及 1.9 万人次贫困患者。实行特殊门诊报账政策，6560 余名一二类慢性病患者享受特殊疾病救助政策，贫困人口城乡居民基本医疗保险、大病医疗补充保险、扶贫保、"顶梁柱"保皆全面覆盖。

在调查过程中，无论是建档立卡户或非建档立卡户都 100% 享有城乡居民基本医疗保险和大病医疗保险。在受访的 547 户建档立卡户中，家里有大病病人的有 46 户，其中去医院看病的有 41 户，占比 89.1%。未去看病的人中，不愿意看的有 1 户，占比 20%；由于看病不方便而不去看病的有 0 户，占比 0%；由于看不起病而不去看病的有 0 户，占比 0%；由于其他原因不去看病的有 4 户，占比 80%。在受访的非建档立卡户中，家里有大病病人的 35 户，并且 35 户都到医院就诊。在受访的建档立卡户中，有长期慢性病人家庭 435 户，并全部得到慢性病救助，其中有家庭医生签约服务的 434 户，占比 99.8%。

（3）教育扶贫圆梦想。在义务教育保障上，落实"六长"责任制，强化"控辍保学"，调查数据表明，全县无一名贫困家庭义务教育阶段学生辍学。2016～2018 年减免资助贫困学生 28.97 万人次，发放减免补助资金 2.2 亿元，其中减免资助建档立卡贫困户学生 5.89 万人次，发放减免补助资金 6992.5 万元；安排教育扶贫救助基金 700 万元，兑现救助资金 636.6 万元，惠及 9132 名建档立卡贫困学生；发放助学贷款 8309 人次 9441.66 万元，贴息 309.46 万元。

（4）产业扶贫促增收。M 县立足黄羊、核桃、金银花和茶叶四大主导产业，建设了五大百里特色产业长廊，建成中国黄羊交易中心，中国富硒有机核桃基地，秦巴地区最大的有机富硒茶生产基地，中国道地银花基地，中国好粮油示范基地。坚持因地制宜、长短结合引导农户发展"四小"产业，积极探索农业产业发展新模式，创新利益联结机制。

调查数据表明，886 户受调查的建档立卡户中，有 783 户（88.4%）的建档立卡户获得了政府的资金或实物支持。其中，选择发展种植和养殖业的有 781 户（99.7%），选择旅游和其他服务业的有 1 户（0.1%），选择其他产业的有 1 户（0.1%）。在获得资金或实物支持的 783 户贫困户中，有 460 户（51.9%）在企业、合作社和大户带动下发展，其中，59.1% 以分红的带动方式带动农户发展，89.3% 提供技术服务、86.5% 代购生产资料、45.9% 代销产品，36.5% 托管托养的带动方式带动农户发展。在加入合作社的建档立卡户中，有 96.6% 的建档立卡户反映合作社的经营情况为好；有 3.4% 的建档立卡户反映合作社的经营情况为一般。关于合作社的分红比例，93.3% 的建档立卡户反映获得了合作社分红，其中有 67.6% 的建档立卡户参与了合作社生产经营活动。

（5）金融扶贫筹资。M 县按照"政银互动、信用支撑、精准放贷、发展生产"的思路推动扶贫小额信贷。突破行政、风险、成本壁垒，让银行放心贷款；夯实评级授信、金融服务、财政贴息三项基础，确保群众能借到资金；对资金的使用加强指导和监督，确保贷款用在刀刃上。同时，建立健全扶贫小额信贷的风险监控机制，确保惠民政策的可持续性。目前，全县已为 5277 户贫困户发放扶贫小额贷款 23000 万元，在全省 2016 年年度考核中，贷款覆盖率为 36.03%、风险基金覆盖率为 10.43%，位列全省第一名。

实地调查中，建档立卡贫困户 855 户（96.5%）知道小额信贷，借过小额信贷的有 306 户（34.5%）。其中 285 户（93.1%）将扶贫小额信贷用于发展种植养殖业，8 户（2.6%）用于搞个体经营，9 户（2.9%）用于盖房，1 户（0.3%）用于看病，2 户（0.7%）用于子女教育支出。调查数据同时表明，在借过小额信贷的贫困户中，能按期还款的有 290 户（94.8%）。

（6）就业扶贫增收入。M 县通过搭建就业平台，集中式输出等方式，引导贫困家庭劳动力转移就业。实现常年在外务工 20 万人以上，全县年平均劳务收入 120 亿元以上。对接东西部扶贫劳务协作，定向提供岗位，转移贫困人口就业 5749 人。为贫困户量身定制公益性岗位，累计开发公益性岗位 5601 个，兑现岗位补贴 3005.1 万元。累计投入资金 1110 万，选聘生态护林员 2427 名。

调查数据表明，所有 886 户建档立卡户中，想参加就业培训的有 702 户，占比 79.2%，不想参加但实际参加培训的 0 户（0%）。通过政府安排外出务工家庭的 8 户（0.9%），家里至少有一人获得稳定的本地就业机会家庭的有 153 户（17.3%）；参与公益岗位的家庭有 133 户（15%），共有 135 人参与了公益性岗位，占家庭中所有有劳动能力人口的 50.2%，占所有 3419 名建档立卡人口的 3.9%。贫困户认为"参加培训对找工作或提高就业收入有帮助的"占比 96.4%。

10.4　脱贫攻坚路径分析

根据 M 县脱贫攻坚政策的实施情况，以及对县人大、政协、行业部门、乡镇领导和村干部访谈资料分析，表明 M 县脱贫路径基本可以概括为，以基础设施建设为重心，产业发展为支撑，促进贫困人口就业率，医疗保障、教育保障两翼并行，同时保证政策兜底的最终防线，形成系统全面的脱贫攻坚结构体系。

M县把产业培育作为精准脱贫的重要支撑和长远大计,强化推进农业产业扶贫,做大做强县域支柱产业,大力发展到户增收项目,促进农民持续稳定增收。要发展产业,首先要建设基础设施,从而保证经济持续稳定发展。同时,M县贫困人口中44%是因病致贫,比例较高,基本医疗保障、健康扶贫是重中之重。具体脱贫路径如图10-3所示。

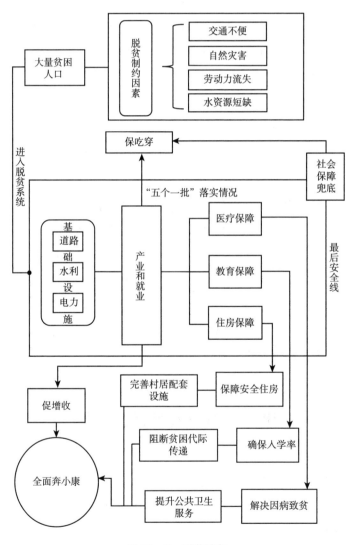

图 10 - 3 脱贫路径

10.4.1　基础设施建设方面

M 县群策群力，筹措多方力量不断完善基础设施。具体而言，体现在四个方面。

一是激活各方资本，参与农村建设。以"讲好地方故事，建设美好家园"为主题实践活动载体，促进社会自发捐资、农户自主捐资、企业自愿垫资。近 5 年来，约 63 万人次参与农村公路建设捐资活动，募集资金 2.4 亿元。所得资金全部用于建设农村的通村公路、产业路、入户路。

二是着重解决"出行难"的问题。M 县研究制定《关于加快建设通畅（达）工程强力推进扶贫攻坚的通知》，"十二五"期间，全县完成通畅公路 226 条 1466.9 公里，通畅率达 75%；开通农村客运班线 28 条，完成公路通达 517 个村 2947 公里，通达率 100%；硬化产业路 31 条 239.8 公里，建成并硬化联网路 49 条 188 公里。

三是实施安全饮水工程。全县较大范围内采用"双水源，互备用"的形式，对于极少部分集中供水管网不能延伸的地方就地寻找水源，新建改造农村供水工程 1090 处，解决 516 个村 48 万农村人口安全饮水。并成立农村饮水安全水质检测中心，确保饮水安全。

四是农网的升级改造。推进原小水电供区移交和城区配网，建设与改造小城镇中心村，全面建成村村通动力电、机井通电及小水电供区电网，完成 48 个乡镇、432 个村、94 个社区配电网改造，其中贫困村 118 个。

10.4.2　产业发展方面

在产业发展方面，M 县构建了"四大""四小"产业发展策略。M 县根据"生态、绿色、富硒、有机"的典型特色，结合本县资源禀赋，按照"多方合作""订单种养""借羊还羊""大户 + 贫困户"模式，发展本地黄羊、核桃、茶叶、金银花"四大"产业和以小种植、小养殖、小加工、小经营为主的"四小"产业。2014 年以来全县特色产业基地累计达 150 万亩，辐射带动 18 万人实现人均增收 1200 元以上，其中规模发展黄羊年饲养量 83 万头，核桃 37 万亩，富硒茶 26.8 万亩，金银花 32 万亩；建成 "四小" 产业园 7.5 万个，占全县农户总数的 57.3%。基本做到县有支柱产业、乡有主导产业、村有特色产业、户有增收项目。

在产业发展的同时促进就业，通过能人带动，抱团式外出，搭建就业平台，集中式输出，引导贫困家庭劳动力转移就业。目前，全县常年在外务工人口有 20 万人左右，并对接东西部扶贫劳务协作，组织专场招聘，定向提供岗位，转移贫困人口就业 5749 人，其中，组织贫困人口到省外就业 4810 人，省内转移就业 939 人，全县年劳务收入 120 亿元以上。

10.4.3　医疗保障方面

M 县以 "户有基本医疗保障、县乡村有达标医疗卫生机构" 为目标，一方面为建档立卡贫困患者建立了基本医保、大病保险、扶贫保、顶梁柱保险、医疗扶助基金、卫生扶贫救助基金 "六大" 医疗保障机制；另一方面加强了对村级卫生室、乡镇卫生院和县级医院的标准化建设，为建档立卡贫困户开设就诊绿色通道、开展免费体检、提供 "一站式" 服务等，让贫困户少跑路、少花钱。

目前，全县累计投入 2550 万元建设 516 个村的达标卫生室，每年给予村卫生室不少于 9500 元的工作补助；投入 2.74 亿元，提升县级医院能力。在全县 88348 名贫困人口中，医疗救助扶持一批 18277 人，占比 21%。近几年累计为 8.9 万名贫困群众全额代缴个人医保参保费用 2933.4 万元，贫困人口县内住院个人合规支出控制在 10% 以内。累计发放医疗扶助和卫生救助基金 2585.37 余万元，涉及 1.9 万人次贫困患者。

10.4.4　教育保障方面

为保障全县适龄儿童有学上、上好学，实现教育扶贫挖断穷根的愿望，M 县采取了四个方面的措施。

一是建立教育扶贫台账。M 县整合全国中小学生学籍系统全国中小学资助管理系统，结合实际开发教育科技扶贫工作云平台，为贫困学生建档立卡。截至调查日期，全县共 94 所学校分学期建立了适龄儿童台账，动态管理贫困学生的入学情况和享受资助情况。M 县共有 93641 名县内在读学生，其中建档立卡学生数 17835 人，在全县 88348 名贫困人口中，发展教育脱贫一批有 15325 人，占比 17%。

二是严格控辍保学。为确保全县义务教育适龄儿童全部入学，采取由"市长、县长、乡镇长、校长、村长、家长"共同负责的"六长"责任制。目前，全县 5.47 万名义务教育阶段适龄儿童，无一例因厌学而辍学。

三是关爱留守儿童。为全县 3.26 万名留守儿童建立了健全健康成长档案，建设了 89 所"留守儿童之家"，实施了"童伴妈妈"计划，定期开展心理疏导和娱乐活动，设立了 32 所校外活动辅导站，开设了 82 个项目，为全县 4.5 万名学员开展课外兴趣活动，帮助留守儿童健康快乐成长。

四是落实济困助学政策。M 县实施了学前教育三年行动计划、全面改薄计划、营养改善计划和"三免一补"等 12 项教育扶贫惠民政策。全县 2016～2018 年共减免资助贫困学生 28.97 万人次，发放减免补助资金 2.2 亿元，其中减免资助建档立卡贫困户学生 5.89 万人次，发放减免补助资金 6992.5 万元；兑现教育扶贫救助资金 636.6 万元，覆盖 9132 名建档立卡贫困学生。发放助学贷款 8309 人次 9441.66 万元，贴息 309.46 万元。

10.4.5　安全住房保障方面

在易地扶贫搬迁上按照"政府主导、市场主力、群众主体"的"三不三搬三为主"原则，在全县建立了 217 个集中安置点，让 8422 户 31088 人全部入住。近两年，整合财政涉农资金 14.6 万元，重点用于易地搬迁区域内路、水、电等公共基础设施建设和产业发展。

对全县 30699 户符合条件的贫困户和非贫困户实施危房改造，按照 C 级 8500 元/户（特困人员 13000 元/户），D 级 2 万元/户的标准进行补助。C 级危房户以"排危加固、疏浚防汛、配套基本功能、方便生产生活、庭院环境治理"为主要内容进行改造。D 级危房户按照部分拆除或全部拆除重建、购买安全住房等方式进行改造。对拆除旧房买新房的，按不同地点和房屋面积进行差异化补助。

同步实施城乡建设用地增减挂钩项目、地质灾害避让搬迁项目，支持临界贫困户同步搬迁或住房改造，2018 年以来，按照易地搬迁与土地增减挂钩两个项目、两本台账、一个口子交易土地指标，完成了土地增减挂钩项目临界贫困户建房 1227 户，地灾避险搬迁建房 1033 户，危旧房改造 5246 户。

10.4.6 政策兜底全面保障

为保证全面脱贫、不落下一人，M 县采取了一系列兜底保障的措施。

一是对无劳动的特困人员进行政策兜底脱贫。对建档立卡贫困户中未保障到户的低保家庭认真核算其家庭收入情况，将未保障的对象按照程序纳入低保保障范围，实现扶贫与低保两项制度的衔接。截至 2018 年 12 月，共有低保兜底对象 6494 户 17279 人，月保障金额 414.31 万元，2016～2018 年累计发放兜底保障资金 12886.64 万元。

二是财政代缴城乡居民养老保险。2018 年为建档立卡未脱贫人口、低保对象、特困人员代缴最低档次城乡居民养老保险 58056 人，支出资金 580.56 万元。2016～2018 年累计代缴城乡居民养老保险 1173.91 万元。

三是发放贫困残疾人补助。2018 年为低保对象中 7201 人按 80 元/人·月发放困难残疾人生活补贴，累计发放资金 643.22 万元；为全县残疾等级为一级和二级的重度残疾的 7328 人按照一级残疾 80 元/人·月，二级残疾 50 元/人·月的标准发放护理补贴，累计发放资金为 503.86 万元。

2016～2018 年累计发放困难残疾人生活补贴 1490.949 万元，累计发放护理补贴 1399.84 万元。

10.5　脱贫攻坚成功经验总结

改革开放 40 余年来，我国长期稳定的经济增长所带来的普惠效应基本满足了 14 亿中国人民衣、食、住、行等方面的日常需求。然而，随着社会主义事业的蓬勃发展，我国贫困人口大量减少，经济增长的普惠效应也越来越小，扶贫事业进入了攻坚克难的阶段，而"党建＋"则是我国扶贫事业取得最终成功的制胜法宝，事实一次又一次向我们证明：党建抓实了就是生产力，抓细了就是凝聚力，抓强了就是战斗力。

党和政府实施精准扶贫政策的目的只有一个，就是铁了心让全中国老百姓脱贫致富，不让一个人在社会主义事业发展中掉队。2013～2020 年，我国累计减少贫困人口 9899 万，贫困发生率从 10.2% 下降到 1% 以下。而"党建＋"则完美地回答了在精准扶贫最后一公里阶段"谁来扶"的问题。在脱贫攻坚战中，基层党员干部和群众接触最为密切，他们扎根贫困地区，深入基层内部，了解农村现状，听取群众心声，是党组织和贫困农民之间的桥梁。在精准帮扶的过程中，他们是贫困户前进的指路标，基层党员干部根据各户的实际情况，找准脱贫致富的方向，组织培养鼓励贫困户，用创新创业的实干精神感染着每一户贫困家庭。随着扶贫事业的推进，全国范围内涌现了一个又一个优秀的党员干部，他们既身先士卒又俯首为牛，他们和广大人民一起不断打赢我国脱贫攻坚战中的一次又一次的战役。以 M 县调查为代表，"党建＋"在脱贫攻坚战中的具体表现主要体现在以下四个方面。

10.5.1　"党建＋富民增收"，提高生活水平

富民增收是脱贫攻坚事业的初衷，也是核心所在。只有当收入提高

了，人民生活水平才能稳步提高；只有满足衣食住行，人们才会寻求精神世界的满足，才能大力提高国民生产力，提高我国的综合能力，实现全面建成小康社会的目标。如图 10 - 4 所示，经过八年的脱贫攻坚，全国农村居民收入和消费水平均大幅提升，其中贫困地区农村居民人均收入从 2013 年的 7584 元增加到 2020 年的 17131 元，人均消费支出从 6079 元增加到 13713 元，均呈现快速增长的势头。表明我国脱贫攻坚工作现阶段取得举世瞩目的成绩，农村贫困人口的收入和生活水平实现了跨越式增长。

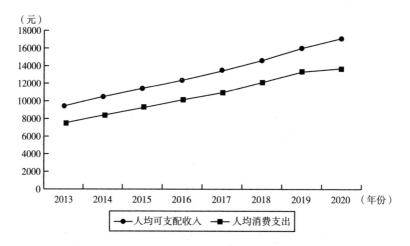

图 10 - 4　2013～2020 年全国贫困地区农村人均可支配收入和人均消费支出走势

资料来源：《中国统计年鉴（2018～2020）》。

全国减贫工作的成果自然是各地区人民共同创造的，随着精准扶贫事业的不断推进，各级党组织的示范引领作用越发突出。各级党组织根据地方特色，采用因地制宜、量体裁衣的帮扶措施，为每家每户量身定制方案，帮助贫困户脱贫增收。

（1）"党建 + 就业"，确保收入有来源。就业帮扶是扶贫工作的头等大事，广大扶贫干部狠抓落实，充分发挥基层干部的作用，基本做到"优化服务流程—促进转移就业—定向投放岗位—提升就业技能—提供创业帮扶"就业服务一条龙。以 M 县为例，2016 年以来，党员干部先后组织开展实名录入奠基就业扶贫、转移就业助力脱贫增收、回引创富奔康挖尽穷根、社保公岗创新扶贫新举措以及残疾人就业创业扶持等多项措施保障农村居民就业。其中，实名录入奠基就业扶贫建立了就业扶贫统计报表制度，实行一月二报，及时更新全县贫困人员享受就业政策和实现脱贫情况，为精准决策提供基础数据，仅 2016 年，全县 156 名"第一书记"共指导发展专合组织 217 个、专业大户 3148 个、家庭农场 339 家，回引 368 名在外创业人士回乡发展，帮助 5200 户贫困群众实现就地就业，让广大群众在家门口看到了变化、得到了实惠；将加大劳务输出转移就业力度作为就业脱贫致富的重要手段，在全国建立了 10 个劳务基地和 25 个农民工工作站，承担在外劳务输出日常服务，帮助在外务工人员特别是贫困户在外就业及维权；通过优化政务环境和创业基础设施，针对回乡创业人士开展创业培训、回乡创业技能提升培训、精准扶贫劳动力职业技能培训等，发放创业担保贷款、返乡创业贷款，帮助解决创业资金瓶颈问题；在全县 156 个贫困村中，开发孤寡老人和留守儿童看护、社会治安协理、劳动保障协理、乡村道路维护、保洁保绿、环卫等公益性岗位共 1080 个，用于安置建档立卡贫困户中有就业愿望和劳动能力的人员，每人每月发放 500 元岗位补贴，解决"零就业家庭"和特别困难家庭就业问题。

（2）"党建 + 产业"，拓宽扶贫渠道。M 县组织实施把党支部建在产业链上，建立了"七彩林业党支部""乡村旅游党支部""茶叶协会党支部"等 10 多个产业党支部，带动 600 多名群众就近就业，其中来自贫困户的有 136 人。探索村"两委"领办、专合组织带办、龙头企业或产业大户引办、党员群众联办、"强村 + 弱村"跨村合办和入党积极分子兴办"5 + 1"模式，实施党员精准扶贫示范工程 170 个，示范带动 89 名贫困党员和 1 万多名贫困群众脱贫致富。为了解决"农户增收、集体盈利"两大问题，东榆镇桥坝村党支部采取"公司 + 支部 + 专合社 + 农户"的发展模式，探索出一条党员精准扶贫示范工程"125 借羊还羊"的"羊模式"，该村 2016 年 141 户贫困户入股合作社共同参与黄羊养殖事业，借出种羊 268 只，年底增加到 470 余只，实现 2016 年整村脱贫。"党员 +"模式遍地开花，不断拓宽扶贫渠道、带动贫困村民就业增收，推动当地农业发展。例如，成立蔬菜种植、中药材种植、黄羊养殖基地等。截至2017年底，全县已发展订单农业龙头企业55家，成立产业协会50个、专业合作组织532个，带动农户5万余户。

（3）"党建＋科技"，促进农业发展。在党员模范带头下，县政府各部门在各乡镇建设集教学、科研和生产经营为一体的栽培基地、育苗基地；在东榆工业园区、黄羊原种场等农业高新技术园区设立了培训示范点；在各乡镇建立48处农残检测等实验实习和培训示范基地。充分发挥M县黄羊、大叶茶、核桃、金银花等良种育种试验区、良种繁育区和种子示范展示区等的示范引领功能，搭建了"中国M县黄羊之乡""中国核桃之乡""中国红叶之乡"等国字号平台。积极与国家、省、市等上级相关单位对接，创建了M县黄羊科研所，建设了M黄羊、大叶茶2个国家级农业生产基地；引进重庆环永农业示范基地和50多个农业示范园区。M县已经培育特色产业种养殖技术"火炬手"3.7万名，加工、经营、销售能人0.76万名，常年受聘到外地传授种养殖技术的农村实用人才800多名。

（4）"党建＋文化"，提升资源利用效率。M县拥有旅游资源2555处，古籍、文物、传统器乐乐种、非物质文化遗产等6大类文化资源36255个，其中省级以上96个，米仓古道纳入古蜀道申报世界自然与文化遗产。M县依托自身特色，以文促旅、以旅彰文，丰富旅游发展，构建"党建＋文化"的旅游发展格局。据统计，2019年仅光雾山景区就接待游客105.6万人次，实现旅游收入9.3亿元。

10.5.2 "党建＋生态"，促进包容性经济增长

自从实施精准帮扶政策以来，党员干部带领农户依托M县的绿水青山，深挖生态资源，积极参与发展生态旅游，拓展旅游新思路，开发资源脱贫的新动能，将生态文明发展与经济增长完美结合，促进了包容性经济增长。

（1）探索生态旅游新思路。M县青杠村被誉为该"旅游第一村"，大力实施"巴山新居"工程，充分依托玉堂水库建设幸福美丽玉湖半岛

渔村，已形成"下湖观光、垂钓，上岛运动、休闲品鱼，上山采摘、体验"的一体游格局。在青杠村党员群体中，何先生是大家公认的"能人"，不但办起了库区内最大 1 家旅游企业——玉湖半岛度假山庄，还带动村民办起了 4 家农家乐、3 家乡村旅馆、7 家商店。其中，玉湖半岛度假山庄的工作人员多为老年人和妇女，绝大多数是建档立卡贫困户。推进党的"基层组织＋生态环境"建设政策的支持和引领，拓展了 M 县发展新思路、促进了脱贫事业快速发展。

（2）开拓旅游发展新方向。M 县属于革命老区，是秦巴连片贫困地区，2018 年在推进乡村旅游扶贫工程中，在党员干部的组织和带领下，推进省级乡村旅游特色乡镇、特色精品村寨、精品特色乡村旅游经营点建设，推进光雾山桃园片区旅游精准扶贫示范项目建设，完成 2 个省级旅游扶贫示范村及集州街道、金碑村等 5 个乡村旅游扶贫重点村建设任务。着力培育乡村旅游住宿品牌，完成 5 户乡村民宿达标户和 2 户"巴山民宿"建设。全县乡村旅游接待游客 605.5 万人次，实现乡村旅游收入 50.13 亿元，有效带动贫困人口增收脱贫。

（3）开创生态发展新局面。M 县政府最终确立了"靠山吃山"的产业发展思路：结合金融扶贫优势，大力发展绿色生态循环种植养殖项目，让"闲山"变"金山"。同时，发挥村级党员带头作用，组织群众把土地、山林集中起来，转租给有实力的企业和个人。以鞍子沟村为例，2015～2017 年，在驻村第一书记的带领下，建成肉牛养殖场 1 个、土鸡养殖场 1 个、生态鱼池 2 个、蚯蚓养殖场 1 个，种植牧草 20 亩，带动 15 户贫困户发展家庭农场，养殖绿壳蛋鸡周产蛋近 1500 枚，定价定时回收，年产值达 11 万元。栽植葡萄 10 亩、桃树 50 亩、李子树 100 亩，培育"采摘园＋休闲农家乐"，背靠集镇打造乡村旅游"花果山"。

（4）谋划资源循环新动能。M 县某乡党员干部构造"以种带养、以养促种"的种养结合循环发展理念，推动农业生产向"资源—产品—再生资源—产品"的循环经济转变，助推脱贫攻坚的新动能。高桥乡通过政策引领、单位帮扶、大户示范等措施，精准帮扶，因户制宜，引导农户发展"四小产业"，实现在家贫困户均落实 2 种以上种养殖产业。养殖业不仅为村民带来可观的经济收益，更带来了源源不断的有机肥，让畜禽粪便，变废为宝。不仅生态环保，更实现资源利用的最大化，种出的蔬果、药材品质更优、更生态。高桥乡抓住生态农业节能增效的特点，在政策引领和能人带动下，提倡种养殖结合，构造循环农业产业体系，推行"养殖—畜产品、粪便—种植业"等种养一体化模式，积极调整种养结构，在转变生产方式上发力。

（5）共享绿色转型新成果。M县境内的土壤硒含量高，有利于农业朝着有机化、健康化、绿色化的方向发展。为做大做强"绿色、有机、富硒"的生态农业品牌，目前已经形成"M县大叶茶""南银一号""米仓山牌"核桃、"北牧"羊肉、"M黄羊"等农业品牌，长赤牌翡翠米、米仓山牌核桃等9个农产品获得国家绿色食品认证，云顶茗兰、云顶绿芽、金枝玉叶等5个农产品获得国家有机食品认证，县内获得"三品一标"农产品质量认证的达到101个，其中无公害农产品55个，绿色食品7个，有机食品25个，地理标志农产品14个，位居所在地级行政市之首。乡村农产品的品牌化发展既提高了产品质量，又增加了产品附加值，获得了良好的经济效益，促进了减贫增收。

10.5.3 "党建+精神脱贫"，提升群众幸福感

物质脱贫是基本要求，精神脱贫是根本。对于广大贫困地区的农村居民而言，解决温饱问题只是第一步，提升获得感、生活幸福才是最终目的。在脱贫攻坚过程中，"党建+精神脱贫"保障了脱贫工作的正确方向，"志智"双扶不仅帮助人民摘掉穷帽，而且帮助人民斩断穷根、改善民风、提升群众幸福感。

（1）以义务教育为责任，全面提升教育扶贫。为斩掉穷根，阻止贫困代际传递，共产党员在教育扶贫上煞费苦心。党和政府高度重视贫困地区教育问题，特别是义务教育，在各学校党组织的共同努力下，很多地区已经大力改善了办学条件以及办学质量，构建了贫困学生的资助体系，确保适龄儿童全部完成九年义务教育。

在基础教育建设站稳脚跟的同时，资助贫困学子完成高等教育的帮扶计划也随即开启。M 县创新留守儿童管理，建立督查考核、档案管理、结对帮扶"三大机制"，抓好亲情关爱、心理健康、校外活动"三大教育"，实施投入保障、多方资助、部门联动"三大工程"，促进留守儿童健康成长。如今，M 县已成功创建留守儿童关爱工作示范校 28 所，个别学校的先进经验还被省委组织部在全省推广。

（2）以技能培训为手段，全面奠定脱贫基础。M 县创建"党建 + 职校"模式充分发挥党组织优势，为实现贫困户的就业出谋划策、搭桥牵线。每年安排专项资金 200 多万元，依托国家级示范重点中等职业学校——小河职业中学在养殖种植、旅游服务师资力量及实训平台等方面的优势，举办"脱贫攻坚带头人培训班"，通过技能培训，达到培训一人、带动一批的效果。一是开展"订单式"教育。将具有党员身份的村社一般年轻干部、返乡创业人员、复员退伍军人纳入培养培训对象，采取"学员点菜 + 专家主厨"的订单培训方式，缺什么、补什么，用什么、训什么。县委出台《关于依托职业技术学院开办村级后备干部专修班加强扶贫攻坚带头人队伍建设的意见》，抽调学校各专业优秀骨干教师和学科带头人 20 余人担任培训班"主教"，遴选和外聘农业、林业等方面的专家和道德楷模、优秀企业管理者 80 多人担任"兼职老师"，面对面地讲，手把手地教。二是开展"体验式"教育。坚持学用结合，将课堂学理论与田间学操作紧密结合起来，将学员分别派驻到 6 个校外实习基地，开展实践特训活动，引导动手操作、实践学习，体验真实的岗位角色和工作状态。三是开展"远程式"教育。对全县 660 个远程教育终端站点进行改版升级，建立"远教广场"，将远程教育与"村村响"大喇叭互连共享，党员群众在田间地头收听学习，党员教育从"室内课堂"向"坝坝影院"，"党员远教"向"群众远教"转变。

（3）以全心全意服务为推手，不断提升脱贫信心。一是帮助实现个人"微心愿"。以开展"戴党徽、亮身份、树形象、作表率"活动、志愿服务活动为载体，通过上门走访慰问、配发党徽、为党员群众排忧解难等方式，开展暖心服务，传递组织的关心和温暖、提升党员归属感，强化身份意识、责任意识，以此激励党员在脱贫攻坚中讲奉献、比担当、树形象。二是帮助扫除创业"拦路虎"。坚持以党员创业创富带动群众就业增收，有针对性地解决农村创业者思路少、项目少、技能低、缺乏创业意识和必要的启动资金等问题，县财政建立回乡创业基金，专门用于创业奖励、扶持基金、投资风险基金、创业担保基金和财政贴息补助资金。三是帮助激活发展"动力源"。牢固树立抓党建促发展的理念，采取请进来点拨、派出去感受、沉下去宣讲、坐下来研讨等方式，对县、乡、村领导班子开展全覆盖培训，为广大党员干部启迪思维、点拨思路，引导党员群众主动融入家乡建设，率先发家致富、带动贫困群众脱贫奔康。

（4）以宣传教育为渠道，全面强化"志智"双扶。"用当地人教育当地人""用一个人教育一群人"，M 县动员全县 1000 余名副科级以上干部回到自己出生地、成长地开展宣讲，从思想上、政策上、形势上进行宣传教育，使广大群众有所思、有所悟、有所转变。紧扣脱贫攻坚主题，广泛开展送文化、送科技下乡等活动，精心打造《滴灌》《帽子》《巴山夜雨》等文艺作品，通过现场演出、网络、公益电影等多种形式进行广泛展播，用形象生动的画面热情讴歌党的脱贫攻坚政策、举措，广泛宣传自主脱贫创富典型，提高群众热情。以"乡村道德银行"为载体，推动各行政村形成完善"自我管理、自我教育、自我服务、自我监督"新型农村社会治理体系，通过定"行为标准"、树"正反标杆"、扬"新风正气"、惠"模范典型"，构建"道德可积分、文明又加分、满意度得分"为主要内容的家庭道德积分激励机制，引导村民养成好习惯、形成好风气。常态化开展"脱贫示范户""致富能手""最美家庭""道德模范""文明家庭""好媳妇"等先进典型评选活动，深入挖掘脱贫典型的精神内涵，用身边事教育身边人，让贫困群众学有目标、赶有方向，激发贫困群众脱贫致富的干劲和决心。

10.5.4 脱贫攻坚经验

M 县脱贫攻坚实例表明，"党建＋"与精准扶贫相辅相成，实现精准脱贫离不开党员干部的组织和参与。从 M 县到全国，"党建＋"模式则在我国脱贫攻坚战中日趋成熟，为世界反贫战争中添上了浓墨重彩的一笔。在全面建成小康的决胜阶段，"党建＋"模式让所有党员干部和贫困户一起撸起袖子加油干，跑好我国农村事业发展、繁荣农村居民生活、促进农村文化建设和经济可持续发展的最后一公里。"党建＋"使得"输血式"扶贫变为"造血式"扶贫，是打赢我国脱贫攻坚战的宝贵经验。

10.6　本章小结

基于课题组调查和搜集的 M 县脱贫攻坚数据资料，研究表明，中国的农村脱贫工作是一个系统工程，本质上是多维相对贫困的治理过程，涉及改善衣食住行，保证吃穿不愁，住房、医疗和义务教育有保障，生病住院不至于返贫，适龄儿童有书读；改善农村公共服务，提高基层人员服务农村居民的办事水平，如改善就业培训、技能培训质量，提供金融服务效率等；补齐基础设施短板，改善农村道路、供水、供电和供网（络）条件，基本做到城乡无差别；建设美丽人居环境，改善生活垃圾处理条件，打造人与自然和谐共处的美丽家园。具体而言，中国政府主导的脱贫攻坚策略包含四个方面的内容。

一是通过大规模的基础设施的建设改善贫困地区农户的外部生存环境问题。脱贫攻坚期间对贫困地区大规模的基础设施的建设，包括通村公路、生产生活用水设施、农网改造、农田水利的建设和农村通信网络的建设。大规模的基础设施的建设既节省了农村居民生产生活的支出、扩大了农产品的销路、降低了外出务工的成本、增加了外出务工的收入，同时也丰富了城市居民的菜篮子、降低了生产用工的成本，为城市发展注入人口红利，改进了整个社会的福利、为经济增长提供持久动力。

二是通过"志智"双扶调动贫困户生产生活的积极性，变外部发展要求为农户自身的内在发展动力。首先是通过政策和措施整治村容村貌，并且通过乡风民约革除陋习，然后通过党员干部上门结对帮扶、乡村干部组织各种各样的学习、形式多样的奖励措施和文化娱乐活动改变建档立卡贫困户不健康的生活习惯，转变生活的观念，树立生活的信心，提升生活的获得感。"志智"双扶措施表面上是转变贫困户"要我脱贫"的态度为"我要脱贫"，实际上是节省了脱贫攻坚的成本，为促进早日脱贫、防止返贫和巩固脱贫攻坚成果并构建脱贫致富的长效机制。

三是通过产业发展改善农村落后地区的创业、就业环境，促进贫困户的收入增加和生产生活条件的改善。在产业发展方面，市县一级根据地理位置特点、农业生产方面的优势或人文文化优势因地制宜培育发展龙头产业、名牌产业；乡村结合实际发展配套产业、规模产业；农户力所能及地发展小微产业、庭院产业。各地通过构建三级产业发展的体系改善经济环境、提升生产效率和保障贫困户在解决温饱问题的同时增产增收，同时构建防范个人发展生产的风险防控网，降低贫困户返贫的可能性。

四是通过"三保障"解决生产生活的后顾之忧，斩断贫困代际传递的后路。中国政府通过大规模的危房改造、危房重建以及异地搬迁等措施改善农村低收入居民的住房问题，确保留在农村的居民能安居乐业。大规模的住房建设项目改善了村民的收入，培育了一批致富带头人，而产业的发展为其提供了转型的时间和空间，同时也促进了农村产业的发展。达标卫生院、中心学校的建设缩小了城乡医疗和教育资源的差异，村卫生室的建设进一步缓解了偏远地区农村居民"就医难"的问题。除此之外，对贫困户大病、慢性病医药费的减免，都有效地缓解了贫困户的支出困难，大大减轻了贫困户生产生活的后顾之忧，通过实施"两免一补"政策和为贫困家庭学生提供助学金、助学贷款和雨露计划等自助方式保障贫困户子女顺利完成义务阶段和中职学历教育，斩断贫困代际传递的后路。

显然，中国政府主导的脱贫攻坚事业是一个系统工程。国外经验表明，发展中国家在成为发达国家之前不可能通过经济增长的辐射效应促进全面脱贫。同时来自印度、印度尼西亚、巴西、尼泊尔及非洲国家的扶贫研究表明，以小额信贷为主的单一扶贫措施的扶贫效果备受争议。世界扶贫发展史表明，促进减贫增收没有一劳永逸的"万能药"。

　　为解决发展阶段的全面脱贫问题，中国政府不拘泥于国内外传统的扶贫手段，制定"五个一批""六个精准"的系统战略促进全面脱贫。中国为什么制定这样一个与众不同的脱贫攻坚战略呢？主要原因在于中国农村贫困形成的原因是多维的，一个贫困户往往是多种致贫因素的总和。例如，一个生活在四川省北川羌族自治县青片乡 3000 多米高山上的贫困户遭遇的困难是多方面的，一是地理位置的偏僻增加了其农产品的外销成本；二是夏季高发型泥石流或山体滑坡在摧毁其农产品时也可能进一步增加其外销的成本；三是高发型自然灾害造成其家庭正常劳动力的缺失；四是落后的教育条件和高昂的出行成本使得其家庭成员文化水平不高；五是由于看病不方便而不得不专门腾出一个劳动力来照顾患有慢性病的家人。这些只是众多原因中的一部分，中国的贫困县大多分布在自然资源禀赋较差的地区，仅从区域性地理资源产生的致贫原因来看就种类繁多：有天旱少雨的，有山高坡陡的，有石漠化严重到草木难生的，有地质灾害频发的，有土地盐碱化导致庄稼歉收严重的，等等。中国的治贫条件差、困难多，绝不是生搬硬套国外个别扶贫经验能解决问题的，必须依靠中国共产党领导的中国人民群策群力、同心协力才能攻坚克难。从 M 县的脱贫攻坚经验来看，中国脱贫攻坚的经验就是"党建 +"，只有在党员干部的组织下才能做到系统性减贫、促进农村经济可持续发展并衔接乡村振兴。

第11章 居民收入结构不平等的
动态特征测度*

  40余年来，全球一些主要经济体普遍出现了收入差距扩大、分配矛盾激化的趋势，突出表现为，资本收入过多集中于少数群体，劳动收入内部分配出现分化。党的十九大报告提出了社会主义国家2035年和2050年的发展目标，明确表明了改善人民生活、缩小差距、实现共同富裕的决心。为了实现共同富裕，"十四五"规划建议中明确指出，"多渠道增加城乡居民财产性收入，提高农民土地增值收益分享比例，完善上市公司分红制度，创新更多适应家庭财富管理需求的金融产品"。同时，2020年召开的中央经济工作会议首次将"强化反垄断和防止资本无序扩张"列为2021年经济工作的重点任务。可见，通过居民收入分配中的要素收入改进收入不平等已受到政府部门的高度重视。

  然而，学术界关于要素收入改进的研究尚处在起步阶段，主要体现在两个方面，一是侧重于要素收入水平上不平等的研究，忽略了要素收入在收入分配中分布不均匀的问题，如阿特金森（Atkinson，2000）研究指出，收入分布中较高位置的个体收入来源主要是资本收入，而收入分布中处于较低位置的个体收入来源主要是劳动收入，增加劳动收入一般会缩小居民收入分配差距；郭庆旺和吕冰洋（2012）研究表明，如果居民收入中的劳动要素收入不平等程度低于资本要素收入的不平等程度，

---

  * 本章主要内容发表于《统计学报》2022年第3期，论文题目为《我国居民收入结构不平等的空间分布特征及影响效应》。

那么劳动要素分配份额相对资本要素分配份额的上升，将缩小居民收入差距；江克忠和刘生龙（2017）基于不平等的收入来源分解，研究发现，工资性收入对农村家庭总收入不平等的贡献最高，其次是经营性收入、转移性收入和财产性收入；柏培文和李相霖（2020）指出，劳动收入分配逐渐恶化是导致我国收入分配问题日益严重的主要原因，并且资本收入分配的优化，在一定程度上缓和了劳动收入分配恶化引起的收入差距。二是侧重于从收入不平等分解或宏观经济发展差异方面探寻缩小收入差异的研究，忽略了功能性收入分配和个人收入分配之间的联系，如陈斌开等（2009）利用 Shapley 分解方法和 Heckman 两步法研究发现，经济过程中的产业结构变迁和技术进步导致 1990～2005 年我国城镇居民收入扩大；陈斌开和林毅夫（2012）以及汪晨等（2020）的研究均表明，穷人面对的"机会不平等"使得其财富增长更慢，甚至陷入贫困陷阱；朱子云（2014）利用双层分解模型研究发现，产出分配率差异、城乡养老支付差异加剧和农村人口向城镇迁徙是导致城乡收入差距扩大的原因；焦音学和柏培文（2020）基于新古典模型的研究认为，第二、第三产业发展差异导致城乡内部及总体收入差距，三次产业劳动收入份额与经济增长呈"U"型趋势。

此外，对功能性收入分配和个人收入分配之间的联系考虑不足的相关研究还有：施伦克尔和施密德（Schlenker and Schmid，2015）研究认为，资本要素份额变动对个体收入分配的影响依赖于资本收入本身的集中度；卡拉巴布尼斯等（Karabarbounis et al.，2014）研究表明，整体不平等不仅取决于资本和劳动要素内部和要素间收入不平等，还取决于高薪劳动者与高资本收入者的高相关性；米拉诺维奇（Milanovic，2016）认为，在资本要素份额不断上升的背景下，资本收入的高度不平等与资本富裕者和总体收入富裕者之间存在高度正相关时，收入不平等的程度才会加剧。

阿特金森（Atkinson，2009）研究强调，忽略收入分配和规模性收入分配的联系不能很好地反映收入分配的公平性和合理性。周明海和杨郯炎（2017）的研究则指出，考虑功能性和规模性收入有利于为政府收入分配提供新思路。

鉴于现有研究的不足，利用 2011～2017 年中国家庭金融调查数据，拟作以下研究：分析我国居民收入结构不平等的动态特征，并探究收入不平等与收入结构不平等的关系；对我国居民收入结构不平等进行城乡、区域以及行业异质性研究，总结出有关收入结构不平等的一般性规律，为后扶贫时期相对贫困治理和促进共同富裕施政提供可借鉴的资料。

11.1 收入结构不平等测度方法

如果将个体 i 的收入记为 Y_i，$Y = \sum_{i=1}^{n} Y_i$ 表示整个经济体中的总收入，则个体 i 在整个经济体中的收入相对份额表示为 $y_i = \dfrac{Y_i}{Y}$。以此类推，若将整个经济体中的总收入分为资本收入和劳动收入，个体 i 的资本收入和劳动收入分别记为 Π_i 和 W_i，则 $\Pi = \sum_{i=1}^{n} \Pi_i$ 和 $W = \sum_{i=1}^{n} W_i$ 分别表示经济体中的劳动收入和资本收入，个体 i 在经济体中的资本收入和劳动收入的相对份额分别记为 $\alpha_i = \dfrac{\Pi_i}{\Pi}$ 和 $\beta_i = \dfrac{W_i}{W}$。借鉴拉纳尔迪（Ranaldi，2020）的研究，利用 $\pi = \dfrac{\Pi}{Y}$ 和 $w = \dfrac{W}{Y}$ 表示资本要素份额和劳动要素份额，则个体 i 的收入可以分解为：

$$y_i = \alpha_i \pi + \beta_i w \tag{11.1}$$

将个体按照收入或收入相对份额升序排列，即 $y_i \leqslant y_{i+1}(i=1,\cdots,n-1)$ 且 $y_0 = 0$，$p = \dfrac{i}{n}$ 为收入相对份额小于等于 y_i 的个体比例，那么 $L(y,p) = \sum_{j=1}^{i} y_j$ 是对应于分布 y 的收入洛伦兹曲线。进一步，根据个体收入排序对相应收入来源 z 的相对份额进行累积，从而得到收入来源 z 的伪洛伦兹曲线，将伪洛伦兹曲线（Fei et al.，1978）按收入来源 z 的要素份额缩小，即得到

收入来源 z 的实际集中曲线。由此,对应于收入来源 z 的实际集中曲线为:

$$L(z,p) = z\sum_{j=1}^{i} \eta_j ; z = \pi,w \qquad (11.2)$$

针对 η_j,有如下表示 $\eta_j = \begin{cases} \alpha_j, & z = \pi \\ \beta_j, & z = w \end{cases}$,后文不再赘述。需要注意的

是,资本相对份额较低的个体的收入排序可能位于资本相对份额较高的个体之前。

根据个体的收入分解,对于任意的 p,收入洛伦兹曲线 $L(y,p)$ 都可以分解为资本收入和劳动收入的实际集中曲线的总和,如式(11.3)所示:

$$L(y,p) = L(\pi,p) + L(w,p) \qquad (11.3)$$

由于资本收入和劳动收入可能分别集中在收入较高的少数人和收入较低的少数人手中,为了准确评估资本收入和劳动收入在收入分配中的两极分化程度,引入收入来源零集中和最大集中两个概念。当所有个体拥有的资本相对份额和劳动相对份额相等时 ($\alpha_i = \beta_i$),两类不同的收入来源在经济体中是零集中的,此时收入结构不平等最小。由此定义收入来源 z 的零集中曲线 $L^e(z,p)$,如下所示:

$$L^e(z,p) = z\sum_{j=1}^{i} y_j ; z = \pi,w \qquad (11.4)$$

然而,当收入分配底层 p 的个体收入仅由收入来源 $z\_(z\_ = 1-z)$ 组成,而处于收入分配顶层 $1-p$ 的个体收入仅由收入来源 z 组成时,两个收入来源在经济体中最大集中,此时收入结构不平等最大。因此,定义收入来源 z 的最大集中曲线 $L^{max}(z,p)$,如式(11.5)所示:

$$L^{max}(z,p) = \begin{cases} L^M(z,p) = \begin{cases} L(y,p) & p \leqslant p' \\ z & p > p' \end{cases} \\ L^m(z,p) = \begin{cases} 0 & p \leqslant p'' \\ L(y,p) - z\_ & p > p'' \end{cases} \end{cases} ; z = \pi,w \qquad (11.5)$$

其中,$L(y,p') = z$,$L(y,p'') = 1-z$。此外,为了确定收入来源 z 的最大

集中曲线需进行如下判断：

(1) 如果 $\sum_{i=1}^{n}\sum_{j=1}^{i}\eta_j > \sum_{i=1}^{n}\sum_{j=1}^{i}y_j$，那么 $L^{\max}(z,p) = L^M(z,p)$。

(2) 如果 $\sum_{i=1}^{n}\sum_{j=1}^{i}\eta_j < \sum_{i=1}^{n}\sum_{j=1}^{i}y_j$，那么 $L^{\max}(z,p) = L^m(z,p)$。

简单来说，当实际集中曲线面积大于零集中曲线面积时，$L^{\max}(z,p) = L^M(z,p)$，而当实际集中曲线面积小于零集中曲线面积时，$L^{\max}(z,p) = L^m(z,p)$。

根据前文引入的实际集中曲线、零集中曲线以及最大集中曲线，构建对应于收入来源 z 的收入要素集中指数 $I(z)$（income-factor concentration index，IFC）测度收入结构不平等。

$$I(z) = \frac{A(z)}{B^{\max}(z)}; z = \pi, w, \max = m, M \tag{11.6}$$

其中，$A(z) = \frac{1}{2n}\sum_{i=1}^{n}\left[\left(L^e\left(z,\frac{i}{n}\right) + L^e\left(z,\frac{i-1}{n}\right)\right) - \left(L\left(z,\frac{i}{n}\right) + L\left(z,\frac{i-1}{n}\right)\right)\right]$ 表示收入来源 z 的零集中曲线和实际集中曲线之间的面积，$B^{\max}(z)$ 表示零集中曲线和最大集中曲线之间的面积，$B^{\max}(z) = \left|\frac{1}{2n}\sum_{i=1}^{n}\left[\left(L^e\left(z,\frac{i}{n}\right) + L^e\left(z,\frac{i-1}{n}\right)\right) - \left(L^{\max}\left(z,\frac{i}{n}\right) + L^{\max}\left(z,\frac{i-1}{n}\right)\right)\right]\right|$。同时，收入要素集中指数的取值范围为 $[-1,1]$，那么，当位于收入分配底层的个体仅拥有收入来源 z_-，而位于顶层的个体拥有收入来源 z 时，$I(z)$ 取值为 1；相反，当位于收入分配底层的个体仅拥有收入来源 z，而位于顶层的个体拥有收入来源 z_- 时，$I(z)$ 取值为 -1。另外，需要注意的是 $I(z) = -I(z_-)$。

为考察收入结构不平等的动态变化，引入一个更简洁的收入要素集中指数表达式：

$$I(z) = \frac{w\pi(\tilde{\mu}_{z_-} - \tilde{\mu}_z)}{B^{\max}(z)} \tag{11.7}$$

其中，$\tilde{\mu}_z = \frac{1}{2n}\sum_{i=1}^{n}\left(\sum_{j=1}^{i}\eta_j + \sum_{j=1}^{i-1}\eta_j\right)$ 表示收入来源 z 的伪洛伦兹曲线的面

积，则 $z \times \tilde{\mu}_z$ 表示收入来源 z 的实际集中曲线的面积。此外，当 $\tilde{\mu}_z$ 增加（减少）时，说明收入来源 z 向收入分配的底层（顶层）移动；当 $\tilde{\mu}_z =$ $\tilde{\mu}_z$ 时，收入结构不平等最小。

11.2　变量选择与数据处理说明

11.2.1　变量选择

在数据的处理上，国内相关研究对要素收入的处理也相对比较粗糙，如朱子云（2014）、焦音学和柏培文（2020）等在研究居民劳动收入和资本收入时，忽略了经营性收入中的资本份额，直接将劳动收入等于工资性收入与经营性收入之和，同时认为资本收入等于财产性收入；陈斌开等（2009）的研究则将劳动收入等同于工资性收入，忽略了经营性收入中的劳动份额；柏培文和李相霖（2020）虽然对经营性收入中的资本份额和劳动份额进行剥离，但仍未把个体收入完全分解为劳动收入和资本收入。鉴于此，借鉴拉纳尔迪（Ranaldi，2020）对资本收入和劳动收入的定义①，研究利用微观调查数据克服上述问题。

研究将家庭收入完全分解为家庭资本收入和家庭劳动收入，经与中国家庭金融调查数据库（China Household Finance Survey，CHFS）中的四大分项收入②的子项收入进行详细比对。以样本的平均工资收入为门槛，若经营性收入小于等于平均工资收入则将经营性收入全都归为劳动收

---

① 文章中将资本收入定义为家庭从房产或土地租赁中获得的收入，还包括利息、股息、非法人企业资本投资中获得的资本、自营职业总现金收益或损失（包括特许权使用费）的资本部分以及个人私人计划的养老金。并将劳动收入定义为职工现金收入总额、职工非现金收入总额、用人单位缴纳的社会保险费、自用商品价值、失业救济金、养老保险金、遗属福利金、疾病福利金、残疾福利金、教育相关津贴等，与家庭或儿童有关的津贴、未分类的社会捐赠、住房津贴、家庭间定期的现金转移以及 16 岁以下人员获得的收入。

② 四大分项收入的计算方法来自中国家庭金融调查数据库官方文件《CHFS2017 综合变量计算说明》。

入；若经营性收入大于平均工资收入则将多余的经营性收入归为资本收入。最终，将工资性收入、转移性收入和经营性收入中的劳动成分归为家庭劳动收入，财产性收入和经营性收入中的资本成分归为家庭资本收入。另外，为探讨中国居民收入结构不平等是否存在空间异质性和行业异质性，研究分城乡、区域和行业对居民资本收入和劳动收入进行测算。

11.2.2 数据处理说明

选择西南财经大学的中国家庭金融调查数据库中 2011～2017 年的家庭样本作为实证研究的数据来源。该调查项目自 2009 年起，每两年进行一次项目调查，调查时使用随机抽样的方法，样本覆盖范围广、数据质量高、代表性强。与已有文献在分析家庭收入问题时使用较多的 CHIP 数据和 CFPS 数据相比，CHFS 数据对于家庭成员特征以及家庭收入具体构成等问题的涉及更为详尽，收入方面包括家庭股票、基金、债券等金融产品的收入信息。

在本章研究中，依据 CHFS 相关的变量使用说明文件统一处理四轮调查数据中家庭收入项目的变量以确保不同年份间的可比性，变量统一后再对其进行加总得到四大分项收入。针对样本数据缺失问题需要说明的是：（1）对于部分存在缺失值的变量，CHFS 对其进行了插值处理，所使用的数据均经过了插值处理；（2）由于部分问题只在特定的逻辑条件下才需要回答，不需要回答导致的缺失，属于合理逻辑范围下的合理缺失，对此进行相应的处理即可；（3）若经过前两步处理后样本仍存在缺失，采取直接剔除的方法进行处理。同时，考虑到需要计算资本和劳动收入的比例，将家庭总收入小于等于 0 和四大分项收入小于 0 的样本予以剔除。为了降低极端值对结果的影响，剔除了数据中总收入和四大分项收入位于 1% 分位数以下和 99% 分位数以上的样本。此外，在进行分区域研究时，剔除个别收入与国家统计局给出的数据相差较大的省份的样本数据。同时，结合各省区市人均地区生产总值将内蒙古、宁夏、陕西、重庆以及四川五大省区市划入经济发展水平相近的中部地区。在进行分行业研究时,需要对家庭行业进行识别,即选取能够代表家庭收入情况的个人的行业作为家庭行业。考虑到 CHFS2015 中的行业问题仅对家庭受访者及配偶进行访问,故对此进行统一处理,即仅保留家庭中受访者或其配偶行业信息存在的样本。若一个家庭仅有一个成员的行业信息,则直接利用该成员的行业作为家庭行业;若同一家庭中存在两个成员的行业信息,则利用户主这一变量进行识别;若识别失败,则以受访者的行业作为家庭行业。需要说明的是,CHFS 主要是针对受雇人员进行行业信息询问,那么分行业研究的样本应该主要是受雇家庭,然而实际样本中存在部分家庭主要来源于经营性收入的样本,导致家庭行业信息与家庭收入情况不匹配,对此剔除了经营性收入占家庭收入 50% 以上的样本,以确保选取的个人行业具有家庭代表性。与此同时,剔除数据中部分行业收入水平失真可能性较大或样本量过低行业的数据。需要注意的是,CHFS 所使用的收入等变量数据主要是对家庭上一年相关信息的记录,故实际上数据反映的是调查对象 2010 ~ 2016 年的生产或生活情况的信息。

11.2.3 统计描述

(1) 分城乡与分区域描述性统计分析。由表 11 – 1 反映样本数据分城乡和区域的资本收入和劳动收入的描述性统计,全国家庭人均资本收入为 1939 元,劳动收入为 16297 元,说明劳动收入是居民收入的主要来源。东部地区家庭人均资本收入和劳动收入远高于中西部地区,西部地区的家庭人均资本收入和劳动收入最少,特别是家庭人均资本收入。这就意味着经济发展水平越高的地区,其资本收入也越高。从城乡比较的角度来看,城镇地区家庭人均资本收入是农村地区的 1.8 倍,家庭人均劳动收入则是农村地区的 2.3 倍,意味着我国城乡居民资本收入与劳动收入差距较大。

表 11 - 1   2010～2016 年各地区平均收入水平

地区		资本收入（元）		劳动收入（元）		样本量
		平均值	标准差	平均值	标准差	
城乡地区	城镇	2238.36	7849.19	19586.76	17251.4	14636
	农村	1252.19	5738.74	8533.71	8902.72	6088
三大区域	东部	2333.05	7977.75	19588.7	18023.64	10485
	中部	1623.54	6668.53	13245.37	12916.82	8117
	西部	1131.07	5372.96	11505.81	12041.22	2123
整体		1939.33	7287.02	16297.45	16028.08	20724

（2）分行业描述性统计分析。表 11 - 2 给出了我国受雇家庭样本中各行业 2012～2016 年的平均资本收入和劳动收入水平。就平均资本收入而言，农林牧渔业、制造业、批发和零售业、住宿和餐饮业以及居民服务和其他服务业五大行业的家庭人均资本收入都低于 1000 元；其他行业的家庭人均资本收入均高于 1000 元，其中信息传输、计算机服务和软件业与金融业的家庭人均资本收入位列前两名，分别为 1708 元与 1802 元。对于平均劳动收入，信息传输、计算机服务和软件业与金融业的家庭人均劳动收入约为 4 万元，租赁和商务服务业、卫生、社会保障和福利业以及文化、体育和娱乐业的家庭人均劳动收入约为 3 万元，其他行业的家庭人均劳动收入不足 2.5 万元。综上所述，信息传输、计算机服务和软件业与金融业的收入水平较高，农林牧渔业、制造业、批发和零售业、住宿和餐饮业以及居民服务和其他服务业的收入水平较低。此外，简单描述统计数据表明，劳动收入水平较高的行业，其资本收入水平也较高。

表 11 - 2   2012～2016 年各行业平均收入水平

行业	资本收入（元）		劳动收入（元）		排序	样本量
	平均值	标准差	平均值	标准差		
农林牧渔业	546.11	2563.17	19483.63	18762.05	10	341
制造业	728.35	3003.18	23557.27	17529.35	7	1753
信息传输、计算机服务和软件业	1708.30	5148.86	41676.94	27681.32	1	264

行业	资本收入（元）		劳动收入（元）		排序	样本量
	平均值	标准差	平均值	标准差		
批发和零售业	959.04	3871.81	24205.75	19436.56	6	590
住宿和餐饮业	681.90	2866.68	20701.97	16405.87	9	451
金融业	1801.66	4884.70	38588.87	25641.45	2	322
租赁和商务服务业	1139.62	3483.59	28320.40	19808.50	5	182
居民服务和其他服务业	791.36	2654.45	21105.10	15999.00	8	1124
卫生、社会保障和福利业	1400.70	4469.77	28348.36	21508.79	4	506
文化、体育和娱乐业	1107.17	3314.20	32337.59	23505.76	3	172
整体	934.62	3481.75	25151.69	20020.33	—	5704

注：由于 2010 年的行业样本量较少，进行分行业研究时主要使用 2012～2016 年的数据。另外，排序由各行业按照三年平均总收入降序排列。

11.3　居民收入结构不平等的动态特征比较

11.3.1　全国收入结构不平等特征

为考察收入在不同层次收入群体之间的分配情况，将样本依据家庭总收入升序排列，分为 0～50%，51%～90%，91%～95% 和 96%～100% 四个收入阶层。表 11－3 报告了 2010～2016 年我国居民总收入份额、资本收入份额和劳动收入份额流动的动态趋势。收入最低的 50% 人口所占总收入份额从 2010 年的 8.85% 增加到 2016 年的 17.53%，收入最高的 5% 的群体总收入份额从 27.42% 下降到 18.27%，收入处于 51%～90% 的中间收入阶层（Ranaldi 称其为中产阶级）的收入份额从 48.16% 上升到 51.99%。上述计算结果表明，党的十八大以来低收入群体收入增速快于高收入群体；同时也表明，中国政府采取的一系列措施促进了包容性经济增长，即经济保持持续增长的同时降低了收入不平等。

从收入结构变动的角度来看，2010～2016 年收入最低的 50% 群体的资本收入份额均不足 5%，收入最高的 5% 群体始终拥有超过 30% 的资本收入。相比之下，劳动收入的改善情况较为明显，收入最低的 50% 群体的劳动收入份额呈现较为明显的上升趋势，从 2010 年的 9.68% 上升到 2016 年的 18.80%，低收入群体逐渐获得更多劳动收入份额。上述分析同时表明，资本收入主要在高收入群体之间流动，大部分低收入群体难以获取资本收入，低收入群体主要获得劳动收入，表现出"穷人拥有劳动收入，富人拥有资本收入"，即资本收入具有益富性的特征。另外，劳动收入在四个收入阶层的分配情况与总收入的分配情况极为接近，这意味着劳动收入在我国居民收入分配中占有重要地位。值得一提的是，51%~90% 收入群体获取了整个经济体中 50% 左右的劳动收入，这与发达国家该收入的分配情况相一致（Ranaldi，2020）。

表 11 - 3　　　　　2010~2016 年我国居民收入份额流动趋势　　　　单位:%

收入阶层	总收入	资本收入	劳动收入	总收入	资本收入	劳动收入
	2010 年（Gini = 0.613，IFC = 0.315）			2014 年（Gini = 0.479，IFC = 0.531）		
0~50%	8.85	3.73	9.68	16.65	3.72	18.38
51%~90%	48.16	40.19	49.46	52.07	35.99	54.23
91%~95%	15.57	22.26	14.48	12.45	15.04	12.10
96%~100%	27.42	33.81	26.38	18.84	45.25	15.30
	2012 年（Gini = 0.519，IFC = 0.451）			2016 年（Gini = 0.465，IFC = 0.477）		
0~50%	14.36	4.21	15.57	17.53	4.10	18.80
51%~90%	51.06	37.58	52.66	51.99	41.13	53.01
91%~95%	13.20	15.91	12.88	12.21	17.58	11.70
96%~100%	21.38	42.31	18.90	18.27	37.19	16.50

注：各收入阶层资本收入份额与劳动收入份额的计算均建立在总收入的升序排列之上。

由上述分析可知，在 2010~2016 年，我国居民收入差距逐渐缩小主要得益于劳动收入向低收入群体流动。与此同时，我国居民的收入要素集中指数呈现倒"U"型趋势，即 2010~2014 年我国收入结构不平等逐渐增加，而 2014~2016 年收入结构不平等呈减小的趋势；前者形成的原因主要是由于劳动收入向低收入群体流动，后者则是由于资本收入向低收入群体流动且流动趋势稍大于劳动收入。基于此，综合比较收入不平等与收入结构不平等发现，经济体中资本收入具有益富性，在收入不平

等上升时，劳动收入先于资本收入流向高收入群体，收入结构不平等呈
"U"型变动趋势；在收入不平等下降时，劳动收入先于资本收入流向低
收入群体，收入结构不平等呈倒"U"型变动趋势。

11.3.2 城乡收入结构不平等动态特征

2010～2016 年，我国城镇居民收入要素集中指数平均值为 0.377，
而农村居民收入要素集中指数平均值为 0.742（见表 11 - 4），表明我国
农村地区收入结构不平等十分严重，且农村居民收入结构不平等形势比
城镇居民更为严峻，即"穷人拥有劳动收入，富人拥有资本收入"的特
征更加明显。结合图 11 - 1 可知，城镇居民资本收入的伪洛伦兹曲线面
积 $\tilde{\mu}_\pi$ 高于农村居民，但两者的劳动收入伪洛伦兹曲线面积 $\tilde{\mu}_w$ 几乎相
等，意味着城乡收入结构不平等存在差异的原因在于农村低收入居民获
取的资本收入份额少于城镇居民。我国农村居民资本收入份额偏低的原
因主要有以下两个方面：一是农村居民普遍文化素质不高，资本运营意
识不强；二是收入水平不高，扣除衣食住行费用及教育和医疗支出之后
几乎没有富余资金进行资本投资活动。

表 11 - 4　　　　2010～2016 年城乡地区收入要素集中指数

地区	2010 年	2012 年	2014 年	2016 年	平均值
城镇	0.202	0.372	0.510	0.423	0.377
农村	0.657	0.784	0.757	0.772	0.742

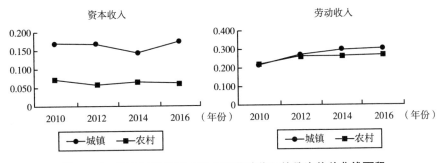

图 11 - 1　城乡地区的资本收入和劳动收入的伪洛伦兹曲线面积

就城乡居民收入要素集中指数变化趋势而言，城镇居民的指数呈现倒 "U" 型趋势，从 2010 年的 0.202 增加至 2014 年的峰值 0.510，再下降至 2016 年的 0.423；城镇居民收入结构不平等表现出一定程度的好转趋势，而农村居民则存在持续恶化的态势。究其原因，城镇居民资本收入伪洛伦兹曲线面积 $\tilde{\mu}_\pi$ 呈先下降后上升的趋势，农村居民资本收入伪洛伦兹曲线面积 $\tilde{\mu}_\pi$ 几乎不变，同时城乡居民的劳动收入伪洛伦兹曲线面积 $\tilde{\mu}_w$ 均呈上升趋势，意味着城镇居民收入结构不平等的驱动因素为资本收入与劳动收入，农村居民收入结构不平等的驱动因素主要是劳动收入。伪洛伦兹曲线面积的变动也表明，2010～2014 年，城镇居民的资本收入向高收入群体流动；2014～2016 年，城镇居民的资本收入流回低收入群体手中，而城镇居民的劳动收入持续向低收入群体流动；农村居民的劳动收入也逐渐向低收入群体流动。罗良清和平卫英（2020）的研究在一定程度上支持了上述结论，其研究表明，中国中西部地区大量公路、铁路的建设促进了农村居民外出务工，并带动农村居民劳动收入的大量增加。

11.3.3 区域收入结构不平等动态特征

不同区域计算的要素集中指数如表 11-5 所示，东部、中部与西部地区的收入要素集中指数的平均值分别为 0.359、0.556 与 0.578，表明收入结构不平等存在区域异质性特征。东部地区的收入结构不平等远低于中西部地区，而中部地区的收入结构不平等程度略低于西部地区，中西部地区收入结构不平等相对比较严重。同时，也表明经济发达的地区收入结构不平等较小。相比较而言，东部地区的资本收入伪洛伦兹曲线面积 $\tilde{\mu}_\pi$ 远大于中西部地区，而三个地区的劳动收入伪洛伦兹曲线面积 $\tilde{\mu}_w$ 差距较小，表明东部地区由于低收入群体获得更多的资本收入份额，促使居民的资本收入相对份额向劳动收入相对份额靠近，从而缩小东部地区的收入结构不平等。究其原因，东部地区金融发展程度高，中西部地区金融发展滞后，资本形成能力和资本积累能力比东部差，市场经济程度低。

表 11－5　　　　　　　　2010～2016 年三大区域收入要素集中指数

区域	2010 年	2012 年	2014 年	2016 年	平均值
东部	0.166	0.358	0.496	0.416	0.359
中部	0.523	0.548	0.574	0.579	0.556
西部	0.546	0.575	0.629	0.561	0.578

从时间趋势来看，2010～2016 年，东部与西部地区的收入要素集中指数呈倒"U"型趋势，峰值出现在 2014 年，东西部地区的收入结构不平等呈现较弱的改善态势；中部地区的收入要素集中指数从 2010 年的 0.523 上升至 2016 年的 0.579，呈缓慢上升的趋势，中部地区的收入结构不平等逐渐恶化。如图 11－2 所示，东部地区资本收入的伪洛伦兹曲线面积 $\tilde{\mu}_{\pi}$ 先减少后增加，劳动收入的伪洛伦兹曲线面积 $\tilde{\mu}_{w}$ 处于上升状态，意味着东部地区收入结构不平等是由资本收入与劳动收入共同驱动的。显然，在 2010～2014 年，东部地区的资本收入不断地向高收入群体流动，但劳动收入持续流向低收入群体；2014～2016 年，东部地区的资本收入和劳动收入均向低收入群体转移。中西部地区资本收入的伪洛伦兹曲线面积 $\tilde{\mu}_{\pi}$ 几乎不变，中部地区劳动收入的伪洛伦兹曲线面积 $\tilde{\mu}_{w}$ 呈上升趋势，而西部地区劳动收入的伪洛伦兹曲线面积 $\tilde{\mu}_{w}$ 先减少后增加，说明中西部地区收入结构不平等主要是由劳动收入驱动的。同时，在观

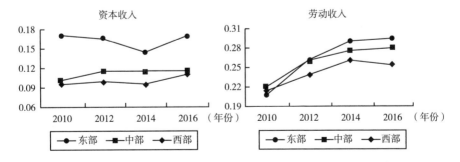

图 11－2　三大区域的资本收入和劳动收入的伪洛伦兹曲线面积

察期内中部地区的劳动收入也持续流向低收入群体；在 2010 ~ 2014 年，西部地区的劳动收入流向低收入群体，而后劳动收入逐渐向高收入群体流动。再一次表明东部地区市场经济程度较高，而中西部地区市场经济程度较低。

11.3.4 行业层面收入结构不平等的动态特征

根据样本数据计算的各行业 2010 ~ 2016 年各行业收入要素集中指数如表 11 - 6 所示。不难看出，农林牧渔业、住宿和餐饮业及制造业收入结构不平等程度较高，而信息传输、计算机服务和软件业、金融业以及租赁和商务服务业收入结构不平等程度较低。对比表 11 - 1，行业收入结构不平等排序与总收入排序刚好相反，收入较高的行业收入结构相对比较平等，而收入较低的行业收入结构不平等程度低。同时，对比各行业伪洛伦兹曲线面积发现，除农林牧渔业以外，高收入行业与低收入行业的劳动收入伪洛伦兹曲线面积 $\tilde{\mu}_w$ 差距较小，而高收入行业的资本收入伪洛伦兹曲线面积 $\tilde{\mu}_\pi$ 大于低收入行业，说明高收入行业中的低收入群体占有更多资本收入份额，进而缓解了高收入行业内的收入结构不平等。此外，根据《中国统计年鉴》2009 ~ 2019 年各行业增加值数据走势表明，收入较高的行业，如信息传输、计算机服务和软件业、金融业以及租赁和商务服务业增加值增速快，而收入较低的行业，如农林牧渔业、住宿和餐饮业及制造业增加值增速较慢。显然，有理由认为，我国经济持续增长的过程中，发展快的行业收入结构不平等小，劳动收入和资本收入能协调增长；发展较慢的行业收入结构不平等较大，劳动收入和资本收入增长不协调导致收入结构失衡。

表 11 - 6　　　　2010 ~ 2016 年各行业收入要素集中指数

行业	2010 年	2012 年	2014 年	2016 年	平均值	排序
农林牧渔业	0.223	0.277	0.663	0.523	0.488	1
制造业	0.286	0.334	0.425	0.466	0.408	3

续表

行业	2010 年	2012 年	2014 年	2016 年	平均值	排序
信息传输、计算机服务和软件业	0.087	0.194	0.379	0.137	0.237	8
批发和零售业	0.399	0.256	0.445	0.455	0.386	4
住宿和餐饮业	0.186	0.324	0.536	0.380	0.413	2
金融业	0.236	0.169	0.306	0.062	0.179	9
租赁和商务服务业	0.332	0.123	0.199	0.214	0.179	10
居民服务和其他服务业	0.298	0.108	0.517	0.377	0.334	6
卫生、社会保障和福利业	0.311	0.260	0.356	0.465	0.360	5
文化、体育和娱乐业	0.630	0.132	0.309	0.323	0.255	7

注：由于 2010 年的行业样本量较少，估计的收入要素集中指数偏差可能较大，因此根据 2012 年、2014 年和 2016 年计算收入要素集中指数的平均值，排序以三年平均值为依据。

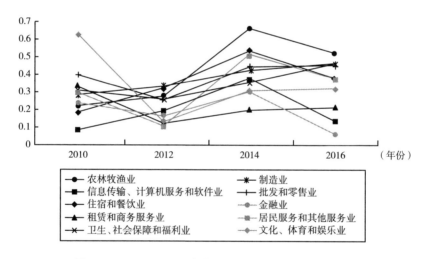

图 11 – 3　2010 ~ 2016 年各行业收入要素集中指数走势

根据表 11 – 6 计算结果绘制的各行业收入要素集中指数走势图表明，农林牧渔业，信息传输、计算机服务和软件业，住宿和餐饮业，金融业以及居民服务和其他服务业的收入要素集中指数整体呈现倒 "U" 型，如果剔除样本数据相对比较少的年份 2010 年的数据，该趋势更明显。党的十八大以来，中国经济增长从过分强调增长速度向追求高质量发展转变，部分行业市场竞争力加强，从业人员收入结构不平等改进趋势较明显。然而，制造业，批发和零售业，卫生、社会保障和福利业，租赁和商务服务业，文化体育和娱乐业收入结构不平等呈现加剧趋势。

为了方便探究各行业的居民收入结构不平等变化的原因，将农林牧渔业、住宿和餐饮业、居民服务和其他服务业、制造业以及批发和零售业等五大行业归为 A 类行业，其余五大行业归为 B 类行业。结合图 11 – 4 可知，2012～2016 年，农林牧渔业、住宿和餐饮业以及居民服务和其他服务业等三大行业的资本收入和劳动收入的伪洛伦兹曲线面积均呈先下降后上升的趋势，意味着在上述行业中的资本收入和劳动收入先同时向高收入群体流动，然后同时流向低收入群体。与此同时，制造业与批发和零售业的资本收入持续流向高收入群体，但劳动收入几乎保持不变。显然，农林牧渔业、住宿和餐饮业、居民服务和其他服务业的收入结构不平等是由资本收入和劳动收入共同推动的。如图 11 – 5 所示，在 B 类行业中，租赁和商务服务业、金融业以及信息传输、计算机服务和软件业等三大行业的资本收入在 2012～2014 年向高收入群体转移，2014～2016 年则向低收入群体转移；卫生、社会保障和福利业与文化、体育和娱乐业的资本收入不断地向高收入群体流动。进一步探究上述行业的劳动收入流动情况，在 2014～2016 年租赁和商务服务业的劳动收入流向低收入群体，其余四大行业的劳动收入的分配情况保持不变。不难看出，卫生、社会保障和福利业，文化、体育和娱乐业，金融业以及信息传输、计算机服务和软件业等行业收入结构不平等的主要驱动因素是资本收入。

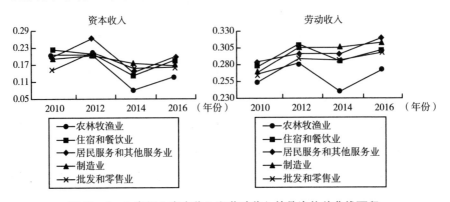

图 11 – 4 A 类行业资本收入和劳动收入的伪洛伦兹曲线面积

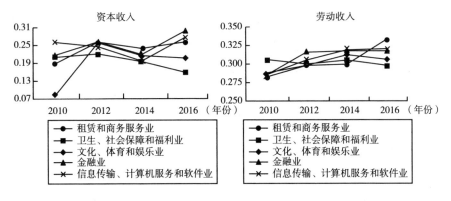

图 11 – 5　B 类行业资本收入和劳动收入的伪洛伦兹曲线面积

11.4　本章小结

利用 2011～2017 年中国家庭金融调查数据（CHFS），基于要素收入
分析了近年来我国居民收入结构不平等的动态特征和背后的经济原因。
研究发现：（1）资本收入主要在高收入群体之间流动，大部分低收入群
体难以获取资本收入，低收入群体主要获得劳动收入，表现出"穷人拥
有劳动收入，富人拥有资本收入"的特征。（2）在收入不平等上升时，
劳动收入先于资本收入流向高收入群体，收入结构不平等呈"U"型变
动趋势；在收入不平等下降时，劳动收入先于资本收入流向低收入群体，
收入结构不平等呈"倒 U 型"变动趋势。（3）收入结构不平等存在区域
异质性，农村地区收入结构不平等形势比城镇地区更为严峻；东部地区
的收入结构不平等远低于中西部地区，经济发达的地区，收入结构不平
等较小。（4）收入结构不平等存在行业异质性，信息传输、计算机服务
和软件业，金融业以及租赁和商务服务业等行业（发展较快的行业）收
入结构不平等程度较小，而农林牧渔业、住宿和餐饮业与制造业等行业
（或发展较慢的行业）收入结构不平等程度相对较大。（5）信息传输、
计算机服务和软件业，金融业以及租赁和商务服务业等行业收入结构不
平等较低的主要原因是其低收入群体的资本收入份额较多，而不是由于

高收入群体的劳动收入份额较多导致。（6）东部地区的收入结构不平等是由资本收入与劳动收入共同驱动的，而中西部地区则是由劳动收入推动；农林牧渔业、住宿和餐饮业与制造业等行业收入结构不平等的驱动因素是资本收入和劳动收入，而信息传输、计算机服务和软件业，金融业以及租赁和商务服务业等行业则是资本收入。基于此，本章研究认为，在经济发展的过程中，收入结构不平等的驱动因素存在三个阶段：在经济发展相对水平层次较低时是劳动收入驱动；发展到一定水平后是资本收入与劳动收入共同驱动；经济发展处于较高水平时是资本收入驱动。

据此，为改善我国居民收入结构不平等，研究提出如下政策建议：（1）促进低收入家庭资本收入快速增长，努力提升其资本收入份额，降低整体收入结构不平等性；（2）构建资本收入增长机制、改进居民资本收入增长方式，提升中西部地区或农林牧渔业、住宿和餐饮业与制造业等行业从业人员资本收入份额，缩小地区和行业之间收入结构不平等差异；（3）加大财产税收对初次收入分配的调节力度，促使资本收入配置优化。需要强调的是，当劳动收入和资本收入都集中在收入分配的顶端时，收入结构不平等很小，但收入不平等却很大，因此，不应以扩大收入差距为代价盲目追求低水平的收入结构不平等。此外，本章研究对于后扶贫时期测度和治理贫困的借鉴主要有两个方面的意义。一是全面消除绝对贫困后，我国相对贫困的识别在收入维度上不仅应该关注可支配收入，还应该关注收入结构；二是对于脱贫攻坚后贫困的治理和防止返贫的措施上，除了采取措施促进农村居民的劳动收入增长外，还应促进低收入者资本收入增长并防止形成"低收入者拥有劳动收入而高收入者拥有资本收入"的两极分化态势。

第12章　研究总结与展望

12.1　研究总结

　　正如习近平总书记在全国脱贫攻坚总结表彰大会中讲到的"脱贫攻坚，贵在精准，重在精准"，本书研究围绕"扶持谁、怎么扶"系统研究脱贫攻坚期间精准贫困识别和扶贫瞄准两个方面的统计测度。在贫困精准识别方面，本书研究包括多维相对贫困识别、相对贫困识别、贫困脆弱性识别和个人相对贫困识别等内容；在扶贫瞄准方面，本书研究测度一系列扶贫政策的扶贫效果，具体包括政策性金融项目的扶贫效果、扶贫小额信贷的扶贫效果和职业技能培训的扶贫效果。除此之外，为探讨省际扶贫效果和中国政府脱贫攻坚成功的原因，本书还系统测度和比较了省际扶贫的空间相关性及减贫弹性；根据实地调查系统总结了中国脱贫攻坚的成功经验；系统研究和比较了城乡、区域和行业的收入结构不平等性，为后扶贫时期相对贫困治理和共同富裕提供可借鉴的研究。研究取得了预期的研究成果，主要的创新性研究工作及结论包括十个方面。

　　（1）在家庭贫困特征识别方面，结合课题组实地调查数据，构建更能反映农村居民生活实际的多维相对贫困指数，采用多种方法交叉识别相对贫困，测度结果表明，收入、就业和交通工具匮乏是造成农户家庭多维相对贫困的主要原因；在物质资本变量中，家庭人均可支配收入与交通工具变量显著影响主观贫困；在人口学变量中，家庭主要劳动力的平均年龄显著降低个人主观贫困的概率；个人态度方面的三个变量均显著影响主观贫困的概率。家中人口数量多、平均年龄高和没有稳定工作的农村家庭不仅容易陷入多维相对贫困，而且容易陷入主观贫困，因此，具有这些特征的家庭应该成为帮扶工作中优先考虑的对象。

（2）在个人贫困特征识别方面，基于改进的诺斯巴斯模型测度表明，家庭中子女分配到的资源份额总是低于平均水平，二孩家庭男性户主挤占过多资源，使得女性户主及子女分配到的资源份额甚至不如一孩家庭的水平。不考虑家庭资源非均等分配的贫困测度存在一定程度的失真，非贫困家庭中儿童隐性相对贫困的比例最大，其次为二孩家庭中的女性户主。家庭规模大的家庭中的女性户主和儿童陷入相对贫困的概率大，而男性户主陷入相对贫困的概率比较小。此外，基于等价收入的家庭资源分配模型的研究还表明，不考虑消费规模经济可能对家庭不同特征群体贫困测度存在一定程度的高估。

（3）在贫困特征和返贫可能性方面，根据计算出的确定性等价消费测度的贫困脆弱性表明，物质资本丰富的居民家庭抵御风险的能力较强；异质性风险占比最高，其次是协同性风险，不可解释性风险占比最低；较低贫困线下平均年龄较高家庭脱贫率及返贫率与年龄较轻人群相差不大，而在较高贫困线下二者相差悬殊；平均年龄越大的家庭，脱贫越困难，返贫可能性却更大。

（4）基于 ELES 模型测度的城镇和农村地区的相对贫困线表明，城乡相对贫困线差异较大，应采用不同的相对贫困标准。对城乡贫困特征和变动原因的研究表明，城镇居民以选择性相对贫困为主，农村居民则是持久性相对贫困、暂时性相对贫困以及选择性相对贫困并重；农村居民相对贫困问题相对于城镇居民而言，贫困范围更广、贫困程度更深、贫困强度更大；经济增长有利于促进缓解相对贫困，生活成本的提高则抑制了减贫效应，收入分配的减贫效果取决于收入结构的调整。

（5）结合倾向得分匹配法、处理效应模型和分位数回归模型系统测度了政策性金融的减贫效应，测度结果表明，政策性金融扶贫项目不仅有利于增加贫困户的可支配收入，而且有利于改进贫困户的收入结构、缩小城乡收入结构差异；政策性金融扶贫项目可能存在瞄准偏差，其对于改进某些特殊类型贫困群体收入存在低效的可能。

（6）结合倾向得分匹配法、处理效应模型和敏感性分析系统测度了扶贫小额信贷政策的减贫效应，测度结果表明，扶贫小额信贷项目虽然对于提高贫困户可支配收入效果显著，但是因果关系并不稳健；项目对种养殖收入的改进效果显著而且因果关系稳健。子样本数据结果分析则表明，扶贫小额信贷项目减贫增收效果是"贫困瞄准"的，而非"贫困中性"的；扶贫小额信贷项目有利于大幅增加贫困户的种养殖收入，并且对于经济状况相对较差的低保贫困户效果要好于一般贫困户。扶贫小额信贷是"扶真贫""真扶贫"，弥补了政策性金融扶贫项目不能瞄准低收入者的缺陷。

（7）研究分别利用倾向得分匹配法、广义倾向得分匹配法分析职业技能培训的多维减贫效果，然后利用中介效应模型分析职业技能培训对于缓解多维相对贫困的机制。研究表明，我国职业技能培训有利于缓解多维相对贫困，且在收入、教育以及就业等维度上效果显著；职业技能培训强度与农户多维相对贫困之间呈现"U"型关系，过度的职业技能培训会出现"收不抵支"的情况；职业技能培训多维减贫效应存在区域异质性和家庭异质性；劳动力转移就业在职业技能培训与多维相对贫困之间起到"部分中介作用"。

（8）利用空间杜宾模型测度中国经济增长对减贫的动态效应和不同省份调节收入不平等的空间溢出效应，并比较了不同省域经济增长和收入分配的减贫弹性。结论表明，中国脱贫攻坚期间的减贫成就得益于"先富带动后富"的统筹经济发展策略，东部地区的经济水平相对较高，经济增长和改善收入不平等的减贫弹性低，减贫成就主要依赖于经济增长促进减贫；西部地区减贫成就则主要依赖于降低收入不平等程度。

（9）基于国家级贫困县脱贫攻坚案例，系统阐述了脱贫攻坚总体部署情况，具体涉及如何进行精准识别，如何改进产业、住房、基础设施、公共服务、政策保障措施等，同时，调查数据详细阐述了各领域取得的成绩。系统分析了调查县脱贫路径：以基础设施建设为重心，产业发展为支撑，促进贫困人口就业率，医疗保障、教育保障两翼并行，同时保证政策兜底的最终防线，形成系统全面的脱贫攻坚结构体系。最后，归纳并总结了脱贫攻坚成功的"中国模式"，研究认为，中国的脱贫攻坚是一个系统工程，偏远地区基础设施落后、公共服务短缺、农村居民教育文化水平有限、知识技能储备严重不足，需要全方位的组织和参与才能弥补各方面的缺陷并巩固脱贫成果和促进可持续发展，只有共产党领导的"党建＋"模式才能成功，即党组织的扶贫工作"＋"什么，什么就取得成功："党建＋"扶贫模式使得扶贫攻坚四处开花，到处结果。

（10）根据拉纳尔迪（Ranaldi，2020）收入结构不平等方法，测度和比较了中国城乡之间、区域之间和行业之间的收入结构不平等，并分析了收入结构不平等差异的原因，为后扶贫时期治理相对贫困和共同富裕提供可行的建议。研究表明，城乡对比表明，农村地区劳动收入分配结构改善程度不明显，我国收入最低的 5% 群体的资本要素份额均不足 4%，收入最高的 5% 群体始终拥有超过 40% 的资本收入，意味着资本收入主要是在高收入群体之间流动，大部分低收入群体难以获取资本收入，产生了"穷人拥有劳动收入，富人拥有资本收入"的收入固化现象。同时，我国居民的收入要素集中指数呈现倒"U"型趋势。区域收入结构不平等表明，东部经济发达的地区收入结构不平等程度较小，而中部和西部地区收入结构不平等程度较大；信息传输、计算机服务和软件业，金融业以及租赁和商务服务业等行业收入结构不平等较低，农林牧渔业、住宿和餐饮业与制造业收入结构不平等较高。针对收入结构不平等的驱动因素研究时发现，东部地区收入结构不平等的驱动因素是资本收入与劳动收入，而中西部地区的驱动因素是劳动收入；农林牧渔业、住宿和餐饮业与制造业等行业收入结构不平等的驱动因素是资本收入和劳动收入，而信息传输、计算机服务和软件业，金融业以及租赁和商务服务业等行业则是资本收入。此外，根据资本收入的"益富性"发现，在收入不平等上升时，劳动收入先于资本收入流向高收入群体，收入结构不平等呈"U"型变动趋势；在收入不平等下降时，劳动收入先于资本收入流向低收入群体，收入结构不平等呈倒"U"型变动趋势。

总体而言，研究成果从不同角度，用不同方法识别贫困特征和测度扶贫政策减贫增收效果，目的在于精准识别贫困特征、找准致贫原因，同时在于找准减贫增收的"药方"、总结脱贫攻坚成功的经验，为世界发展中国家贡献脱贫攻坚成功的"中国模式"。

12.2 研究展望

本书对涉及精准贫困识别的内容，如多维相对贫困、主观贫困、相对贫困、贫困脆弱性进行测度和研究，同时也对涉及扶贫瞄准的政策进行了深入研究，但是精准贫困识别和贫困治理是一个动态变化的过程，随着经济社会的发展，新的贫困识别和贫困治理目标仍会出现。正如习近平总书记曾指出的那样，"我们将消除绝对贫困，但相对贫困仍将长期存在"①，表明关于精准贫困识别测度和扶贫瞄准的政策研究不会终止。鉴于此，基于已有研究，对后续研究提出三点展望。

（1）已有研究关于贫困的测度是以家庭为单位进行的，然而，以家庭为单位测度的贫困可能造成一定程度的偏误。后续的研究可以在个人相对贫困测度上进行拓展。具体而言，包括获取完善的调查数据资料、完善和改进测度方法。调查数据的完善在于通过长期跟踪调查获得家庭中每个成员关于衣着、食品、教育和医疗方面的具体支出额度；测度方法的改进在于对个人支出份额测度过程中如何在模型中考虑规模性消费经济问题，测度方法的改进有助于发现非贫困家庭中的弱势群体，比如，精准识别多孩家庭中每个大人和儿童的相对贫困问题。完善调查数据资料的意义在于，传统的以家庭为单位的调查数据分离出来的个人消费支出数据在精准性和稳健性方面都存在争议，后续研究应利用精确的家庭成员消费数据，精准测度个人贫困，提出相对高效的相对贫困治理措施；对于第二个方面，目前关于个人支出份额测度中考虑消费规模经济处于

① 脱贫摘帽之后怎么干？习近平这样部署［N/OL］. 中国日报中文网，2020-12-03.

起步阶段，还有很多方面值得讨论，比如，关于效用函数的确定，到底是以家庭作为一个统一的决策单位建立效用函数，还是以家庭中各成员各自为营建立效用函数，这都是值得进一步研究的课题。

（2）相对贫困的测度有三个方面值得研究，一是相对贫困标准的制定，欧洲国家以中位数等价收入的 40%～60% 划定的相对贫困线并不适宜在中国采用，主要原因在于中国地域面积大、人口多，并且东西部生活条件和生活习惯差异比较大，中国一个省的人口相当于欧洲的一个国家，一条线的标准也不利于精准识别相对贫困人口和分类施策。二是相对贫困的测度和比较相对于绝对贫困更复杂，涉及区域之间、行业之间，甚至是同一单位的不同部门之间的相对贫困，因此，相对贫困测度的研究涉及范围更广，研究内容更丰富。三是相对贫困治理策略的研究需要与时俱进，治理相对贫困的最终目的是实现共同富裕，显然，相对贫困的治理是分阶段进行的，后扶贫时期相对贫困治理首先在于巩固脱贫攻坚成果，其次在于不断缩小贫富差距、减小相对贫困（区域性相对贫困、行业间相对贫困、总体相对贫困），并最终实现共同富裕。

（3）绝对贫困和相对贫困本质上是收入不平等问题的延伸。已有研究关于收入不平等的测度主要是考虑收入大小或分布方面的差异，如度量不平等程度的指标变异系数、基尼系数、广义熵指数及泰尔系数等，不能反映收入结构上的差异。后续研究基于收入结构差异的研究必将受到学者和政策制定者的关注。关于收入不平等（也称收入结构不平等）的研究有两方面值得关注：一是比较和分析不同性别、不同职业、不同区域收入结构的不平等性并分析社会发展的进程以及相对贫困治理的着力点；二是根据收入不平等变动分解的思想研究结构不平等变动分解的方法，从而便于研究结构不平等产生的原因。

参 考 文 献

［1］财政部国务院发展研究中心与世界银行．中国减贫四十年：驱动力量、借鉴意义和未来政策方向［R］．2022（3）．

［2］白丽，张润清，赵邦宏．农户参与不同产业化组织模式的行为决策分析——以河北省食用菌种植户为例［J］．农业技术经济，2015（12）：42－51．

［3］柏培文，李相霖．要素收入与居民分配格局［J］．吉林大学社会科学学报，2020（5）：71－81．

［4］陈斌开，杨依山，许伟．中国城镇居民劳动收入差距演变及其原因：1990～2005［J］．经济研究，2009（12）：30－42．

［5］陈斌开，林毅夫．金融抑制、产业结构与收入分配［J］．世界经济，2012，35（1）：3－23．

［6］陈飞，卢建词．收入增长与分配结构扭曲的农村减贫效应研究［J］．经济研究，2014（2）：101－114．

［7］陈浩．农村劳动力非农就业研究：从人力资本视角分析［M］．北京：中国农业出版社，2008．

［8］陈宏伟，穆月英．劳动力转移、技术选择与农户收入不平等［J］．财经科学，2020（8）：106－117．

［9］陈建东，周晓蓉，安格斯·迪顿．消费、贫困和福利［J］．经济学动态，2015（11）：98－112．

［10］陈健生．脆弱性、贫困动态与西部农村贫困研究转变［J］．西部发展评论，2013（00）：221－234．

［11］陈强. 高级计量经济学及 Stata 应用（第二版）［M］. 北京：高等教育出版社，2014：468 – 471.

［12］陈立中，张建华. 经济增长、收入分配与减贫进程间的动态联系——来自中国农村的经验分析［J］. 中国人口科学，2007（1）：53 – 59，96.

［13］陈玉萍，吴海涛，陶大云，等. 基于倾向得分匹配法分析农业技术采用对农户收入的影响——以滇西南农户改良陆稻技术采用为例［J］. 中国农业科学，2010，43（17）：3667 – 3676.

［14］陈志刚，毕洁颖，吴国宝，等. 中国扶贫现状与演进以及2020 年后的扶贫愿景和战略重点［J］. 中国农村经济，2019（1）：2 – 16.

［15］陈宗胜，沈扬扬，周云波. 中国农村贫困状况的绝对与相对变动——兼论相对贫困线的设定［J］. 管理世界，2013（1）：67 – 77.

［16］崔宝玉，谢煜，徐英婷. 土地征用的农户收入效应——基于倾向得分匹配（PSM）的反事实估计［J］. 中国人口·资源与环境，2016，26（2）：111 – 118.

［17］安格斯·迪顿，约翰·米尔鲍尔. 经济学与消费者行为［M］. 北京：中国人民大学出版社，2015：138 – 141.

［18］丁继红，徐宁吟. 父母外出务工对留守儿童健康与教育的影响［J］. 人口研究，2018，42（1）：76 – 89.

［19］丁煜，徐延辉，李金星. 农民工参加职业技能培训的影响因素分析［J］. 人口学刊，2011（3）：29 – 36.

［20］丁志国，赵晶，赵宣凯，等. 我国城乡收入差距的库兹涅佐效应识别与农村金融政策应对路径选择［J］. 金融研究，2011（7）：142 – 151.

［21］樊丽明，解垩. 公共转移支付减少了贫困脆弱性吗？［J］. 经济研究，2014（8）：67 – 78.

［22］樊士德，朱克朋. 农村劳动力流动、务工收入与贫困家庭——基于东部欠发达县域 878 户农户的实证研究［J］. 南京社会科学，2019

（6）：26 – 33.

［23］方玉泉，张立东. 对金融支持"三农"机理偏离现象的调查与思考 ［J］. 华北金融，2009（12）：22 – 23.

［24］冯文丽，苏晓鹏. 农业保险助推乡村振兴战略实施的制度约束与改革 ［J］. 农业经济问题，2020（4）：82 – 88.

［25］冯显芝，柴景辉. 城市居民生活线的界定 ［J］. 统计与咨询，1995（4）：23 – 24.

［26］冯星光，张晓静. 经济增长、收入分配与贫困规模变动相关性研究——来自北京市城市居民的经验数据 ［J］. 财经研究，2006（4）：136 – 144.

［27］高建民，李逸舒，郭成成，等. 应用扩展性线性支出法测量陕西省城乡贫困线 ［J］. 中国卫生经济，2014，33（3）：64 – 67.

［28］高帅，郭铖，张琴. 社会排斥、人情支出与农民工多维脱贫 ［J］. 财经科学，2018（6）：110 – 120.

［29］高帅. 社会地位、收入与多维相对贫困的动态演变——基于能力剥夺视角的分析 ［J］. 上海财经大学学报，2015（3）：32 – 40.

［30］高翔，王三秀. 民族地区农村居民多维贫困的测度与致因——兼与非民族地区对比 ［J］. 广西民族研究，2018（2）：135 – 144.

［31］高艳云. 中国城乡多维贫困测度及比较 ［J］. 统计研究，2012，29（11）：61 – 66.

［32］高艳云，马瑜. 多维框架下中国家庭贫困的动态识别 ［J］. 统计研究，2013，30（12）：89 – 94.

［33］宫留记. 政府主导下市场化扶贫机制的构建与创新模式研究——基于精准扶贫视角 ［J］. 中国软科学，2016（5）：154 – 162.

［34］辜胜阻，刘磊，李睿. 新型城镇化下的职业教育转型思考 ［J］. 中国人口科学，2015（5）：2 – 9，126.

［35］郭凤鸣，牟林. 政府培训能否缓解农民工的过度劳动？——基于直接效应和间接效应的分析 ［J］. 中国劳动关系学院学报，2019，33（4）：75 – 87.

[36] 郭凤鸣, 曲俊雪. 中国劳动者过度劳动的变动趋势及影响因素分析 [J]. 劳动经济研究, 2016, 4 (1): 89 - 105.

[37] 郭建宇. 农户多维贫困程度与特征分析——基于山西农村贫困监测数据 [J]. 农村经济, 2012 (3): 19 - 22.

[38] 郭庆旺, 吕冰洋. 论要素收入分配对居民收入分配的影响 [J]. 中国社会科学, 2012 (12): 46 - 62.

[39] 郭熙保, 周强. 长期多维贫困、不平等与致贫原因 [J]. 经济研究, 2016 (6): 143 - 156.

[40] 郭之天, 陆汉文. 相对贫困的界定: 国际经验与启示 [J]. 南京农业大学学报 (社会科学版), 2020 (4): 100 - 111.

[41] 韩佳丽, 王志章, 王汉杰. 贫困地区劳动力流动对农户多维贫困的影响 [J]. 经济科学, 2017 (6): 87 - 101.

[42] 韩秀兰, 张楠. 家庭等价规模与收入贫困的精准识别 [J]. 统计与信息论坛, 2019, 34 (6): 115 - 121.

[43] 韩铮. 脆弱性与农村贫困 [J]. 农业经济问题, 2004 (10): 8 - 15.

[44] 胡金焱, 袁力. 小额信贷实现支农目标了么? [J]. 经济与管理研究, 2016, 37 (2): 61 - 69.

[45] 胡宗义, 刘亦文. 金融非均衡发展与城乡收入差距的库兹涅茨效应研究——基于中国县域截面数据的实证分析 [J]. 统计研究, 2010, 27 (5): 25 - 31.

[46] 胡宗义, 罗柳丹. 小额信贷缓减农村贫困的效用研究——基于面板模型的分析 [J]. 财经理论与实践, 2016 (5): 10 - 15.

[47] 黄承伟, 王小林, 徐丽萍. 贫困脆弱性: 概念框架和测量方法 [J]. 农业技术研究, 2010 (8): 4 - 12.

[48] 黄德林, 陈永杰. 农民工职业技能培训意愿及影响机理研究——基于武汉市、厦门市、沧州市的实证调查 [J]. 中国软科学, 2014 (3): 68 - 75.

[49] 江华, 杨雪. 农村低保线评估——基于需求层次与扩展线性支

出法测算 [J]. 人口与经济, 2014 (1): 116 – 123.

[50] 江金启, 张广胜, 杨肖丽. 异质性培训、技能分化与农民工的工资收入决定 [J]. 农业技术经济, 2016 (10): 20 – 28.

[51] 江克忠, 刘生龙. 收入结构、收入不平等与农村家庭贫困 [J]. 中国农村经济, 2017 (8): 75 – 90.

[52] 焦音学, 柏培文. 三大产业劳动收入份额, 经济增长及收入差距 [J]. 数量经济技术经济研究, 2020 (4): 26 – 45.

[53] 黎沙. 我国精准扶贫的实践困境及对策研究 [D]. 南京: 南京大学, 2016.

[54] 李宝良, 郭其友. 消费、贫困与福利的微观实证研究及其扩展——2015 年度诺贝尔经济学奖得主安格斯·迪顿主要经济理论贡献述评 [J]. 外国经济与管理, 2015, 37 (11): 85 – 97.

[55] 李冬慧, 乔陆印. 从产业扶贫到产业兴旺: 贫困地区产业发展困境与创新趋向 [J]. 求实, 2019 (6): 81 – 91, 109 – 110.

[56] 李飞, 汪三贵. 贫困县精准返贫综合保险机制创新: 湖南阮凌个案 [J]. 农村经济, 2020 (9): 76 – 82.

[57] 李婧, 谭清美, 白俊红. 中国区域创新生产的空间计量分析——基于静态与动态空间面板模型的实证研究 [J]. 管理世界, 2010 (7): 43 – 55, 65.

[58] 李静, 杨国涛, 孟令杰. 农村贫困的度量与分解: 1995 ~ 2004——以江苏省为例 [J]. 农村经济, 2006 (5): 50 – 53.

[59] 李佳路. 农户多维度贫困测量——以 S 省 30 个国家扶贫开发工作重点县为例 [J]. 财贸经济, 2010 (10): 63 – 68.

[60] 李丽, 白雪梅. 我国城乡居民家庭贫困脆弱性的测度与分解——基于 CHNS 微观数据的实证研究 [J]. 数量经济技术经济研究, 2010 (8): 61 – 73.

[61] 李实, John Knight. 中国城市中的三种贫困类型 [J]. 经济研究, 2002 (10): 47 – 58, 95.

[62] 李小云, 张雪梅, 唐丽霞. 我国中央财政扶贫资金的瞄准分析

[J]. 中国农业大学学报（社会科学版），2005（3）：1 - 6.

[63] 李雨，周宏. 差异视角下基建投资、产业扶贫与"结对帮扶"减贫效应研究 [J]. 华中农业大学学报（社会科学版），2020（2）：15 - 24，162.

[64] 李作稳，黄季锟，贾相平，等. 小额信贷对贫困地区农户畜禽养殖业的影响 [J]. 农业技术经济，2011（11）：4 - 9.

[65] 连玉君，黎文素，黄必红. 子女外出务工对父母健康和生活满意度影响研究 [J]. 经济学（季刊），2015，14（1）：185 - 202.

[66] 梁晓敏，汪三贵. 农村低保对农户家庭支出的影响分析 [J]. 农业技术经济，2015（11）：24 - 36.

[67] 林伯强. 中国的经济增长、贫困减少与政策选择 [J]. 经济研究，2003（12）：15 - 25.

[68] 林万龙，华中昱，徐娜. 产业扶贫的主要模式、实践困境与解决对策——基于河南、湖南、湖北、广西四省区若干贫困县的调研总结 [J]. 经济纵横，2018（7）：102 - 108.

[69] 林万龙，杨丛丛. 贫困农户能有效利用扶贫型小额信贷服务吗？——对四川省仪陇县贫困村互助资金试点的案例分析 [J]. 中国农村经济，2012（2）：35 - 45.

[70] 林文，邓明. 贸易开放度是否影响了我国农村贫困脆弱性——基于 CHNS 微观数据的经验分析 [J]. 国际贸易问题，2014（6）：23 - 32.

[71] 刘波，等. 主观贫困影响因素研究——基于 CGSS（2012 - 2013）的实证研究 [J]. 中国软科学，2017（7）：139 - 151.

[72] 刘成坤，赵昕东. 人口老龄化对经济增长的影响及溢出效应研究——基于空间杜宾模型 [J]. 经济问题探索，2018（6）：21 - 32.

[73] 刘红岩. 中国产业扶贫的减贫逻辑和实践路径 [J]. 清华大学学报（哲学社会科学版），2021，36（1）：156 - 167，205.

[74] 刘魏，王小华. 地权稳定与农户多维相对贫困：缓解途径与作用机制 [J]. 山西财经大学学报，2020，42（12）：15 - 29.

[75] 刘西川，黄祖辉，程恩江. 小额信贷的目标上移：现象描述与理论解释——基于三省（区）小额信贷项目的农户调查 [J]. 中国农村经济，2007（8）：23 – 34.

[76] 罗必良. 相对贫困治理：性质、策略与长效机制 [J]. 求索，2020（6）：18 – 27.

[77] 罗楚亮. 农村贫困的动态变化 [J]. 经济研究，2010，45（5）：123 – 138.

[78] 罗良清，平卫英. 中国贫困动态变化分解：1991 ~ 2015 年 [J]. 管理世界，2020，36（2）：27 – 40，216.

[79] 罗明忠，唐超，吴小立. 培训参与有助于缓解农户相对贫困吗？——源自河南省3278 份农户问卷调查的实证分析 [J]. 华南师范大学学报（社会科学版），2020（6）：43 – 56，189 – 190.

[80] 骆祚炎. 利用线性支出系统 ELES 测定贫困线——兼比较几种贫困线的测定方法 [J]. 统计与决策，2006（18）：25 – 28.

[81] 吕文慧，苏华山，黄姗姗. 被忽视的潜在贫困者：农村留守儿童多维贫困分析 [J]. 统计与信息论坛，2018，33（11）：90 – 99.

[82] 聂荣，张志国. 中国农村贫困脆弱性动态演化分析 [J]. 西北农林科技大学（社会科学版），2014（11）：63 – 69.

[83] 宁光杰，尹迪. 自选择、培训与农村居民工资性收入提高 [J]. 中国农村经济，2012（10）：49 – 57.

[84] 潘丹. 农业技术培训对农村居民收入的影响：基于倾向得分匹配法的研究 [J]. 南京农业大学学报（社会科学版），2014，14（5）：62 – 69.

[85] 平卫英，罗良清，张波. 就业扶贫、增收效应与异质性分析——基于四川秦巴山区与藏区调研数据 [J]. 数量经济技术经济研究，2020，37（7）：155 – 174.

[86] 钱龙，钱文荣. 外出务工对农户农业生产投资的影响——基于中国家庭动态跟踪调查的实证分析 [J]. 南京农业大学学报（社会科学版），2018，18（5）：109 – 121，158.

［87］乔海曙，陈力 . 金融发展与城乡收入差距"倒 U 型"关系再检验——基于中国县域截面数据的实证分析［J］. 中国农村经济，2009（7）：68 - 85.

［88］任国强 . 人力资本对农民非农就业与非农收入的影响研究——基于天津的考察［J］. 南开经济研究，2004（3）：3 - 10.

［89］阮敬，詹婧 . 亲贫困增长分析中的 Shapley 分解规则［J］. 统计研究，2010，27（5）：58 - 66.

［90］申广军，张川川 . 收入差距、社会分化与社会信任［J］. 经济社会体制比较，2016（1）：121 - 136.

［91］沈扬扬，李实 . 如何确定相对贫困标准？——兼论"城乡统筹"相对贫困的可行方案［J］. 华南师范大学学报（社会科学版），2020（2）：91 - 101，191.

［92］史恒通，赵伊凡，吴海霞 . 社会资本对多维贫困的影响研究——来自陕西省延安市 513 个退耕农户的微观调查数据［J］. 农业技术经济，2019（1）：86 - 99.

［93］帅竞，成金华，帅传敏，等 . IFAD 中国项目精准脱贫绩效评价：基于农民人均收入视角［J］. 中国人口 . 资源与环境，2017，27（2）：126 - 134.

［94］宋扬，赵君 . 中国的贫困现状与特征：基于等值规模调整后的再分析［J］. 管理世界，2015（10）：65 - 77.

［95］宋月萍，张涵爱 . 应授人以何渔？——农民工职业培训与工资获得的实证分析［J］. 人口与经济，2015（1）：86 - 95.

［96］孙久文，夏添 . 中国扶贫战略与 2020 年后相对贫困线划定——基于理论、政策和数据的分析［J］. 中国农村经济，2019（10）：98 - 113.

［97］孙玉奎，周诺亚，李丕东 . 农村金融发展对农村居民收入的影响研究［J］. 统计研究，2014，31（11）：90 - 95.

［98］唐丽霞，罗江月，李小云 . 精准扶贫机制实施的政策和实践困境［J］. 贵州社会科学，2015（5）：151 - 156.

［99］田北海，雷华，佘洪毅，等.人力资本与社会资本孰重孰轻：对农民工职业流动影响因素的再探讨——基于地位结构观与网络结构观的综合视角［J］.中国农村观察，2013（1）：34－47，91.

［100］童晓丽.关于完善我国国家医疗保障体系的若干思考［J］.管理世界，2006（12）：156－157.

［101］童晓丽.安全农产品购买意愿和购买行为的影响因素研究［D］.杭州：浙江大学，2006.

［102］万广华，刘飞，章元.资产视角下的贫困脆弱性分解——基于中国农行面板数据的经验分析［J］.中国农村经济，2014（4）：4－19.

［103］万广华，张茵.收入增长与不平等对我国贫困的影响［J］.经济研究，2006（6）：112－123.

［104］万广华，章元，史清华.如何更准确地预测贫困脆弱性：基于中国农户的面板数据分析［J］.农业技术经济，2011（9）：13－23.

［105］汪晨，万广华，吴万宗.中国减贫战略转型及其面临的挑战［J］.中国工业经济，2020（1）：5－23.

［106］汪晨，张彤进，万广华.中国收入差距中的机会不均等［J］.财贸经济，2020，41（4）：66－81.

［107］汪三贵.草海小额信贷案例报告［M］//吴国宝主编.扶贫模式研究：中国小额信贷扶贫研究（第十六章）.北京：中国经济出版社，2001：149－170.

［108］汪三贵.在发展中战胜贫困——对中国30年大规模减贫经验的总结与评价［J］.管理世界，2008（11）：78－88.

［109］汪三贵.中国40年大规模减贫：推动力量与制度基础［J］.中国人民大学学报，2018，32（6）：1－11.

［110］汪三贵，Albert Park.中国农村贫困人口的估计与瞄准问题［J］.贵州社会科学，2010（2）：68－72.

［111］汪三贵，郭子豪.论中国的精准扶贫［J］.贵州社会科学，2015，305（5）：147－150.

[112] 汪三贵, 李文, 李芸. 我国扶贫资金投向及效果分析 [J]. 农业技术经济, 2004 (5): 45-49.

[113] 汪三贵, 刘明月. 从绝对贫困到相对贫困: 理论关系、战略转变与政策重点 [J]. 社会科学文摘, 2020 (12): 17-20.

[114] 汪三贵, Albert Park, Shubham Chaudhuri, Gaurav Datt. 中国新时期农村扶贫与村级贫困瞄准 [J]. 管理世界, 2007 (1): 56-64.

[115] 汪三贵, 曾小溪. 后2020贫困问题初探 [J]. 河海大学学报 (哲学社会科学版), 2018 (2): 7-13.

[116] 王姮, 汪三贵. 江西整村推进项目的经济和社会效果评价 [J]. 学习与探索, 2010 (1): 148-151.

[117] 王征, 鲁钊阳. 农村金融发展与城乡收入差距——基于我国省级动态面板数据模型的实证研究 [J]. 财贸经济, 2011 (7): 55-62.

[118] 王超恩, 符平, 敬志勇. 农民工职业流动的代际差异及其影响因素 [J]. 中国农村观察, 2013 (5): 2-9, 23, 95.

[119] 王超恩, 符平. 农民工的职业流动及其影响因素——基于职业分层与代际差异视角的考察 [J]. 人口与经济, 2013 (5): 89-97.

[120] 王海港, 黄少安, 李琴, 罗凤金. 职业技能培训对农村居民非农收入的影响 [J]. 经济研究, 2009, 44 (9): 128-139, 151.

[121] 王建. 正规教育与技能培训: 何种人力资本更有利于农民工正规就业? [J]. 中国农村观察, 2017 (1): 113-126, 143-144.

[122] 王婉. 农民专业合作社发展的现实问题与对策 [J]. 经济纵横, 2014 (11): 63-66.

[123] 王琬. 大病保险筹资机制与保障政策探讨——基于全国25省《大病保险实施方案》的比较 [J]. 华中师范大学学报 (人文社会科学版), 2014, 53 (3): 16-22.

[124] 王雯. 职业培训的减贫效应 [D]. 南昌: 南昌航空大学, 2018.

[125] 温涛, 冉光和, 熊德平. 中国金融发展与农民收入增长

[J]. 经济研究, 2005 (9): 30 –43.

[126] 王小林, Sabina Alkire. 中国多维贫困测量: 估计和政策含义 [J]. 中国农村经济, 2009 (12): 4 –10, 23.

[127] 王勇. 加强职业技能培训对接就业市场需求 [J]. 中国商论, 2020 (5): 251 –252.

[128] 王姮, 汪三贵. 整村推进项目对农户饮水状况的影响分析——江西省扶贫工作重点村扶贫效果评价 [J]. 农业技术经济, 2008 (6): 42 –47.

[129] 王竹林, 范维. 人力资本视角下农民工市民化能力形成机理及提升路径 [J]. 西北农林科技大学学报 (社会科学版), 2015, 15 (2): 51 –55.

[130] 吴国宝, 李兴平. 小额信贷对中国扶贫与发展的贡献 [J]. 金融与经济, 2003 (11): 7 –10.

[131] 吴国宝. 扶贫模式研究: 中国小额信贷扶贫研究 [M]. 北京: 中国经济出版社, 2001.

[132] 西北大学. 中国西部地区经济发展报告 (2012) 蓝皮书 [M]. 北京: 社会科学文献出版社, 2013.

[133] 夏怡然, 陆铭. 跨越世纪的城市人力资本足迹——历史遗产、政策冲击和劳动力流动 [J]. 经济研究, 2019, 54 (1): 132 –149.

[134] 向德平, 程玲. 巾帼脱贫: 农村贫困妇女扶持政策评估及建议 [M]. 北京: 社会科学文献出版社, 2015.

[135] 谢玫仪, 李玖灵. 广东农村贫困变动及分解效应研究 [J]. 广东农业科学, 2018, 45 (6): 165 –172.

[136] 解垣, 莫旋. 等价尺度及其应用研究 [J]. 统计与信息论坛, 2006 (2): 103 –107.

[137] 熊德平. 农村小额信贷: 模式、经验与启示 [J]. 财经理论与实践, 2005, 134 (3): 39 –43.

[138] 修兴高. 产业扶贫模式: 运行成效、影响因素与政策建议——福建省产业扶贫模式典型案例分析 [J]. 福建论坛 (人文社会科学版),

2018 (4)：188 – 194.

[139] 徐伟，章元，万广华. 社会网络与贫困脆弱性——基于中国农村数据的实证分析 [J]. 学海，2011 (4)：122 – 128.

[140] 徐春华. 危机后一般利润率下降规律的表现、国别差异和影响因素 [J]. 世界经济，2016，39 (5)：3 – 28.

[141] 徐淑一，王宁宁. 经济地位、主观社会地位与居民自感健康 [J]. 统计研究，2015，32 (3)：62 – 68.

[142] 闫菊娥，高建民，杨晓玮，等. 贫困线测算方法与实证 [J]. 统计与决策，2018，34 (22)：25 – 30.

[143] 阳玉香，莫旋. 政府培训能增加流动人口的收入吗？——基于 Blinder-Oaxaca 分解的实证研究 [J]. 人口与经济，2017 (4)：119 – 126.

[144] 杨洋. 落实五大发展理念 全力服务农业农村经济发展 [N]. 金融时报，2016 – 04 – 07 (01).

[145] 杨慧，吕云婷，任兰兰. 二孩对城镇青年平衡工作家庭的影响——基于中国妇女社会地位调查数据的实证分析 [J]. 人口与经济，2016 (2)：1 – 9.

[146] 杨龙，汪三贵. 贫困地区农户脆弱性及其影响因素分析 [J]. 中国人口·资源与环境，2015，25 (10)：150 – 156.

[147] 杨龙，汪三贵. 贫困地区农户的多维贫困测量与分解——基于 2010 年中国农村贫困监测的农户数据 [J]. 人口学刊，2015，37 (2)：15 – 25.

[148] 杨文，孙蚌珠，王学龙. 中国农村家庭脆弱性的测量与分解 [J]. 经济研究，2012 (4)：40 – 51.

[149] 杨琰. 贫困地区妇女地位与人口控制关系研究——以甘肃定西县为例 [J]. 西北人口，1995 (1)：47 – 51.

[150] 姚金海. 基于 ELES 方法的贫困线测量 [J]. 统计与决策，2007 (2)：115 – 117.

[151] 叶初升，赵锐，孙永平. 动态贫困研究的前沿动态 [J]. 经

济学动态，2013a（4）：120-129.

[152] 叶初升，赵锐. 中国农村的动态贫困：状态转化与持续——基于中国健康与营养调查微观数据的生存分析 [J]. 华中农业大学学报（社会科学版），2013b（3）：42-52.

[153] 叶志强，陈习定，张顺明. 金融发展能减少城乡收入差距吗？——来自中国的证据 [J]. 金融研究，2011（2）：42-56.

[154] 殷浩栋，毋亚男，汪三贵，王瑜，王姮.“母凭子贵”：子女性别对贫困地区农村妇女家庭决策权的影响 [J]. 中国农村经济，2018（1）：108-123.

[155] 尹志超，刘泰星，张诚. 农村劳动力流动对家庭储蓄率的影响 [J]. 中国工业经济，2020（1）：24-42.

[156] 游士兵，张颖莉. 我国贫困家庭的识别及测度——基于耐用消费品数据的混合模型 [J]. 数理统计与管理，2018（6）：964-976.

[157] 于雁洁. 人力资本对农民非农就业机会的改善效应探析 [J]. 改革与战略，2016，32（1）：77-81.

[158] 余新平，熊晶白，熊德平. 中国农村金融发展与农民收入增长 [J]. 中国农村经济，2010（6）：77-96

[159] 袁明宝. 农户家庭行为的社会性约束与理性选择 [J]. 中共宁波市委党校学报，2018，40（1）：113-119.

[160] 岳希明，王萍萍，关冰. 农村扶贫资金效果评估——以扶贫重点县为例 [M] //国家统计局农村社会经济调查司. 中国农村贫困监测报告（2010）. 北京：中国统计出版社，2011.

[161] 展进涛，黄宏伟. 农村劳动力外出务工及其工资水平的决定：正规教育还是技能培训？——基于江苏金湖农户微观数据的实证分析 [J]. 中国农村观察，2016（2）：55-67，96.

[162] 张冰子，贾坤，申广军. 城镇贫困的特征演变 [J]. 统计研究，2019，36（2）：11-22.

[163] 张克中，冯俊诚. 通货膨胀、不平等与亲贫式增长——来自中国的实证研究 [J]. 管理世界，2010（5）：27-33，74.

[164] 张立冬，李岳云，潘辉. 收入流动性与贫困的动态发展：基于中国农村的经验分析 [J]. 农业经济问题，2009，30 (6)：73 – 80，112.

[165] 张立军，湛泳. 金融发展与降低贫困——基于中国 1994 ~ 2004 年小额信贷的分析 [J]. 当代经济科学，2006，28 (6)：36 – 42.

[166] 张亮，杭斌. 教育与主观社会地位——基于地位寻求理论的实证分析 [J]. 统计与信息论坛，2018，33 (8)：85 – 93.

[167] 张全红，周强. 多维贫困测量及述评 [J]. 经济与管理，2014a (1)：24 – 31.

[168] 张全红，周强. 中国多维贫困的测度及分解：1989 ~ 2009 年 [J]. 数量经济技术经济研究，2014b (6)：88 – 101.

[169] 张全红. 中国多维贫困的动态变化：1991 ~ 2011 [J]. 财经研究，2015，41 (4)：31 – 41.

[170] 张全红，周强. 中国农村多维贫困的动态变化：1991 ~ 2011 [J]. 财贸研究，2015a (6)：22 – 29.

[171] 张全红，周强. 中国贫困测度的多维方法和实证应用 [J]. 中国软科学，2015b (7)：29 – 41.

[172] 张世伟，武娜. 培训时间对农民工收入的影响 [J]. 人口学刊，2015 (4)：106 – 113.

[173] 张爽，陆铭，章元. 社会资本的作用随市场化进程减弱还是加强？——来自中国农村贫困的实证研究 [J]. 经济学 (季刊)，2007 (2)：539 – 561.

[174] 张伟宾，汪三贵. 扶贫政策、收入分配与中国农村减贫 [J]. 农业经济问题，2013 (2)：66 – 75.

[175] 张霞，茹雪. 中国职业女性生育困境原因探究——以"全面二孩"政策为背景 [J]. 贵州社会科学，2016 (9)：150 – 154.

[176] 张晓颖，王小林. 扶贫车间：行为体、驱动力及持续性讨论 [J]. 河北师范大学学报 (哲学社会科学版)，2021，44 (3)：130 – 139.

[177] 张毓龙，刘超捷. 农民工职业培训：教育的积极补偿 [J].

南通大学学报（社会科学版），2020，36（6）：123 - 128.

[178] 张昭，杨澄宇. 老龄化与农村老年人口多维贫困——基于 AF 方法的贫困测度与分解 [J]. 人口与发展，2020，26（1）：12 - 24，11.

[179] 章贵军，欧阳敏华. 政策性金融扶贫项目收入改进效果评价——以江西省为例 [J]. 中国软科学，2018（4）：54 - 64.

[180] 赵群，王云先. 社会性别与妇女反贫困 [M]. 北京：社会科学文献出版社，2011.

[181] 赵正洲，韩成英，吕建兴. 返乡农民工参与职业技能培训的影响因素分析——基于河南、湖北、湖南 3 省 35 个市（县）的调查 [J]. 教育与经济，2012（4）：26 - 29.

[182] 郑晓冬，方向明. 劳动力转移如何影响农村老年人健康——基于路径分析方法的检验 [J]. 中国农业大学学报，2017，22（8）：188 - 198.

[183] 仲超，林闽钢. 中国相对贫困家庭的多维剥夺及其影响因素研究 [J]. 南京农业大学学报（社会科学版），2020，20（4）：112 - 120.

[184] 中国发展基金研究会. 在发展中消除贫困：中国发展报告 2007 [M]. 北京：中国发展出版社，2007：114 - 115.

[185] 周力. 相对贫困标准划定的国际经验与启示 [J]. 学术前沿，2020（7）：70 - 79.

[186] 周明海，杨粼炎. 中国劳动收入份额变动的分配效应：地区和城乡差异 [J]. 劳动经济研究，2017（6）：56 - 86.

[187] 周世军，刘丽萍，卞家涛. 职业培训增加农民工收入了吗？——来自皖籍农民工访谈调查证据 [J]. 教育与经济，2016（1）：20 - 26.

[188] 周振，兰春玉. 我国农户贫困动态演变影响因素分析——基于 CHNS 家庭微观数据的研究 [J]. 经济与管理，2014，28（3）：16 - 21.

[189] 朱铭来，于新亮，宋占军. 我国城乡居民大病费用预测与保险支付能力评估 [J]. 管理世界，2013（5）：94 - 103.

[190] 朱子云. 中国城乡居民收入差距的分解分析 [J]. 数量经济技术经济研究, 2014 (2): 52 - 67.

[191] 邹薇, 方迎风. 怎样测度贫困: 从单维到多维 [J]. 国外社会科学, 2012 (2): 63 - 69.

[192] Abel-Smith B, Townsend P. The Poor and the Poorest: A New Analysis of the Ministry of Labour's Family Expenditure Surveys of 1953 - 54 and 1960 [M]. Bell, 1966.

[193] Agbola F W, Acupan A, Mahmood A. Does Microfinance Reduce Poverty? New Evidence from Northeastern Mindanao, the Philippines [J]. Journal of Rural Studies, 2017 (50): 159 - 171.

[194] Albert Park, Sangui Wan. China's Poverty Statistics [J]. China Economic Review, 2001, 12 (4): 384 - 398.

[195] Alikaj M L, Guga K. The Determinants of Participation in Vocational Training in Albania [C]. 5th Mediterannean Interdisciplinary Forum on Social Sciences and Humanities, Barcelona, Spain, 2017: 358 - 371.

[196] Alkire S, Foster J. Counting and Multidimensional Poverty Measurement [J]. Journal of Public Economics, 2011a, 95 (7 - 8): 476 - 487.

[197] Alkire S, Foster J. Understandings and Misunderstandings of Multidimensional Poverty Measurement [J]. The Journal of Economic Inequality, 2011b, 9 (2): 289 - 314.

[198] Alzúa M L, Cruces G, Lopez C. Long Run Effects of Youth Training Rrograms: Experimental Evidence from Argentin [J]. Economic Inquiry. 2016, 54 (4): 1839 - 1859.

[199] Angelucci M, Karlan D, Zinman J. Win Somelose More? Evidence From a Randomized Microcredit Program Placement Experiment by Compartamos Banco [R]. CEPR Discussion Paper No. DP9506, 2013 (6).

[200] Araujo J A, Marinho E, Campêlo G L. Economic Growth and Income Concentration and Their Effects on Poverty in Brazil [J]. CEPAL Re-

view, 2017 (123): 34 –53.

[201] Arsenio M, Balisacan, Nobuhiko Fuwa. Growth, Inequality and Politics Revisited: A Developing-countryCase [J]. Economics Letters, 2003, 79 (1): 53 –58.

[202] Atkinson A B. Poverty in Britain and the Reform of Social Security [M]. Cambridge, England: Cambridge University Press, 1969.

[203] Atkinson A B. The Changing Distribution of Income: Evidence and Explanations [J]. German Economic Review, 2000, 1 (1): 3 –18.

[204] Atkinson A B. Factor Shares: The Principal Problem of Political Economy? [J]. Oxford Review of Economic Policy, 2009, 25 (1): 3 – 16.

[205] Banerjee A, Duflo E, Glennerster R, et al. The Miracle of Microfinance? Evidence from a Randomized Evaluation [J]. American Economic Journal: Applied Economics, 2015 (1): 22 –53.

[206] Barbara G, Marco V. Estimating the Dose-response Function through a Generalized Linear Model Approach [J]. The Stata Journal, 2014, 14 (1): 141 –158.

[207] Bargain O, Donni O, Kwenda. Intrahousehold Distribution and Poverty: Evidence from Côte d'Ivoire [J]. Journal of Development Economics, 2014 (107): 262 –276.

[208] Bargain O, Donni O. Expenditure on Children: A Rothbarth-type Method Consistent with Scale Economies and Parents' Bargaining [J]. European Economic Review, 2012, 56 (4): 792 –813.

[209] Baschieri A, Falkingham J. Staying in School: Assessing the Role of Access, Availability and Opportunity Cost [J]. Population Space & Place, 2009, 15 (3): 205 –224.

[210] Baxter A, Chapman D W, Dejaeghere J G. Youth Entrepreneurship Education and Training for Poverty Alleviation: A Review of International Literature and Local Experiences [M]. Emerald Group Publishing Limited,

2014.

[211] Beaman L, Karlan D, Thuysbaert B, et al. Self-selection into Credit Markets: Evidence from Agriculture in Mali [R]. Economics Department Working Paper NO. 135, Economic Growth Center, Yale University, 2015 (8).

[212] Behrman JR, Deolalikar AB. The Intrahousehold Demand for Nutrients in Rural South India [J]. Journal of Human Resources, 1990, 25 (4): 665 –696.

[213] Berhane G, Gardebroek C. Does Microfinance Reduce Rural Poverty: Evidence based on Household Panel Data from Northern Ethiopia [J]. Agricultural & Applied Economics Association, 2011, 1 (93): 43 –55.

[214] Bharti N. The Role of Training in Reducing Poverty: The Case of Microenterprise Development in India [J]. International Journal of Training and Development, 2014, 18 (4): 291 –296.

[215] Biewen M, Juhasz A. Direct Estimation of Equivalence Scales and More Evidence on Independence of Base [J]. Oxford Bulletin of Economics & Statistics, 2017, 79 (5): 875 –905.

[216] Bourguignon F. The Growth Elasticity of Poverty Reduction: Explaining Heterogeneity across Countries and Time Periods [M]. In Eichler T. and Turnovsky S. , eds. , Growth and Inequality, 2003, Cambridge, Mass. : MIT Press.

[217] Bourguignon F. The Poverty-growth-inequality Triangle [R]. Indian Council for Research on International Economic Relations New Delhi Working Papers, 2004.

[218] Bourguignon F, Goh C, Kim D. Estimating Individual Vulnerability to Poverty with Pseudo-panel Data [R]. The World Bank, 2004.

[219] Brau J C, Woller G M. Microfinance: A Comprehensive Review of the Existing Literature [J]. Journal of Entrepreneurial Finance and Business Ventures, 2004, 9 (1): 1 –26.

［220］Browning M, Chiappori P A. Efficient Intra-household Alloca-tions: A General Characterization and Empirical Tests ［J］. Econometrica, 1998, 66 (6): 1241 –1278.

［221］Browning M, Chiappori P A, Lewbel A. Estimating Consumption Economies of Scale, Adult Equivalence Scales, and Household Bargaining Power ［J］. Review of Economic Studies, 2013, 80 (4): 1267 –1303.

［222］Bruce D, Meyer, James X, et al. Five Decades of Consumption and Income Poverty ［R］. National Bureau of Economic Research, 2009.

［223］Buhmann B, Rainwater L. Schmaus G, Smeeding T. Equivalence Scales, Well-Being, Inequality and Poverty: Sensitive Estimates across Ten Countries Using the Luxembourg Income Study (LIS) Database ［J］. The Review of Income and Wealth, 1988, 34: 115 –142.

［224］Calderón C, Liu L. The Direction of Causality Between Financial Development and Economic ［J］. Journal of Development Economics, 2003, 72 (1): 321 –334.

［225］Callan T, Nolan B, Whelan C T. Resources, Deprivation and the Measurement of Poverty ［J］. Journal of Social Policy, 1993 (4): 141 –172.

［226］Cameron A C, P. K. Trivedi P K. Micro-econometrics: Methods and Applications. Cambridge ［M］. Cambridge University Press, 2005: 86 –89.

［227］Carter M R, Barrett C B. The Economics of Poverty Traps and Persistent Poverty: An Asset-based Approach ［J］. Journal of Development Studies, 2006, 42 (2): 178 –199.

［228］Chaudhuri S, Jalan J, Suryahadi A. Assessing Household Vulner-ability to Poverty from Cross-sectional Data: A Methodology and Estimates from Indonesia ［J］. Columbia University Discussion Paper, 2002 (0102 –52).

［229］Cherchye L, Rock B D, Vermeulen F. Economic Well-being and Poverty among the Elderly: An Analysis Based on a Collective Consumption Model ［J］. European Economic Review, 2012 (56): 985 –1000.

［230］Chen Z, Wen W. The Study on Poverty Reduction Effects of Chinese Urban Minimum Living Standard Guarantee System—Empirical Analysis Based on CHIP 2002 and 2007 ［J］. Economics, Law and Policy, 2020, 3 (2).

［231］Chiwaula L S, Witt R, Waible H. An Asset-based Approach to Vulnerability: The Case of Small-scale Fishing Areas in Cameroon and Nigeria ［J］. Journal of Development Studies, 2011, 47 (2): 338 – 353.

［232］Christiaensen L S, Subbarao K. Toward an Understanding of Household Vulnerability in Rural Kenya ［J］. Journal of African Economies, 2005, 14 (4): 520 – 558.

［233］Cline W R, Development C F G. Trade Policy and Global Poverty ［M］. Center for Global Development: Institute for International Economics, 2004.

［234］Coleman B. Microfinance in Northeast Thailand: Who Benefits and How Much? ［J］. World Development, 2006, 34 (9): 1612 – 1638.

［235］Coleman B. The Impact of Group Lending in Northeast Thailand ［J］. Journal of Development Economics, 1999, 60 (1): 105 – 141.

［236］Colin Thirtle, Lindie Beyers. Can GM-Technologies Help the Poor? The Impact of Bt Cotton in Makhathini Flats, KwaZulu-Natal ［J］. World Development, 2003, 31 (4): 717 – 732.

［237］Copestake A, Dawson P, Fanning J P et al. Monitoring the Diversity of the Poverty Outreach and Impact of Microfinance: A Comparing of Methods Using Data from Peru ［J］. Development Policy Review, 2005, 23 (6): 703 – 723.

［238］Copestake J S, Bhalotra S, Johnson S. Assessing the Impact of Microcredit: A Zambian Case Study ［J］. Journal of Development Studies, 2001, 37 (4): 81 – 100.

［239］Copestake J, Dawson P, Fanning JP, et al. Monitoring the Diversity of the Poverty Outreach and Impact of Microfinance: A Comparison of

Methods Using Data from Peru [J]. Development Policy Review, 2005, 23 (6): 703 – 723.

[240] Crépon B, Devoto F, Duflo E, et al. Estimating the Impact of Microcredit on Those Who Take It Up: Evidencefrom a Randomized Experiment in Morocco [J]. American Economic Journal: Applied Economics, 2015, 7 (1): 123 – 150.

[241] Dartanto T, Otsubo S. Measurement and Determinants of Multifaced Poverty: Absolute, Relative, and Subjective Poverty in Indonesia [R]. JICA-RI Working Paper, 2013 (54).

[242] Decerf B. Why not Consider that Being Absolutely Poor is Worse Than Being Only Relatively Poor? [J]. Journal of Public Economics, 2017 (6): 79 – 92.

[243] Deleeck H. Bestaanszekerheid en het Sociale Zekerheidsstelsel in-Belgic [J]. Belgisch Tijdschrift voor Sociale Zekerheid, 1974 (19): 1 – 23.

[244] Delhansse B, Luttgens A, Perelman S. Comparing Measures of Poverty and Relative Deprivation: An Example for Belgium [J]. Journal of Population Economics, 1993 (2): 83 – 102.

[245] Dercon S, Krishnan P. In Sickness and in Health: Risk Sharing within Households in Rural Ethiopia [J]. Journal of Political Economy, 2000, 108 (4): 1 – 38.

[246] Dercon S. Vulnerability: A Micro Perspective [J]. Securing Development in an Unstable World, 2006 (30): 117 – 146.

[247] Dercon S. Assessing Vulnerability [J]. Publication of the Jesus College and CSAE, Department of Economics, Oxford University, 2001.

[248] Desai J, Johnson K, Tarozzi A. On the Impact of Microcredit: Evidence from a Randomized Intervention Rural Ethiopia [R]. Barcelona Graduate School of Economics Working Papers, 2011 (10).

[249] Dhongde S. Measuring the Impact of Growth and Income Distribu-

tion on Poverty in India [J]. Journal of Income Distribution, 2007, 16 (2): 25 – 48.

[250] Dippel C, Ferrara A, Heblich S. Causal Mediation Analysis in Instrumental Variables Regressions [J]. The Stata Journal, 2020, 20 (3): 613 – 626.

[251] Doepke M, Tertilt M. Does Female Empowerment Promote Economic Development? [R]. NBER Working Papers19888, National Bureau of Economic Research, Inc, 2014.

[252] Duesenberry, James S. Income, Saving and the Theory of Consumer Behavior [M]. Harvard University Press, Cambridge, Mass, 1949.

[253] Duflo E. Grandmothers and Granddaughters: Old Age Pension and Intra-household Allocation in South Africa [J]. The World Bank Economic Review, 2003, 17 (1): 1 – 25.

[254] Duflo E, Udry C. Intrahousehold Resource Allocation in Côte d'Ivoire: Social Norms, Separate Accounts and Consumption Choices [R]. NBER Working Papers 10498, National Bureau of Economic Research, Inc, 2004.

[255] Dunbar G R, Lewbel A, Pendakur Krishna. Children's Resources in Collective Households: Identification, Estimation, and an Application to Child Poverty in Malawi [J]. The American Economic Review, 2013, 103 (1): 438 – 471.

[256] Ekpo A B, Onweh V E. Coping with the Global Economic Crisis: A Challenge to Technical Vocational Education and Training (TVET) in Nigeria [J]. African Research Review, 2012, 6 (3): 165 – 175.

[257] Epaulard A. Macroeconomic Performance and Poverty Reduction [J]. Social Science Electronic Publishing, 2003, 3 (72).

[258] Field E, Pande R, Papp J, et al. Does the Classis Microfinance Model Discourage Entrepreneurship among the Poor? Experimental Evidence from India [J]. American Economic Review, 2013, 103 (6): 2196 – 2226.

［259］Filk R, Van Praag B M S. Subjective Poverty Line Definitions ［J］. De Economist, 1991 （3）: 31 – 330.

［260］Findlay J, Wright R E. Gender Poverty and the Intra-household Distribution of Resources ［J］. Review of Income & Wealth, 1996, 42 （3）, 335 – 351.

［261］Foltz J D. Credit Market Access and Profitability in Tunisian Agriculture ［J］. Agricultural Economics, 2004 （30）: 229 – 240.

［262］Foster J E, Greer J, Thorbecke E. A Class of Decomposable Poverty Indices ［J］. Econometri – ca, 1984, 52 （3）: 761 – 766.

［263］Fouarge D, Layte R. Welfare Regimes and Poverty Dynamics: The Duration and Recurrence of Poverty Spells in Europe ［J］. Journal of Social Policy, 2005 （3）: 407 – 426.

［264］Francisco Azpitarte. Was Pro-Poor Economic Growth in Australia for the Income-Poor? And for the Multidimensionally-Poor? ［J］. Social Indicators Research, 2014, 117 （3）: 871 – 905.

［265］Frölich M, Huber M. Direct and Indirect Treatment Effects Causal Chains and Mediation Analysis with Instrumental Variables ［J］. Journal of the Royal Statistical Society, Series B, 2017, 9 （7）: 1645 – 1666.

［266］Fuchs V. Redefining Poverty and Redistributing Income ［J］. The Public Interest, 1967 （8）: 88 – 95.

［267］Gaurav D, Ravallion M. Growth and Redistribution Components of Changes in Poverty Measures: A Decomposition with Applications to Brazil and India in the 1980s ［J］. Journal of Development Economics, 1992, 38 （2）: 275 – 295.

［268］Gertler P, Levine D I, Moretti E. Do Microfinance Programs Help Families Insure Consumption against Illness? ［J］. Health Economics, 2009, 18 （3）: 257 – 273.

［269］Glauben T, Herzfeld T, Rozelle S, et al. Persistent Poverty in Rural China: Where, Why and How to Escape ［J］. World Development,

2012, 40 (4): 784 – 795.

[270] Goedhart et al. The Poverty Line: Concept and Measurement [J]. The Journal of Human Resources, 1977: 503 – 520.

[271] Gravemeyer S, Gries T, Xue J. Poverty in Shenzhen [R]. Center for International Economics Working Paper Series, 2010, 9.

[272] Greenwood J, Jovanovic B. Financial Development, Growth, and the Distribution of Income [J]. Journal of Political Economy, 1990, 98 (5): 1076 – 1107.

[273] Gunther I, Michael Grimm. Measuring Pro-Poor Growth When Relative Price Shift [J]. Journal of Development Economics, 2007, 82 (1): 245 – 256.

[274] Günther I, Harttgen, K. Estimating Households Vulnerability to Idiosyncratic and Covariate Shocks: A Novel Method Applied in Madagascar [J]. World Development, 2009, 37 (7): 1222 – 1234.

[275] Haddad, Lawrence, Kanbur, et al. How Serious Is the Neglect of Intra-Household Inequality? [J]. Royal Economic Society, 1990, 100 (402): 866 – 881.

[276] Hadley Cantril. Evaluating the Probable Reactions to the Landing in North Africa in 1942: A Case Study [J]. Public Opinion Quarterly, 1965, 29 (3): 400 – 410.

[277] Hagenaars A. , and de Vos K. The Definition and Measurement of Poverty [J]. Journal of Human Resources, 1988, 23 (2): 211 – 221.

[278] Hagenaars A, Vos K, Zaidi A. Poverty Statistics in the Late 1980s: Research Based on Micro-data [M]. Office for Official Publications of the European Communities, 1994.

[279] Hartl M. Technical and Vocational Education and Training (TVET) and Skills Development for Poverty Reduction Do Rural Women Benefit [J]. Retrieved October, 2009 (4): 2011.

[280] Heckman J J, Vytlacil E J. Econometric Evaluation of Social Pro-

grams, Part I: Causal Models, Structural Models and Econometric Policy Evaluation [J]. Handbook of Econometrics, 2007 (6): 4779 – 4874.

[281] Heckman J J. Dummy Endogenous Variables in a Simultaneous Equations System [J]. Econometrica, 1978 (46): 931 – 960.

[282] Heckman J. J. Sample Selection Bias as A Specification Error [J]. Econometrica, 1979 (47): 153 – 161.

[283] Hermes N, Lensink R. Microfinance: Its Impact, Outreach, and Sustainability [J]. World Development, 2011, 39 (6): 875 – 811.

[284] Hirano K, Imbens G W. The Propensity Score with Continuous Treatments [M] //Gelman A, and Meng X L, Applied Bayesian Modeling and Causal Inference from Incomplete-Data Perspectives: An Essential Journey with Donald Rubin's Statistical Family. John Wiley & Sons, 2004: 73 – 84.

[285] Haddad L, Hoddinott J. Women's Income and Boy-Girl Anthropometric Status in the Côte d'Ivoire [J]. World Development, 1994, 22 (4): 543 – 553.

[286] Hoddinott J, Haddad L. Does Female Income Share Influence Household Expenditures? Evidence from Côte d'Ivoire [J]. Oxford Bulletin Economics & Statistics, 1995, 57 (1): 77 – 96.

[287] Hoddinott J, Quisumbing A. Methods for Microeconometric Risk and VulnerabilityAssessments [M]. Social Protection Discussion Paper Series, the World Bank, 2003 (0324).

[288] Imai K S, Arun T, Annim S K. Microfinance and Household Poverty Reduction: New Evidence from India [J]. World Development, 2010, 38 (12): 1760 – 1774.

[289] Imai K, Keele L, Tingley D. A General Approach to Causal Mediation Analysis [J]. Psychological Methods, 2010 (15): 309 – 334.

[290] Jack B K. Private Information and The Allocation of Land Use Subsidies in Malawi [J]. American Economic Journal: Applied Economics, 2013 (3): 113 – 135.

［291］Jain L R, Tendulkar S D. Role of Growth and Distribution in the Observed Change in Headcount Ratio Measure of Poverty: A Decomposition Exercise for India ［J］. India Economic Review, 1990, 25 (7): 165 – 205.

［292］Jha R, Imai E, Gaiha R. Poverty Undernutrition and Vulnerability in Rural India: Public Works Versus Food Subsidy ［R］. Working Paper, 2009 (135).

［293］Jun S J, Pinkse J, Xu H. Discrete Endogenous Variables in Weakly Separable Models ［J］. Econometrics Journal, 2012, 15 (2): 288 – 303.

［294］Kakwani N, Subbarao K. Rural Poverty and Its Alleviation in India ［J］. Economic and Political Weekly Volume, 1990, 25 (13): 2 – 16.

［295］Kakwani N. On Measuring Growth and Inequality Components of Poverty with Application to Thailand ［R］. Discussion paper, School of Economics, The University of New South Wales, 2000.

［296］Kakwani, N. Economic Growth, Poverty and Income Support Programmes in Australia ［J］. Journal of the Asia Pacific Economy, 2000, 5 (1 – 2): 14 – 37.

［297］Kalwij A, Verschoor A. How Good is Growth for the Poor? The Role of the Initial Income Distribution in Regional Diversity in Poverty Trends ［M］. Social Science Electronic Publishing, 2004.

［298］Karabarbounis L, Neiman B, Adams J. Labor Shares and Income Inequality ［C］. Society for Economic Dynamics, 2014.

［299］Kurosaki T. Consumption Vulnerability to Risk in Rural Pakistan ［J］. Journal of Development Studies, 2006, 42 (1): 70 – 89.

［300］Kapteyn A, Kooreman P, Willemse R. Some Methodological Issues in the Implementation of Subjective Poverty Definitions ［J］. The Journal of Human Resources, 1988, 32 (2): 222 – 242.

［301］Kelly L M. Lawrence Training the Next Generation: Graduate Studies at The New York Botanical Garden, with Emphasis on 1996 – 2015

[J]. Brittonia, 2016, 68 (3): 356 – 362.

[302] Kennedy P. A Guide to Econometrics (5th) [M]. Cambridge: MIT Press, 2003.

[303] Khan M. A. , Ali A. J. The Role of Training in Reducing Poverty: The Case of the Ultra-poor in Bangladesh [J]. International Journal of Training and Development, 2014, 18 (4): 271 – 281.

[304] Khandker S R, Koolwal G B. How Has Microcredit Supported Agriculture? Evidence Using Panel Data from Bangladesh [J]. Agricultural Economics, 2016 (47): 157 – 168.

[305] Khandker S R. Micro-finance and Poverty: Evidence Using Panel Data from Bangladesh [J]. The World Bank Economic Review, 2005, 19 (2): 263 – 286.

[306] King R G, Levine R. Finance and Growth: Schumpeter Might Be Right [J]. Quarterly Journal of Economics, 1993, 108 (3): 717 – 737.

[307] Kingdon G, Knight J. Subjective Well-being Poverty vs Income Poverty and Capability Poverty? [J]. Journal of Development Studies, 2006 (7): 1199 – 1224.

[308] Kumar S, Mahadevan R. Intra-household Income Inequality and Poverty in a Small Developing Economy [J]. Journal of the Asia Pacific Economy, 2011, 16 (2): 143 – 162.

[309] Lesage J P, Pace R K. Introduction to Spatial Econometrics [M]. Chapman and Hall, CRC, New York, 2009.

[310] Levine R, Zeros S. Stock Markets, Banks, and Economic Growth [J]. American Economic Review, 1998, 88 (3): 537 – 558.

[311] Lewbel A, Pendakur K. Estimation of Collective Household Models With Engel Curves [R]. Boston College Working Papers in Economics, 2008, 147 (2): 350 – 358.

[312] Lewbel A. Calculating Compensation in Cases of Wrongful Death [J]. Journal of Econometrics, 2003, 113 (1): 115 – 128.

［313］Ligon E, Schechter L. Measuring Vulnerability ［J］. Economic Journal, 2003, 113 (486): C95 - C102.

［314］Ligon E, Schechter L. Evaluating Different Approaches to Estimate Vulnerability ［R］. Social Protection Discussion Paper, 2004: 65.

［315］Lin H, Glauben T, Yang J, et al. Impacts of the US Farm Bill 2008 on China's Agricultural Production and Rural Poverty ［J］. Agricultural Economics, 2012 (64): 157 - 164.

［316］Liuch C. The Extended Linear Expenditure System ［J］. European Economic Review, 1973 (4): 21 - 32.

［317］Marinda PA. Child-Mother Nutrition and Health Status in Rural Kenya: The Role of Intra-household Resource Allocation and Education ［J］. International Journal of Consumer Studies, 2006, 30 (4): 327 - 336.

［318］Mazumder M S U, Lu W. What Impact Does Microfinance Have on Rural Livelihood? A Comparison of Government and Non-governmental Microfinance Programs in Bangladesh ［J］. World Development, 2015, 68 (4): 336 - 354.

［319］Mckenzie D J. How Effective Are Active Labor Market Policies in Developing Countries? A Critical Review of Recent Evidence ［R］. Policy Research Working Paper Series, 2017, 32 (2): 127 - 154.

［320］Mercier M, Verwimp P. Are We Counting All the Poor? ［J］. Journal of Demographic Economics, 2017, 83 (12): 307 - 327.

［321］Milanovic B. Increasing Capital Income Share and Its Effect on Personal Income Inequality ［R］. LIS Working papers, 2016.

［322］Milcher S. Household Vulnerability Estimates of Roma in Southeast Europe ［J］. Cambridge Journal of Economics, 2010, 34 (4): 773 - 792.

［323］Mosley P. Microfinance and Poverty in Bolivia ［J］. Journal of Development Studies, 2001, 37 (4): 101 - 132.

［324］Muellbauer, John N J. Community Preferences and the Representative Consumer ［J］. Econometrica, 1976, 44 (5): 979 - 999.

［325］ Niemietz K. A new Understanding of Poverty: Poverty Measurement and Policy Implications ［M］. The Institute of Economic Affairs, 2011.

［326］ Nwokike, Jachike j, Nwokike F. O, et al. Technical and Vocational Education and Training (TVET) as a Panacea for Poverty Reduction in Enugu State ［J］. International Journal of Vocational and Technical Education Research, 2019, 5 (4): 16 – 26.

［327］ OECD. Growing Unequal? Income Distribution and Poverty in OECD Countries ［R］. Growing Unequal Income Distribution & Poverty in OECD Countries, 2008, 148 (100): 199 – 204.

［328］ Parsons L S. Reducing Bias in a Propensity Score Matched-pair Sample Using Greedy Matching Techniques ［R］. SAS SUGI Paper, 2001: 214 – 226.

［329］ Phipps S A, Burton P S. Sharing within Families: Implication for the Measurement of Poverty among Individuals in Canada ［J］. The Canadian Journal of Economics, 1995, 28 (1): 177 – 204.

［330］ Piachaud D. Problems in the Definition and Measurement of Poverty of Poverty ［J］. Journal of Social Policy, 1987 (4): 147 – 164.

［331］ Pitt M M, Khandker S R. The Impact of Group-based Credit Programs on Poor Households in Bangladesh: Does the Gender of Participants Matter? ［J］. Journal of Political Economy, 1998, 106 (5): 958 – 996.

［332］ Posel D, Rogan M. Measured as Poor versus Feeling Poor: Comparing Money-metric and Subjective Poverty Rates in South Africa ［J］. Journal of Human Development and Capabilities, 2016, 17 (1): 55 – 73.

［333］ Pradban M, Ravallion M. Measuring Poverty Using Qualitative Perceptions of Welfare ［R］. World Bank Policy Research Paper, 1998 (2011).

［334］ Pritchett L, Suryahadi A, Sumarto S. Quantifying Vulnerability to Poverty: A Proposed Measure, Applied to Indonesia ［M］. Washington, DC: World Bank Publications, 2000.

［335］Rajbanshi R，Huang M，Wydic B. Measuring Microfinance：Assessing the Conflict between Practitioners and Researchers with Evidence from Nepal ［J］. World Development，2015（68）：30 - 47.

［336］Ranaldi M. Income Composition Inequality ［R］. SCWP07，2020，2.

［337］Ravallion M，Chen S. China's（uneven）Progress Against Poverty ［J］. Journal of Development Economics，2007，82（1）：1 - 42.

［338］Ravallion M，Gaurav D，Walle DVD. Quantifying Absolute Poverty in the Developing World ［J］. Review of Income and Wealth，1991，37（4）：345 - 361.

［339］Ravallion M. Poverty Comparisons ［M］. Harwood Academic Publisher GmbH，1994：39 - 49.

［340］Ravallion M，Huppi M. Measuring Changes in Poverty：A Methodological Case Study of Indonesia during an Adjustment Period ［J］. The World Bank Economic Review，1991，5（1）：57 - 82.

［341］Ravallion M. Poverty Comparisons ［M］. Harwood Academic Publisher，1994：39 - 49.

［342］Ravallion M. Poverty Comparisons：A Guide to Concepts and Methods. Living Standards Measurement Surveys ［R］. World Bank-Living Standards Measurement，1992.

［343］Ravallion M，Lokshin M. Self-rated Economic Welfare in Russia ［J］. European Economic Review，2002，46（8）：1453 - 1473.

［344］Ravallion M. Poor，or Just Feeling Poor? On Using Subjective Data in Measuring Poverty ［R］. World Bank Policy Research Paper，No. 5968，2012a.

［345］Ravallion M. Troubling Tradeoffs in the Human Development Index ［J］. Journal of Development Economic，2012b（2）：201 - 209.

［346］Ravallion M. Himelein K，Beegle K. Can Subjective Questions on Economic Welfare be Trusted? Evidence for Three Developing Countries ［R］.

World Bank Policy Research Paper No. 6726. 2013.

[347] Ringen S. Direct and Indirect Measures of Poverty [J]. Journal of Social Policy, 1988 (3): 351 - 366.

[348] Roodman D, Morduch J. The Impact of Microcredit on the Poor in Bangladesh: Revisiting the Evidence [J]. Journal of Development Studies, 2014, 50 (4): 583 - 604.

[349] Rosenbaum P R, Rubin D B. The Central Role of the Propensity Score in Observational Studies for Causal Effects [J]. Biometrika, 1983 (70): 41 - 55.

[350] Rosenbaum P R. Covariance Adjustment in Randomized Experimental and Observational Studies [J]. Statistical Science, 2002 (17): 286 - 304.

[351] Rosenbaum P R. Observational Studies [M]. Springer, 2010.

[352] Rosenbaum P R. Sensitivity Analysis in Observational Studies [M]. New York: Wiley, Encyclopedia of Statistics in Behavioral Science, 2005: 1809 - 1814.

[353] Rosenbaum P R, Rubin D B. Assessing Sensitivity to An Unobserved Binary Covariate in An Observational Study with Binary Outcome [J]. Journal of the Royal Statistical Society, 1983, 45 (2): 212 - 218.

[354] Rothbarth E. The Measurement of Changes in Real Income under Conditions of Rationing [J]. The Review of Economic Studies, 1941, 8 (2): 100 - 107.

[355] Rowntree B S. Poverty: A Study of Town Life [M]. Macmillan, 1901: 86.

[356] Rubin D B. Bayesian Inference for Causal Effects: The Role of-Randomization [J]. Annals of Statistics, 1978 (6): 34 - 58.

[357] Samer S, Majid I, Rizal S, et al. The Impact of Microfinance on Poverty Reduction: Evidence from Malaysian Perspective [J]. Procedia-Social and Behavioral Sciences, 2015 (95): 721 - 728.

[358] Schlenker E, Schmid K D. Capital Income Shares and Income

Inequality in 16 EU Member Countries [J]. Empirica, 2015, 42 (2): 241 – 268.

[359] Schultz T W. Investment in Human Capital [J]. American Economic Review, 1961, 51 (1): 1 – 17.

[360] Seekings J. Poverty and Inequality after Apartheid [R]. Cape Town: Centre for Social Science Research, University of Cape Town, 2007.

[361] Sen A. Issues in the Measurement of Poverty [J]. Scandinavian Journal of Economics, 1979 (2): 285 – 307.

[362] Sen A K. Choice, Welfare and Measurement [M]. Oxford: Blackwell and Cambridge, MIT Press, 1982: 220 – 221.

[363] Shorrocks A F. Decomposition Procedures for Distributional Analysis: A Unified Framework Based on the Shapley Value [R]. Department of Economics, University of Essex, 1999.

[364] Slesnick, Daniel T. Consumption and Social Welfare [M]. Cambridge University Press, 2001.

[365] Stone R. Linear Expenditure Systems and Demand Analysis: An Application to the Pattern of British Demand [J]. The Economic Journal, 1954 (64): 511 – 527.

[366] Tesliuc E D, Lindert K. Vulnerability: A Quantitative and Qualitative Assessment [J]. Guatemala Poverty Assessment Program, 2002: 1 – 91.

[367] Townsend P, Gordon D. What is Enough? New Evidence Allowing the Definition of a Minimum Benefit [R]. Conference on "Income and Material Well Being", Luxembourg Income Study, Luxembourg, 1989.

[368] Townsend P. Poverty in the United Kingdom [M]. Harmondsworth: Penguin Books, 1979.

[369] Townsend P. The Meaning of Poverty [J]. British Journal of Sociology, 2010 (S1): 85 – 102.

[370] Townsend R M, Ueda K. Financial Deepening, Inequality and

Growth: A Model-Based Quantitative Evaluation [J]. Review of Economic Studies, 2006, 73 (1): 251 – 293.

[371] De Vreyer P, Lambert S. By Ignoring Intra-household Inequality, Do We Underestimate the Extent of Poverty? [R]. RSE Working Papers, 2018.

[372] De Vreyer P, Lambert S. Inequality, Poverty and the Intra-Household Allocation of Consumption in Senegal [J]. The World Bank Economic Review, 2021, 35 (2): 414 – 435.

[373] Van Praag B M S, A Ferrer-i-Carbonell. "A Multi-dimensional Approach to Subjective Poverty" in "Quantitative Approach to Multidimensional Poverty Measurement" [M]. New York: Palgrave McMillan, 2008: 135 – 154.

[374] Van Praag B M S, Van der Sar N L. Empirical Uses of Subjective Measures of Well-being [J]. Journal Human Resources, 1988, 23 (2): 193 – 210.

[375] Wadud M A. Impact of Microcredit on Agricultural Farm Performance and Food Security in Bangladesh [R]. Institute of Microfinance Working Paper, 2013.

[376] Wan G, Zhang Y. Chronic and Transient Poverty in Rural China [J]. Economic Letters, 2013, 119 (3): 284 – 286.

[377] Weiss J, Montgomery H. Great Expectations: Microfinance and Poverty Reduction in Asia and Latin America [J]. Oxford Development Studies, 2005, 33 (3 – 4): 391 – 416.

[378] Whelan C T, Nolan B, Maître B. Multidimensional Poverty Measurement in Europe: An Application of the Adjusted Headcount Approach [J]. Journal of European Social Policy, 2014, 24 (2): 183 – 197.

[379] Wong D, Jandik P, Jones W, et al. Ion Chromatography of Polyphosphonates with Direct Refractive Index Detection [J]. Journal of Chromatography A, 1987 (389): 279 – 285.

[380] World Bank. World Development Report 2000/2001: Attacking Poverty [R]. Oxford University Press, 2000.

[381] Xia L, Gan C, Hu B. The Welfare Impact of Microcredit on Rural Households in China [J]. The Journal of Social-Economics, 2011, 40 (4): 404 –411.

[382] Yu S, Wang J. Factors Influencing Farmers' Willingness to Participate in the New Vocational Training [J]. Asian Agricultural Research, 2014, 6 (3): 55 –59.

[383] Zhang Yuan, Wan Guanghua. An Empirical Analysis of Household Vulnerability in Rural China [J]. Journal of the Asia Pacific Economy, 2006, 11 (2): 196 –212.